方圆做人 圆满做事

李 昊◎编著

线装书局

图书在版编目（CIP）数据

方圆做人　圆满做事 / 李昊编著．— 北京：线装书局，2004.1
ISBN 978-7-80106-329-8

Ⅰ．①方… Ⅱ．①李… Ⅲ．①人间交往 - 通俗读物
Ⅳ．① C012.1-49

中国版本图书馆 CIP 数据核字（2004）第 004096 号

方圆做人　圆满做事

编　　著	李　昊
责任编辑	王长林　唐莹
监　　印	李国利
出版发行	线装书局
社　　址	北京朝阳区春秀路太平庄 10 号
邮　　编	100027
电话传真	64153263
经　　销	新华书店
印　　刷	天津冠豪恒胜业印刷有限公司
开　　本	1/16（710mm × 1000mm）
字　　数	230 千字　　**印　张**　19
版　　次	2004 年 3 月第 1 版　　2020 年 3 月第 2 次印刷
印　　数	1-5000 册
书　　号	ISBN 978-7-80106-329-8
定　　价	48.00 元

序
Preface

许多人都感叹：“现在要做成一件事真难！”做事，就是每个人从早到晚忙个不停所做的事情：学生为了学业，工人为了工作，军人为了保家卫国，商人为了生意，农民为了收成……每个人在社会上能不能站得住、行得开，非常重要的一点就是会不会做事，做事的成败如何。为什么同样是一件事，有的人办起来历尽波折，有的人却能够顺风顺水？有的人做事无可挑剔，有的人则是漏洞百出？这就与为人处世的方法与原则有关，从这个意义上说，做事必须先要学会做人。

你了解如何运用方圆之道来指导你做事的法则吗？你是否懂得走向圆满做事的艺术呢？你知道，“抓住灵感，一仓‘猫房铺’”，生意人赚了二个亿；急中生智，两句幽默话，丘吉尔尴尬变风彩“之类的”实话实说的范例和经典吧，那么，请看本书！

所谓“方圆之道”，就是为人处世刚柔并济的原则与方法，人应该知道如何使用方，怎样运用圆，更重要的是知道何时用方，何时用圆。有圆无方则不立，有方无圆则滞泥。

如果说，做事是一门学问的话，那么圆满做事则是一种高深的艺术了，许多人甚至用尽毕生之力也未必能勘破其中的真谛。君不见，多少人聪明反被聪明误，忙忙碌碌一生却一无所获；多少人才华横溢，却毕生坎坷，郁郁而不得志……可见，圆满做事的艺术不是什么人都能领悟的。

也许，您有自己的处世哲学和做人之道，有自己的良策谋略和做事方法，但您却未必能在遇到难做的事情的时候，能够处理得圆满。这样，如果借鉴别人做事的成功经验，这也是你做事通向成功的一条南山捷径。否则，做事必然会处处碰壁，一事无成。

要学会圆满做事的艺术，必须先有积极的心态。积极的处世心态是为人做事的必不可少的基本要素，在这一方面本书借鉴了西方成功学的基本法则，从中总结出适应中国国情的成功励志的原则。

中国人做事讲究人情，成功也靠人情。在中国的社会中，一个人要想在没有别人帮助下独自做事，几乎是不可想象的。交往大于生产，语言重于劳动。因此，与别人交际的部分是本书的主体，与人交往的原则和分寸，正是这本《方圆做人　圆满做事》的关键所在。

当然，没有脱离物质生产的人际交往。人首先通过物质活动来拥有世界、理解世界、产生关系的本书的重点不在这里，但生活的重点在这里，因此特别点出，以免误人子弟。相信读者朋友能通过这本书，领悟和把握做人与做事的精髓，以此掌握做事的技巧，在经济上取得财富，在事业上获得成功，在爱情上走向甜蜜，在人生中找到幸福！

编　者

2003年12月

目录
Contents

第四章 方圆做人的35条钻石法则

第五章　高人一筹的30条做事之道

第一章

做人处方圆之间，做事心态最重要

1. 唤起积极心态，走向成功人生

这世界上的一个奇特现实是：成功的人永远是少数，但失败和庸碌无为的人却很多，而且，成功者越活越充实、潇洒，而失败者却过着空虚、艰难的生活。你想到过没有，能否唤起心中的激情，拥有积极的心态，很大程度上决定了你的成功与否。

要成功必先懂得做人，做人应处在方圆之间。仔细地观察一下，我们就会发现做事的成功与失败的主要原因在于人的心态。

有一个很有名的关于推销的故事：两个欧洲人去非洲推销皮鞋。第一个推销员到了那里，发现所有的人都不穿鞋，立刻感到很失望，对自己要完成任务充满了怀疑："所有人都赤脚，我的鞋肯定推销不出去。"于是他放弃了努力，沮丧地回去了。而第二个推销员看到了这个情况，立刻惊喜地叫起来："都没穿鞋！这是个多么大的市场啊！"于是他想方设法地推销，终于成功地回到了欧洲。

就这一念之差，最终导致了两种完全不同的结果。同样面对着非洲的市场，只因为观念上的差别，心态上的不同，一个人处之以方，失之于圆，失望地回去，不战而败；另一个却以圆对应新情况，充满信心，圆满而归。

生活中失败、平庸的人是因为心态和观念有问题，当遇到困难时，他们就会想去找捷径。"我不行，我还是退吧。"结果就会退到了失败的深渊里。而成功者遇到困难时，仍保持乐观的心情，说"我行"，"我一定行”来鼓励自己做下去，不断想办法克服困难，最终走向胜利。爱迪生发明电灯时，失败了上千次，但是他从不退缩，直到最后发明了电灯。

所以，成功学创始人拿破仑·希尔说，人是否能成功，关键在于他的心态。成功的人士总是抱着乐观的心态，即PMA（Positive Mental Attitude）；而失败的人则用消极的心态去面对人生，即NMA（Negative Mental Attitude）。

积极的心态支配着成功人士的人生，使他们在做人的时候，不拘泥于成规，而是积极地思考，保持乐观的情绪；而失败者则被过去的失败和优虑所支配，他们做人保守而呆滞，失之于方圆之间，心态消极、空虚、悲观。

总是有些人喜欢说是环境决定了他们的人生和地位，他们这种根深蒂固的观念是无法改变的。可是，实际上我们的现状不是由环境造成的，我们自己才是决定和主宰自己人生的主人。纳粹德国集中营的一位幸存者维克托·富兰克尔说：“就算是到了最艰难的环境里，人也还有一种自由，就是选择自己的心态。”

拿破仑·希尔告诉我们，我们的心态决定了我们做事的成败：

（1）你怎样对待生活，生活就怎样对待你；

（2）你怎样对待别人，别人就怎样对待你；

（3）在刚开始工作时你的心态如何，决定了你最后能否取得成功；

（4）在重要的组织中，地位越高的人心态越好。

当然，积极的心态不能保证你的人生一帆风顺，事事成功，但是，它一定会改善你做事的方式，进而改善你的人生。只有当积极心态和其他17个成功定律结合在一起的时候，你才会顺利到达成功人生的彼岸。但是，反过来说，奉行消极心态的人则一定不会成功的。拿破仑·希尔说，从来没见过持消极心态的人能实现成功的人生。就算碰运气偶尔成功，那也不过是昙花一现，转瞬即逝。

拿破仑·希尔说，每个人都带着一个隐形的护身符，这一面刻着积极心态，另外一面刻着消极心态，要想圆满做事，就一定要通过积极的心态，学会做人的方圆之术。

这个护身符本身具有惊人的力量，它既能给你带来财富、成功和快乐，也能把这些东西从你身边带走。带给你的是积极心态，而带走这些的则是消极心态。

那么，究竟心态是怎样影响人做事的呢？从行为心理学上来讲，当你坚定了某种信念之后，你付诸实际的行动，就更能助长某个信念。

比如，你心里怀着一个信念，坚信自己能很圆满地完成工作，这样在工作中，你就会很自信，而你经常这样想，并有意识地去做到最好的话，你的信心就会加强。再比如，你对一个人很有好感，你就会主动地去接近他，而进一步接近后，他的优点就让你更喜欢他。这是一种行为和情绪相互影响的例子。对你自己也是一样，你做事的方式会不断加深你心理上坚持的信念，有的时候，女人会越哭越伤心，就是这个原因。所以当一个人越懂得如何做人的时候，他就会越觉得，只要自己努力就一定能成功，在这个世界上获得成功人生，除了你自己，没有人能打败你。

无论你自身条件是如何的恶劣，只要你运用积极心态，就可改善你自己，美国总统富兰克林·罗斯福就是运用积极心态，学会圆满做事的典范。

罗斯福只有8岁的时候，是一个很脆弱又胆小的小男孩，经常眼露惊恐，呼吸急促。当老师叫他起来背诵的时候，他就会两腿发抖，语不成声，而且回答也不能让老师满意，最后只能又沮丧地坐下来。如果他长得漂亮，那可能还好一点，可是，他却是一个龅牙。

像他这样的小孩，一定敏感而脆弱，不参加活动，也不交朋友，只知道一个人自怜。

可是，情况却刚好相反，虽然他有很多的缺陷，但他却有乐观的心态，这种积极、乐观、向上的精神，鼓励他勇敢地面对一切。

有缺陷让他更努力地奋斗，同伴们的嘲笑不会让他退缩。随着年龄的增长，他喘气的声音变成了一种坚定的嗓音。他咬住自己的下唇以克服恐惧，而就是这种精神，带他走上了美国总统的位置，最终成为最成功的政治家之一。

对自己的缺陷，他既不自卑，也不回避。他利用缺点，甚至把它变成资本，以自己的方圆做人的艺术，变成通往成功的阶梯，在他晚年的时候，几乎没有人知道他小时候曾经有过这样严重的缺陷，美国人民都很爱戴他，他是美国历史上极受欢迎的总统之一。

如果他对自己身体上的缺陷极为在意，他可能会花时间去洗温泉，吃维他命，或者去航海，期望着躺在甲板上能恢复健康。

他从来不认为自己和别人有什么不同，他内方外圆，想获得真正圆满的事业，于是他去游泳，骑马，参加各种难度很高的体育活动。而且，他还强迫自己去参加像打猎一类的激烈活动，使自己成为刻苦耐劳的典范，看到别的孩子用刚毅的决心去面对困难，他也鼓起勇气，去应付所有可怕的情形。所以，他逐渐地变得勇敢坚强。当他和其他孩子在一起时，他真心地喜欢他们，并不惧怕和回避他们。因为他对别人感兴趣，他就忘记了自卑，当他用乐观的态度去对待别人时，他的惧怕感也就消失了。

这样，经过不断的努力和有规律的运动，在进入大学之前，罗斯福已经恢复了健康。假期的时候，他去亚利桑那追赶牛群，去落基山猎熊，去非洲打狮子，让自己的身体变得更加强壮。后来谁会怀疑这位西班牙战争中马队的领袖罗斯福的精力呢？谁曾经去怀疑过他的勇敢呢？但是千真万确，罗斯福就是原来那个身体脆弱的孩子。

罗斯福走向成功的方式是多么简单和直接，而成绩又多么卓越，人生又是何等成功啊！

罗斯福成功的主要原因就在于他的心态，正是因为他一直抱着一种积极的心态去奋斗，所以，他才走出了逆境。他翻过了自己的隐形护身符，让积极的那一面朝上，终于走向了成功。

“我能主宰我自己的命运，引导我自己的灵魂。”从这句诗里，我们知道，主宰了自己的态度，就能主宰自己的命运。态度也决定我们面对机遇时是否能抓住。这句诗也强调，不论你的态度是积极的还是消极的，这个规律都适用。运用积极心态的定律，我们就能学会方圆做人，圆满做事，从而实现心中的念头和想法。

翻过护身符的这一面，不看消极的那一面，而利用积极的这一面，是很多成功人士的选择。很多人都没意识到成功是透过自己的优点走向自己的，他们对自己的优点视而不见。其实，人们往往会忽略自己身上最明显的特点，优点就是你的积极心态，没有什么神秘的地方。

拿破仑·希尔在对成功人士做过多年的研究之后，得出一个结论：积极的心态是他们共有的最简单的秘密。

拿破仑·希尔讲过这样一个故事：

一个早上，牧师正在为自己的讲道词伤脑筋。外面下着雨，他的太太出去了，而他的小儿子因为无事可做而烦躁不安。于是，他随手从杂志上撕下了一张世界地图，撕成碎片，扔给了儿子：

“强尼，把它拼好，我就给你两毛五分钱。”

牧师想，他肯定会忙一会儿了，可是，只过了十分钟，他的儿子就把拼好的东西送到了他的书房。牧师感到很惊讶，强尼居然用了这么短的时间就把所有的小纸片都拼到了一起，整张地图又恢复了原状。

“儿子，你怎么做得这么快？”

“很简单啊，”强尼说，“地图的背面就是一个人的画面，我先把一张纸垫在下面，然后拼好这个人的图画，再放一张纸盖上，翻过来就好了。我想，如果人拼对了，地图就应该是对的。”

牧师大笑起来，扔给了儿子一个硬币。“好了，现在我知道明天讲什么了，”他说，“如果一个人是对的，那么他的世界也是对的。”

这个故事寓意深刻：如果你对自己的处境不满意，想做些改变，那么你首先应该改变你自己；如果你做事的方式是对的，那么你的世界也是对的；如果你拥有积极的心态，那么缠绕你的问题就会迎刃而解。

文·班·库柏是美国最受欢迎的法官之一，但是他小时候却很懦弱。

库柏的童年是在密苏里州圣约瑟夫城的一个贫民窟里度过的。他的父亲是一个裁缝，是移民过来的，收入很少。为了取暖，库柏不得不经常去附近的铁路上拾煤，他为自己必须这样做而感到羞愧，常常从后街走，避免被其他的孩子看见。

但是那些孩子还是能看到他，尤其是有一群孩子经常埋伏在库柏返回的路上，欺负他，并以此为乐。他们把他捡回来的煤渣扔得满街都是，库柏经常哭着回家，所以，他总是那么恐惧和自卑。

在那时，库柏读了一本关于做人的书，深受鼓舞。于是，他在生活中采取了积极的态度，从中学会了做人要有方有圆，这本书就是荷拉修·阿尔杰写的《罗伯特的奋斗》。

从这本书中，他读到一个少年奋斗的故事，这个少年的遭遇比他还不幸，但是，他凭着自己道德和良心的力量战胜了那些不幸，库柏也想这样做。

于是，库柏把所有他能找到的荷拉修的书都读遍了。每次他拿起书来，就觉得自己成了书里的主人公。整个冬天他都在厨房里读这些勇敢的故事，在不知不觉中，他吸收了积极的人生态度。

库柏读到这本书后几个月，他又出去捡煤。他注意有三个人影从一所房子后面飞快地跑过来，他的第一反应是转身就跑，但是，书中那个勇敢主人公的形象在这个时候进入了他的脑海，于是，他握紧煤桶，大踏步地向前走去，就像荷拉修书中的英雄所做的那样。

那可真是一场恶战，库柏和那三个男孩扭成一团，把这三个欺软怕硬的孩子都吓坏了。库柏右手一拳就打到了一个孩子的鼻子上，左手猛击他的胃部。这个孩子吓得停住手，回头就逃。库柏也因为他的逃走而很是吃惊，但同时，另外两个孩子也拼命地打他。库柏用力推开一个，然后把剩下的那个按倒在地上，用膝盖压他，还用力地踢他的腹部和下巴。现在就剩下最后一个，他是这几个孩子的头，已经跳到了库柏的身上，库柏用力推开他，站了起来，他们就这样狠狠地相互对视了一分钟。

但是，这个小头目逐渐地后退，最后终于逃走了。库柏也许是因为一时气愤，又朝他扔了一块煤炭。

库柏这时才发现自己的鼻子上也受了伤，身上也青一块紫一块。这一架打得真好，而这一天也是他一生中最重要的一天，在这天，他克服了自己的恐惧。

库柏没有比过去更强壮，而那些坏孩子也没有收敛自己的坏行为。但是，他的心态已经改变了，他知道怎样克服恐惧，他再也不怕危险，也不再受到坏孩子的欺负。

积极的心态帮助库柏战胜了懦弱和恐惧，学会了方圆做人，圆满做事的法则，而且最后成为了美国最受欢迎的法官之一。而它的更大意义在于，库柏在它的帮助下，找到了成功的秘诀。

我们每个人都想学会方圆做人，圆满做事，从而得到成功的人生。那么，首先要有的就是拥有积极的心态。

2. 诚恳做人，踏实做事

有一个小寓言，讲得异常深刻——甲乙两人死后来到阴曹地府，阎王查看过功过簿后说：

“你二人前世未作大恶，准许投胎为人。但是现在只有两种人可供选择：付出的人与索取的人，也就是说，一个必须过付出、给予的人生，另一个则必须过索取、接受的人生。”

然后要他俩慎重选择。

甲暗想，索取、接受就是坐享其成，太舒服了，于是他抢先道：

“我要过索取、接受的人生！”

乙见此情景，也没有别的选择，就表示甘愿过付出、给予的生活。

阎王听其所愿，当下判定二人来世前途：

“甲过索取、接受的人生，下辈子当乞丐，整天向人索取，接受别人施舍。”

“乙过付出、给予的人生，来世做富翁，布施行善，帮助别人。”

我们可以从中学到什么呢？无论做人还是做事，用诚恳和踏实的方式才可以真正获得圆满。想投机取巧，只能获得最失败的人生。

从实际出发，脚踏实地，才能走下去，才能捕到“大鱼”。

有个渔夫整日打鱼，以此为生。有一天，他运气不佳，忙活了一整天，只网到了一条小鱼，而且小鱼还劝他另做决定：“渔夫，你放了我吧，看我这么小，也不值钱，你要是把我放回海里，等我长成一条大鱼，到那时你再来捉我，不是更划算吗？”渔夫说：“小鱼，你讲得挺有道理，但是我如果用眼前的实利去换取将来不确切的所谓‘大利’，那我恐怕就太愚蠢了。”

故事中的渔夫很聪明，要知道大海可不是渔夫自家的池塘。想什么就捞什么，所以踏踏实实地珍惜每一分收获是很重要的，只有脚踏实地，方可站得更牢。

真诚、踏实，这是中华民族的传统美德。做人的艺术千变万化，根本之道就在有方有圆，坚持原则，用一颗诚实的心去对待，因为诚实是立身之本。

我们不止一次地听人讲过诚实的益处。有些人说，他们曾经因为不诚实得到教训，也曾因为诚实而受到奖励。对于那些讲究商业道德的人来说，诚实是第一要义，是方圆做人的第一条原则。

有这样一个故事：

香港金利来公司曾经和一家报社联合举行一次活动。奖品是金利来领带。

活动结束后，负责发放礼品的一位姓罗的女记者把剩下的三条领带交还给了金利来公司。这件小事却让金利来公司的总裁曾宪梓感动不已。几年后，金利来公司全面进入大陆市场，组建一个分公司。在招聘经理时，曾先生最先想到了那位记者……

“真理、正直、公平和高贵是永远分不开的，”一个美国著名的政治家给他的儿子写信说，“谎言来自卑鄙、虚荣、懦弱和道德的败坏。谎言最终会被揭穿，说谎者令人鄙视。没有正直、公平和高尚，就没有人能够取得真正的成功，能赢得他人的尊敬。说谎的人迟早都会被发现，甚至比他自己想象的还要快。你真正的品格一定会为人所知晓，一定会受到公正的评价。”

有个人给我讲了一个有趣的故事：

一个人在火车上坐下后，把自己的包裹和行李放在旁边的座位上。后来，车上人越来越多，车厢越来越拥挤。这时，有一位先生问他旁边的座位是否有人，他说：“有人，那人刚刚去了吸烟车厢，他一会儿就回来。你看，这些东西就是他的。”但这位先生怀疑他所说的话，就说：“好吧，我坐在这儿等他回来。”于是，这位先生把行李和包裹拿下来，收在了地板上和行李架上。这个人怒目而视，想说什么也说不出来。因为那位在吸烟车厢的人是他编造出来的。不久，这个人到站了，他开始收拾自己的东西。但那位先生说：“对不起，你说过这些行李是一个在吸烟车厢的人的。我有义务保护这些行李不被你拿走，因为你说这些行李不是你的。”这个人发怒了，他开始骂人，却不敢去碰那些行李。乘务员被叫来了，他听了这两个人的话后说：“那好吧！我来掌管这些行李，我会把它放到这一站，如果没有人认领，那就是你的。”乘务员对着那个为了占座位而否认自己行李的人说。在乘客们的哄笑声和鼓掌声中，这个人没带行李就灰溜溜地下了车。他刚下年，火车就开动了。第二天，他拿到了自己的行李。为了霸占一个不属于他的座位，他撒谎了，为此他受到了惩罚。

一个人讲了一个谎言，就不得不接着讲更多的谎言。在他悔悟以前，情况会变得很糟糕。然而，这并不是全部的恶果。一个人如果讲过一个小小的谎言，就会在他的性格中留下一个斑点，就像水果刚刚开始变质时的小斑点。一旦你允许自己讲一次谎话，那么你会发现你很容易说第二次谎话。很快，他的为人处世的方式都会失去踏实和诚实。只有坚持了自己做人“方”的原则——诚实，你才会真正为圆满做事打好根基。

在南北战争中，当罗伯特·李将军在和一个军官讨论进军方向时，一个农民的儿子不经意间听到了他们的对话。原来南方的军队要向葛底斯堡进军，而不是向哈里斯堡进军。这个孩子通过电报把这个消息告诉了联邦军队的总督阿廷。总督说：“如果我能知道这个男孩说的是真话还是假话，我愿意拿我的右手来交换。”一个下士说：“总督，我认识这个男孩，他不可能撒谎，他是个正直的人。”15分钟后，联邦军队行进到了葛底斯堡，获得了大捷。

对一个人来说，最重要的就是要有高贵的品格和认真的态度，渴望真诚。

如果人们在商业交易中都很真诚，讲真话，那么双方的合作就不会破裂。当人们不再互相信任的时候，就永远不会达成交易了。

3. 放大镜原理让你做事无坚不摧

把所有的鸡蛋都放在一个篮子里吧！然后看住这个篮子，不要让任何一个鸡蛋掉出来，这是方圆做人的秘诀之一。如果能够做到这样，你必将会成就成功的人生。

一、聚焦注意力是成功的基础

将注意力聚焦在单一目标上，是无数人士和机构成功的保证。

人类以往所有的伟大天才，都是经由它的神奇力量催化出来的。

卡耐基、洛克菲勒、哈里曼、摩根等人都是在使用这种神奇的力量之后，成为了大富翁，获得了圆满的人生。

也许有人会问："这把'神奇之钥'是什么？"

其实很简单，它就是人类用智慧结晶出来的两个字："专心"。

所谓"专心"，就是把意识集中在某个特定欲望上的行为，并要一直集中到找出实现这项欲望的方法，而且成功地将之付诸实际行动为止，这是方圆做人法则里必须坚持的"方"。

在企业经营中，专心具有十分重要的意义。有人说，管理工作的有效性如果有什么秘诀的话，这个秘诀就是"专心"。

管理者的成效，来自在一定时间阶段内的"专一不二"。有人将此形容为"放大镜效应"，聚焦的能量足以使金属熔化。每个管理者对自己的处境都会深有体会，一方面感到要做的工作太多，仿佛事情永远做不完；一方面感到时间太少，时间总是一晃而过，无论如何时间总是不够用。工作何其多，时间何其少，怎么办？唯有专心一致于一件要务上，才能快速地做出成效。

无成效或成效不大的管理者，一般就是不懂得做人的方圆艺术，他们的失败通常不是由于他们不肯干、懒惰，而是由于他们平均使用力量，不善于专心一致。他们工作得很卖力，很辛苦。我们常看到从事现场管理的人，东跑西跑，忙个不停，一天下来，累得腰酸腿疼，却什么问题也没有解决；在办公室工作的管理者，桌上摆满了文件，一会儿翻开这一份，一会儿又抓起那一份，刚起草了两行文件，又抓起了电话询问某单位的工作进展情况，一天下来，头昏眼花，起草的文件还停留在那两行上。

管理者需要专心，道理好懂，但做起来却颇难。其原因，一是缺乏战略头脑，统筹全局的能力，为复杂的环境所干扰，被环境所支配。二是缺乏训练，不能专心于一事，这是一种能力，不是人人都有这种能力的，有这种能力的人也有强弱之分，能力需要通过锻炼和训练获得。心理学上对精神和注意力集中有一定的训练方法，但这是指较短时间（例如数分钟或个把小时）的精神集中，比如注意听别人谈话等。我们这里所说的专心是指一段时间内（数天、数周，甚至更多）集中精力做一件事，对此，似乎没有成熟的训练方法，主要靠自己在工作实践中训练，例如强迫自己的意志集中，养成一抓到底的工作习惯，学会在复杂环境中集中精力处理一些重大问题，方圆做人，圆满做事的奥妙就在这里。

爱迪生说得好：用几句话就可以说明最重要的发明要素，这些要素的首要成分，就是清楚地知道自己要的是什么（明确目标，创造力）……发明者必须以坚毅的精神，使他的思想集中在此一目标，并运用自己对此一目标的所有知识，来追求这个目标（智囊团，注意力控制），无论遭受到多少次的失败，都必须不断地研究下去（意志力），同时还不能因为其他人可能也有类似的想法，但却没有成功的事实影响到他的研究（自律，应用的信心），他必须坚信必定有什么方法可以解决他所面临的问题（自我暗示）。

当一个人决定要解决问题时，可能会在起步时就碰到阻碍，但是只要他专心一致地坚持下去，以方圆之道不断地探求，就必然会发现问题的解决办法。大部分的人所遭遇的问题，是他们在开始之前就已退却。经验表明，从来没有过刚着手解决问题时，就找到答案的情形。但令人惊讶的是，每当爱迪生成功地发明他想要发明的东西时，他发现这些工作都在他能力所及的范围之内，但只有坚毅的精神和赢的意志才能发掘这项秘密。

这就是聚焦注意力所产生的力量，这种放大镜效应是成功的原理，既强化了它们的力量，并且也增强了自己的力量，你一定要准备好专心致力于你手边的工作，只有如此，你才有圆满做事，取得成功的可能。

二、集中注意力可调整思想心态

有经验的成功人士深信，一个人只要集中注意力，就能调整自己的心态和思想，使它能接受空间的所有思想波动。这样，整个世界都将成为一本公开的书籍，供你随意阅读，成功的生涯就在其中。下面的例子很能说明这一道理。

一位企业界的人士在经营多年后发现他自己患了一般人所说的“健忘症”。他变得心不在焉，记不住任何事情。现在，引用他的话，让你明白他是如何用集中注意力的方法来克服他的这项障碍的：

“我已经50岁了。10年来，我一直在一家大工厂担任某个部门的经理。起初我的职务很轻松，接着，公司迅速扩大业务，使我增加了额外的责任。我那一部门的几位年轻人已经表现出不寻常的精力与能力——他们之中至少有一位企图取代我的职位。

“像我这种年龄的人大都希望过舒适的生活，而且，我在公司已服务过很长的一段岁月了，因此，我觉得我大可以轻轻松松地工作，安心地在公司待下去。但这种心态几乎使我失掉了我的职位。大约两年前，我开始注意到，我‘专心’工作的能力已经衰退了，我的工作变得令我心烦。我经常忘记处理信件，直到后来，桌上的信堆积如山，令我看了大吃一惊。各种报告也被我积压下来，使我的部属大感不便。我人虽然坐在办公桌前，但脑中却想着别处。

“其他的情形也都显示出，我的心思并没有放在工作上。我忘了参加公司一个重要的主管会议。我手下的职员发现我在估计货物时犯了一个很严重的错误，当然，他也设法让总经理知道了这件事。

“对于这种情形我真是惊讶万分。于是我请了一个星期的假，希望把这种情形好好想一想。我在一处偏远山区的度假别墅内严肃地反省了几天，我深信自己是患了健忘症。我缺乏‘专心’工作的力量，我在办公室的肉体及心理活动变得散漫无目的。我做事漫不经心，懒懒散散，粗心大意，这完全是因为我的思想未放在工作上的缘故。我在准确地诊断出我的毛病之后，就寻求补救之道。我需要培养出一套全新的工作习惯，我决心要达到这个目标。

“我拿出纸笔，写下我每天的工作计划。首先，处理早上的信件；

然后，填写表格、口授信件、召集部属开会、处理各项工作。每天下班之前，先把办公桌收拾干净，然后离开办公室。

“我在心里问自己：‘如何培养这些习惯呢？’获得的答案是：‘重复这些工作。’在我内心深处的另一个人提出抗议说：‘但是，这些事情我已经一而再、再而三地做过几千次了。’我心中的声音回答说：‘不错，但是，你并未专心从事这些工作。’

“我回去上班，立即把我的新工作计划付诸实施。我每天以同样的兴趣从事相同的工作，而且尽可能地在每天的同一时间内进行相同的工作。当我发现我的思想又开始想到别处时，我立刻把它叫了回来。

“利用我的意志力所创造出的一种心里的刺激力量，使我不断地在调整思想心态方面获得进步。后来，我发现每天虽然做同样的事情，但却感到很愉快，这时，我知道我已经成功了。”

所以说，方圆做人的艺术——“专心”本身并没有什么神奇，取得成功也并不是离你很遥远的目标，只要你集中注意力调整好自己的思想心态就行了。

三、多才多艺不如独专一门

现代社会是个社会化程度极强的社会，很多的工作需要多方的合作才能完成；而现代社会更是一个专业化程度极强的社会，你只有业有所精，有所特长，使自己在某一领域中有过人之处，你也就掌握了圆满做事的诀窍，你才能获得更多成功的机会。否则自认为是多才多艺，实则是样样粗通，样样不精，那么，你只能在与他人耀眼的特长竞争过程中，黯然失色。

多年前，当电脑自动化的新技术还未面世时，在工商管理方面极富盛名的哈巴德就曾经这样说：“一架机器可以取代50个普通人的工作，但是任何机器都无法取代专家的工作。”

果然，现在数以万计的普通工作都已经由机器取代了，但专门人才的地位还是稳如泰山。因为如果没有这些专家来操纵机器，机器就会像废物一样，毫无用处。

法国的化学和细菌学家巴斯德说："只要是学有专长，就不怕没有用武之地。"可见，你只要能够把自己锻炼成为一门重要行业的不可缺少的专家，你也就能够圆满做事，就能够有所作为。

古代天津有位小名为狗子的生意人，只是对蒸包子有所专长，他却成功地创下了名扬中外的狗不理包子这一小吃老字号。

北京的王麻子只是菜刀做得好，他却凭它成功地开创了自己的事业。

而许多知识涉猎广泛但浅尝辄止的人，并不明白这个做人的道理，一生都平平庸庸，默默无闻。

罗伯特的遭遇正是说明了这一点。

多年来，罗伯特自认为自己有多方面的兴趣和才华，但这却把他弄得很狼狈。

大学时，他主修经济，毕业后到一家出版公司工作了几年后，又回到学校念了个企业管理硕士学位。

虽然他曾经想自己开公司，后来还是决定替别人的公司做咨询顾问。"我打出顾问的招牌，"他笑着说，"并且找到了几家客户。"他最早的客户是一家塑料容器公司，是在他拿到企管硕士学位后10个月找到的。"我一眼就看出来这家公司有生意可做。"

至于什么生意，罗伯特没有说，因为他认为那样会限制他的服务范围。"我无所不通，"他开玩笑地说，"他们可随时来找我，并且得到他们所需要的服务。"

他很少拒绝客户提出的要求，似乎他能解决所有的问题。为了提供正确的指导，他工作得非常认真、辛苦。由于他非常聪明并且凡事都不屈不挠，因而总是能够比较从容地应付解决客户的问题。即使客户提出什么特殊的要求，他也总能想出办法。

罗伯特中学时，曾希望从事他最喜欢的体育运动——篮球，但这个愿望由于他长到1.75米后再也没长而告破灭。从那以后，他对运动就不再那么有兴趣了，而是把全部精力致力于使自己成为多面手。

罗伯特一直很喜欢用一句话来形容他自己的工作："发现问题，解决问题。"他把自己比作救火员，"公司总会有什么地方发生问题，接着警铃响起，然后就来找我万能的罗伯特，由我去抢救。专业咨询顾问就应该是这种样子，要能应付所有的问题。"

我们不防听听这位"杂家"20年来工作的心得："要解决任何事情，包在我身上。"他34岁时这样说，而在36岁时他说："无论什么时候发生什么问题，我都会有办法解决——否则我也会有办法从外头找到解决之道。"39岁时他说："我对各行业都很精通，这是我的职业，你该知道我的意思吧！没有任何事情能逃过我的注意力的。"41岁时则说："我很擅长站在整体的立场来看事情，从各个环节中找出事情的症结。"到了46岁时，他说："我告诉他们不要找其他什么人了，我有办法应付一切的。"49岁时他说："只有我才是他们唯一需要的人，如果连我都没办法解决，大概也就没有什么人能解决了。"

但实际上呢？罗伯特的公司一直经营平平，向他进行咨询的客户，大都对他的服务表示满意，但却很少有再次向他咨询的，他不懂得以专业的态度达到圆满做事的法则，因此也就无法得到成功的人生。

罗伯特绝对不是一个单独而不正常的例子，根据美国某调查机构连续10年对350位企业管理硕士所做的追踪研究显示，罗伯特的情形也发生在很多自行创业都没能成功的人身上。

为什么会这样呢？他们的事事精通背后隐藏着什么危机呢？

最大的危机就是他们不明白这一做人的方圆之道：业不专精，没有一项自己的特长，从而无法在做事的时候确立自己的优势。在上面所提到的调查中，分析人员发现了一个非常有趣的现象：加入并留在大公司工作的企业管理硕士往往更加执着于自己的方法，发展专长的范围虽然有限，但却十分专精，而自行创业的人却比较喜欢凡事一把抓，以至于专业无法专精。由于没有人限制他们在某一特定的专业领域发展所长，因此他们也认为没有必要总把自己局限在那里。更重要的，也是那些人最乐不可支的，是他们因为能有较多的自我发展机会而幸运不已。这些恰恰正是造成他们失败的最主要因素：这不光是指自己创业的企业管理硕士，对其他创业的人士来说也是一样。

为什么呢？当问起罗伯特的客户为什么他们不再继续让罗伯特提供服务时，他们说："罗伯特是个很帮忙的家伙，给了我们很多很好的建议。但是，我们发现，对于某一特定的方面，别人比他做得更好。"

可是更为可怕的是，这些多才多能而业无专精的人，往往并没有认识到自己之所以失败的真正原因。例如罗伯特就将其归结为客户的变化无常。"这些公司的经理根本不知道自己到底需要什么，所以就每种都想试试看。"他的意思就是说，他们既然给了他罗伯特一次机会，就该也给别人一次机会。

这实在是一个天真的解释。客户并没有找个和他相似的多面手来取代他，而是找了那些能提供更专精服务的人来取代他。

当罗伯特43岁时，有人问他："你认为你对一个公司的哪方面最精通？""我什么都精通。"罗伯特回答说，"财务、生产、销售、存货等各方面都懂。"

他的这番话还真对一家运动产品公司的老板起了作用，他与罗伯特签了半年的顾问合约。但是期满后，老板并没有续约，使得罗伯特感到非常沮丧。和以前一样，这家公司对他的服务也没有任何不好的批评。"他已经尽全力了。"事后，那位老板这样说。但是一个月之后，这家公司还是找了另外一家专门进行存货控制系统的咨询公司来帮忙。

这种转换绝不是因为客户善变，这家公司只是想从一个比他更专精的咨询顾问那里得到协助罢了。不同的公司需要不同的专业咨询服务，如果罗伯特真的能行行都精通都出类拔萃，那当然是最好的，他当然会因此而获得极大的成功。但是实际上几乎没有人能做到行行都是出色的专家，包括罗伯特，虽然他很聪明，也很勤奋。

所以要掌握做人的方圆之道，要领悟做人圆满的艺术，那就要学会这个原则：将注意力集中于一点，你就可以无坚不摧！

4. 勇于承受失败

1952年，世界著名的游泳好手弗洛伦丝·查德威克从卡德林那岛游向加利福尼亚海滩。两年前，她曾经横渡过英吉利海峡，现在她想再创一项纪录。

这天，当她游近加利福尼亚海岸时，嘴唇已冻得发紫，全身一阵阵地打寒战。她已经在海水里泡了十六个小时。远方雾霭茫茫，使她难以辨认伴随着她的小艇。查德威克感到难以坚持，她向小艇上的朋友请求："把我拖上来吧。"艇上的人们劝她不要向失败低头，要她再坚持一下。"只有一英里远了。"他们告诉她，浓雾使她难以看到海岸，她以为别人在骗她。"把我拖上来！"她再三请求着。于是，冷得发抖、浑身湿淋淋的查德威克被拉上了小艇。

后来，她告诉记者说，如果当时她能看到陆地，她就一定能坚持游到终点。大雾阻止了她去夺取最后的胜利。

这件事过后，她认识到，事实上，妨碍她成功的，不是大雾，而是她内心的疑惑。是她自己让大雾挡住了视线，迷惑了心，无法坚持自己的方圆之道，首先对自己失去了信心，然后才被大雾给俘虏了。

两个月后，查德威克又一次尝试着游向加利福尼亚海岸。浓雾还是笼罩在她的周围，海水冰凉刺骨，她同样望不见陆地。但这次她坚持着，她知道陆地就在前方；她奋力向前游，因为陆地在她的心中。查德威克终于明白了坚持信念的重要性。她不仅确立目标，而且懂得要对目标充满信心。

每个人都会确立一些人生的目标，要实现这些目标。首先你必须相信自己能够做到。坚持自己圆满做事的信念，千万不要让形形色色的雾迷住了你的眼，不要让雾俘虏你。在实现目标的过程中受到挫折时，请记住，困难都是暂时的，只要充分相信自己，终能等到云开雾散的那一天。而丧失自信心，不仅带来失败，还常常酿成人间悲剧。

日本有一个青年叫神田三郎，他的学习成绩很好。一次参加松下电器公司招聘考试，他在面试时给松下留下深刻印象。可笔试时，神田三郎却出人预料地没有进入录取线。松下叫人复查考试成绩，结果发现神田三郎的综合成绩名列第二，因为电子计算机出了故障，把分数和名次搞错了，才导致神田三郎落选。松下立即给神田三郎发录用通知，可神田三郎已因招聘落选，心态失去平衡，感到绝望而跳楼自杀了。

如果说神田三郎离我们的现实生活较远的话，不妨再举一个发生在我们身边的真实的故事。邻居小蔡今年26岁，她在大学里的成绩就很好，但总是对自己缺乏信心。1999年1月底，经过了充分准备的小蔡怀着忐忑的心情，走进了硕士研究生考场。第一天的英语和政治的答题顺利，稍稍缓解了她紧张的心绪。但第二天，刚发下高等数学试卷时，看到多一半陌生的题目，小蔡蒙了，心想这下完了……交卷时间到了，望着只答了一半的试卷，她哭了。虽然剩下的专业考试对每个考生来说都相对比较容易，但她认为自己没有必要参加剩下的两门专业课程的考试了，怀着失落的心情，她悄悄离开了考场。

可是，以后的事更加令她伤心和遗憾了，虽然她数学只考了48分，而当年所有考生的平均成绩只有37分，而且她的英语和政治成绩都不错，如果小蔡坚持参加所有科目的考试，肯定被录取了。小蔡由于受到强烈的刺激，精神有些失常，永远失去了深造的机会。

如果神田三郎不自杀，他就会成为松下公司的职员；如果小蔡不中途放弃考试，她将是一名硕士研究生了。退一步讲，如果拥有自信，能够承受住一次失败的打击，即使神田三郎不被松下公司录用，还可以到其他公司去试试；就算小蔡这次不能考取，她明年还可以重来。他们本来都应该迈向成功之路，却因缺乏自信心，双双造成了悲剧，这个教训多么深刻呀！

刚毅的性格是生活中的强者所不可缺少的，这也是方圆做人，圆满做事必须拥有的原则之一。正如古人所说："天下事不如意者十之八九。"这话不无道理。在生活的海洋中，事事如意、一帆风顺地驶向彼岸的事情是很少的，或学习上遇到困难，或工作中受到挫折，或生活上遭到不幸，或事业上遭到失败，这些都有可能发生。当不幸的命运降临到我们身上的时候，我们应当怎么办呢？

唉声叹气，自叹"命当绝我"，自认倒霉，这是一种态度。在打击和磨难面前，仅仅停留于无休止的叹息，不会帮助你改变现实，只会削弱你和厄运抗争的意志，使你在无可奈何中消极地接受现实。

悲观绝望，自暴自弃，这也是一种态度。一遇挫折就悲观失望，承认自己无能，这是意志薄弱、缺乏勇气的表现，也是自甘堕落、自我毁灭的开始。用悲观自卑来对待挫折，实际上是帮助挫折打击自己，是在既成的失败中，又为自己制造新的失败；在既有的痛苦中，再为自己增加新的痛苦。

怨天尤人，诅咒命运，这又是一种态度。现实总归是现实，并不因为你埋怨和诅咒它而有所改变。遇到不幸的事，就恶语诅咒，怨天尤人，这是最容易的，但却是最没有用处的。埋怨和诅咒人人都会，但从埋怨和诅咒中得到好处的人却从来没有。事实上，在诅咒之中，真正受到伤害的并不是诅咒对象，而只是诅咒者自身。

做事的圆满法则，就是真正明白何时要坚持，何时要放弃。在失败面前，用外柔内刚的方式，勇敢接受失败的打击，用百倍的信心继续迎接挑战，这才是圆满做事应有的态度。

鲁迅说得好："伟大的胸怀，应该表现出这样的气概——用笑脸来迎接悲惨的命运，用百倍的勇气来应付自己的不幸。"在我们的生活中，倘若遭遇到不幸，就应表现出鲁迅所说的那种"伟大的胸怀"，鼓起勇气，振作精神，以刚毅的精神同厄运进行不屈的斗争。

在生活中的不幸面前，有没有坚强刚毅的性格，在某种意义上说，也是区别伟人与庸人的标志之一。巴尔扎克说："苦准对于一个天才是一块垫脚石，对于能干的人是一笔财富，而对于庸人却是一个万丈深渊。"有的人在厄运和不幸面前，不屈服，不后退，不动摇，顽强地同命运抗争，因而在重重困难中冲开一条通向胜利的路，获得了圆满的人生，成了征服困难的英雄，掌握自己命运的主人。而有的人在生活的挫折和打击面前，垂头丧气，自暴自弃，丧失了继续前进的勇气和信心，于是成了庸人和懦夫。培根说："好的运气令人羡慕，而战胜厄运则更令人惊叹。"生活中，人们对于那此冲破困难和阻力而坚持到底的人，对其敬佩程度是远在生活的幸运儿之上的。困难越大，成功越不容易，就越能说明你是真正的英雄。当接连不断的失败使爱迪生的助手们几乎完全失去发明电灯泡的热情时，爱迪生却靠着坚忍不拔的意志，排除了来自各个方面的压力，经过无数次实验，电灯终于为人类带来了光明。爱迪生的超人之处，正是他面对挫折和失败表现出了超人的顽强刚毅精神。古罗马哲学家塞尼卡有句名言："真正的伟人，是像神一样无所畏惧的凡人。"谁能以不屈的精神对待生活中的不幸，谁就能最终克服不幸。在不幸事件面前愈是坚强，愈能减轻不幸事件的打击。贝多芬以他那孤独痛苦、然而又是热烈追求的一生，给世界留下一句名言："用痛苦换来欢乐。"这句名言曾经鼓舞无数人奋起和自己的不幸进行斗争。一个人能在任何情况下都勇敢地面对人生，无论遭遇到什么，依然保持生活的勇气，保持不屈的奋斗精神，他就是生活中的强者，一个真正刚强的人。

没有一个人生下来就刚毅，也没有一个人不可能培养出刚毅的性格。我们不要神化强者，以为自己成不了那种钢铁般坚强的人。其实，普通人所有的犹豫、顾虑、担忧、动摇、失望等等，在一个强者的内心世界也曾经出现过。鲁迅彷徨过，伽利略屈服过，哥白尼动摇过，奥斯特洛夫斯基想到过自杀，但这并不能否认他们是坚强刚毅的人。刚毅的性格和懦弱的性格之间并没有千里鸿沟，刚毅的人不是没有软弱，只是他们能够战胜自己的软弱。只要加强锻炼，对软弱进行斗争，就会掌握方圆做人，圆满做事的艺术，成为一个坚强刚毅的人。

性格的刚毅是在个人的实践活动过程中逐渐发展形成的，它孕育在切实的劳动中，成长在与困难的斗争里。一方面，困难越大，斗争越艰巨、越持久，越能培养和锻炼刚强的性格。另一方面，平时的日常生活也能锻炼人的刚强。刚强意志并不是一朝一夕所形成的，它是长期磨炼、潜移默化的结果。像战斗英雄们在战斗中所表现出来的勇敢和刚强，并非来自战场上一时的冲动。相反，在英雄平时的生活中，在他们千百件的日常小事中，就已经包含着刚强性格的因素了。

达观的胸怀能使人刚强起来。人们常说对伤心事要想得开，什么叫“想得开”呢？“想得开”就是要从伤心事中跳出来，从不同的角度看问题。这就需要圆满做事“圆”的一面。有些人遭受挫折时，往往心胸太窄、心眼太死，老从一个角度去看伤心的事，越看越伤心，越想越泄气。一个人在痛苦不堪时，应当能从自己的痛苦和伤悲中跳出来，放眼社会。这样，你就会看到自己那一点痛苦不过是千百万人都要碰到的一件很平常的事罢了。或者，把眼光放远一点，从漫长的人生长河看今天，那就会感到人生坎坷寻常事，现时的挫折不过是人生中一段小小的弯路。随着视野的开阔，观察角度的更新，他的眼光就能超越眼前的痛苦和不幸，看到更远的前程，整个生活的色彩在他眼里也必将逐渐明朗起来。

如果你想培养自己承受悲惨命运的能力，你可以学着在自己的生活中采用下列技巧：

① 下定决心坚持到底。局面越是棘手，越要努力尝试。过早地放弃努力，只会增加你的麻烦。面临严重的挫折，只有坚持下去，加倍努力和增

快前进的步伐。下定决心坚持到底，并一直坚持到把事情办成。

② 不要低估问题的严重性。要现实地估计自己面临的危机，不要低估问题的严重性。否则去改变局面时，就会感到准备不足。

③ 做出最大的努力。不要畏缩不前，要使出自己全部的力量。成功者总是做出极大的努力，而面对危机时，他们却能做出更大的努力。

④ 坚持自己的立场。一旦你下定决心要大胆地向前冲，要像服从自己的理智一样去服从自己的直觉。顶住家人和朋友的压力，采取你所坚信的观点，坚持自己的立场。至于是对是错，现在就该相信你自己的判断力和智慧了。

⑤ 生气是正常的。当不幸的环境把你推入危机之中时，生气是正常的。一方面对你来说重要的是要弄明白自己在造成这种困境中起了什么作用；另一方面，你是有权利为了这些问题花了那么多时间而恼火的。

⑥ 不要试图一下子解决所有的问题。当经历了一次严重的危机或像亲人去世这样的严重事件之后，在你的情绪完全恢复以前，要满足于每次只迈出一小步。不要企图当个超人，一下子解决自己所有的问题。要挑一件力所能及的事，就干一件，而每一次对成功的体验都会增强你的力量和信心。

⑦ 让别人安慰你。无论局面好坏，失败者总是一味地抱怨。结果当危机真的来临时，人们很少会信以为真和安慰他们，因为人们已经习惯了他们的消极态度，就像那个老喊“狼来了”的孩子一样。但是，如果你是个积极的人，平时能很好地应付自己的生活，那么，在困境中，你可以放心地把自己的懊悔和恐惧告诉别人，给别人以安慰你的机会，你理当得到这种支持，而且对于自己这种请求，你完全可以感到坦然。

⑧ 坚持尝试。克服危机的方法不是轻易就能找到的。然而，如果你坚持不懈地寻求新的出路，愿意在成功的可能性很低的情况下去尝试，你就能找到出路。要保持自己头脑的清醒，睁大眼睛去寻找那些在危机或困境中可能存在的机会。与其专注于灾难的深重，不如努力去寻求一线希望和

可取的积极之路。即使是在混乱与灾难中，也可能形成你独到的见解，它将把你引导到一个值得一试的新的冒险之中。

面对失败和厄运，对于失败本身，可以用坦然的态度对待它，而对于挫折的挑战，则要用坚忍不拔的态度坚持下去，失败就成了生命中完全可以承受的一桩小事。

5. 控制情绪是圆满做事的要诀

我们每个人都避免不了动怒，愤怒情绪是人生的一大误区，也是一种心理病毒；它同其他病一样，可以使你一蹶不振。也许你会说："是的，我也明知自己不该发怒，但就是控制不住自己。"如果你是一个欲成大事者，要学会圆满做事，你就应该注意了，能不能消除愤怒情绪与你的情绪控制能力有关。

其实，并非人人都会不时地表露自己的愤怒情绪，愤怒这一习惯行为可能连你自己也不喜欢，更不用说他人感觉如何了。因此，你大可不必对它留恋不舍，它不能帮助你解决任何问题。任何一个精神愉快、有所作为的人都不会让它跟随自己。

愤怒既是你做出的选择，又是一种习惯。它是你经历挫折的一种后天性反应。你以自己所不欣赏的方式消极地对待与你的愿望不相一致的现实。事实上，极端愤怒是精神错乱——每当你不能控制自己的行为时，你便有些精神错乱。因此，每当你气得失去理智时，你便暂时处于精神错乱状态，而这是圆满做事的大忌。

同其他所有情感一样，愤怒是大脑思维后产生的一种结果。它不会无缘无故地产生。当你遇到不合意愿的事情时，就告诉自己：事情不应该这样或那样，于是你感到沮丧、灰心；然后，你便会做出自己所熟悉的愤怒的反应，因为你认为这样会解决问题。只要你认为愤怒是人的本性之一，就总有理由接受愤怒情绪而不去改正。

但只要你不去改正，你的愤怒情绪将会阻止你而使你做不好事情。成大事者是不会让愤怒情绪所左右的。历史上有好多这样的事例，他们中能压下怒火的大多就能成功，而凭着这一怒之气行事的则大多失败了。请看下面的例子：

在三国时期，关云长失守荆州，败走麦城被杀，此事激怒刘备，遂起兵攻打东吴，众臣之谏皆不听，实在是因小失大。正如赵云所说："国贼是曹操，非孙权也。宜先灭魏，则吴自服，操身虽毙，子丕篡盗，当因众心，早图中原……不应置魏，先与吴战。兵势一交，不得卒解也。"诸葛亮也上表谏止说："臣亮等切以吴贼逞奸诡之计，致荆州有覆亡之祸；陨将星于斗牛，折天柱于楚地，此情哀痛，诚不可忘。但念迁汉鼎者，罪由曹操；移刘祚者，过非孙权。窃谓魏贼若除，则吴自宾服。愿陛下纳秦宓金石之言，以养士卒之力，别作良图。则社稷幸甚！天下幸甚！"可是刘备看完后，把表掷于地上，说："朕意已决，无得再谏。"执意起大军东征，最终导致兵败。

从上面的事例中，就可看出，要想做到方圆做人，圆满做事，在关键时刻是不可以让怒火左右情感的。不然你会为此付出代价。那么怎样消除愤怒情绪呢？下面几种方法我们可以借鉴。

一、愤怒的误区

如果你仍然决定保留自己心中愤怒的火种，你可以以不造成重大损害的方式来发泄愤怒。然而，你不妨想想，你是否可以在沮丧时以新的思维支配自己，且以一种更为健康的情感来取代使你产生愤怒的情绪，既然世界绝不会像你所期望的那样，你很可能会继续厌烦、生气或失望；但无论如何，你完全可以消除那种不利精神健康的有害情感——愤怒，它对你没有任何好处。

每当你以愤怒来对他人的行为做出反应时，你会在心里说："你为什么不跟我一样呢？这样我就不会动怒，而且会喜欢你。"然而，别人不会永远像你希望的那样说话、办事；实际上，他们在大多数情况下都不会按照你的意愿行事。这一现实永远不会改变。所以，每当你因为自己不喜欢的人或事动怒，你其实是不敢正视现实，无法做到方圆做人，让自己经受情感的折磨，从而使自己陷入一种惰性。为根本不可能改变的事物自寻烦恼真是太愚蠢了，其实，你大可不必动怒；只要你想想，别人有权以不同于你所希望的方式说话、办事，你就会对世事采取较为宽容的态度。对于别人的言行，你或许不喜欢，但决不应动怒。动怒只会使别人继续气你，并会导致上述的心理病症。其实，你完全可以做出选择——要么动怒，要么以圆满做事的态度，从而最终消除愤怒这一误区。

也许你认为自己属于其中一类人，即对某人某事有许多愤愤不平之处，但从不敢有所表示。你积怨在胸，敢怒不敢言，成天忧心忡忡，最后积怨成疾。但是，这并不是那些咆哮大怒的人的反面。在你心里，同样有这样一句话："要是你跟我一样就好了。"你心想，别人要是和你一样，你就不会动怒了。这是一个错误的推理，只有消除这一推理，你才能消除心中的怨愤。以方圆做人的态度看待世事，以至根本不动怒，这才是最为可取的。你可以这样安慰自己：

"他要是想捣乱，就随他去。我可不会为此寻烦恼。对他这种愚蠢行为负责的，是他不是我。"

你也可以这样想："我尽管真不喜欢这件事，却不会因此陷入愤怒的误区。"

所以，为了消除这一误区，首先你要以平静的方式勇敢地表示出自己的愤怒；然后，以方圆处世的方式让自己保持精神愉快，使之转为内在控制；最后，不因为别人的言行影响自己的精神状态。你可以学会不让别人的言行搅乱自己的心境。总之，你只要方圆做人，圆满做事，保持自我，拒绝受别人的控制，便不会用愤怒折磨自己。

二、消除愤怒的最佳方法——幽默

生活中有些人，他们为人处世的方式显得有些呆板，这当然是一种不可取的态度。只要我们观察一下周围那些精神愉快的人就会发现，他们最为明显的特点就是方圆做人——善意的幽默感。让别人开怀大笑，在笑声中观察五彩缤纷的现实生活，这是消除愤怒的最佳方法。

对于“幽默”这个词，我们也许并不陌生，然而，究竟什么是幽默呢？心理学家认为：幽默是人的个性、兴趣、能力、意志的一种综合体现，它是语言的调味品。有了幽默，就是以“圆”的方式对待人事，所说的话都可让人觉得醇香扑鼻，隽永甜美。它是强大引力的磁铁。有了幽默，便可以把一颗颗散乱的心引入它的磁场，让每个人的脸上绽开欢乐的笑容。它是智慧的火花，可以说，幽默与智慧是天然的孪生儿，是知识与灵感勃发的光辉。

幽默也能展示人的一种乐观豁达的品格。半夜时分小偷光临，一般不会令人愉快，可巴尔扎克却与小偷开起了玩笑。巴尔扎克一生写了无数作品，却常常手头拮据，穷困潦倒。有一天夜晚，他正在睡觉，有个小偷摸进他的房间，在他的书桌里乱摸。巴尔扎克惊醒了，但他并没有喊叫，而是悄悄地爬起来，点亮了灯，平静地微笑着说：“亲爱的，别翻了，我白天都不能在书桌里找到钱，现在天黑了，你就更别想找到啦！”

幽默，实在具有神奇的魅力：可以为懒惰者带来活力，可以为勤奋者驱散疲惫；可以为孤僻者增添情趣，可以使欢乐者更愉悦。幽默是方圆做人的“秘密武器”之一。

你的生活是否过于严肃，以至于你看不到生活中的荒谬之处？要是一个人从来不笑，那他可能有些变态。每当你的言行过于严肃时，提醒自己，你所享有的时间只是现在。当开怀大笑可以使你如此愉快时，为什么要以愤怒折磨自己呢?

笑吧，为笑而笑，这就是笑的理由。其实，你并不需要为笑寻找理由。只要笑，这就足够了。冷静地观察生活在这个世界上的各种人——包括你自己，然后再决定选择愤怒还是幽默。请记住，幽默就是方圆做人的表现，会使你和其他人都得到生活中最珍贵的礼物——快乐。开怀大笑吧，笑声会使你的生活充满阳光。

三、消除心中的怒气

发怒，完全是一种可以消除与避免的行为，只要好好地把握自己，以方圆做人的态度对待愤怒，你就可以让自己走出这一误区。用方圆做人，圆满做事的准则来调节这种情绪，就能避免这种情绪的伤害。当然，你需要选择很多新的思维方式，并且需要逐步实现。每当你遇到使你愤怒的人或事时，要意识到你对自己说的话，然后努力用思维控制自己，从而使自己对这些人或事有新的看法，并做出积极的反应。下面是消除愤怒情绪的若干具体方法：

1．当你愤怒时，首先冷静地思考，提醒自己：不能因为过去一直消极地看待事物，现在也必须如此，自我意识是至关重要的。

2．当你想用愤怒情绪教育孩子时，可以假装动怒：提高嗓门或板起面孔，但千万不要真的动怒，不要以愤怒所带来的生理与心理痛苦来折磨自己。

3．不要欺骗自己，你可以喜欢令人讨厌的东西。你可以讨厌某件事，但你仍不必因此而生气。

4．当你发怒时，提醒自己，人人都有权根据自己的选择来行事，如果一味禁止别人这样做，只会延长你的愤怒。你要学会允许别人选择其言行，就像你坚持自己选择言行一样。

5．请你信赖的人帮助你。让他们每当看见你动怒时，便提醒你，你接到信号之后，可以想想看你在干什么，然后努力推迟动怒。

6．在大发脾气之后，大声宣布你又做了件错事，违背了圆满做事的哲学，现在你决心采取新的思维方式，今后不再动怒。这一声明会使你对自己的言行负责，并表明你是真心实意地走出这一误区。

7. 当你要动怒时，尽量靠近你所爱的人。消除敌对情绪的方法之一，是握住对方的手，即使你不愿意也要握住他的手，一直到你向他表明了自己的感情并平息了愤怒情绪之后，再松开手。

8. 当你不生气时，同那些经常受你气的人谈谈心，互相指出对方最容易使人动怒的那些言行，然后商量一种办法，心平气和地交流看法。比如可以写信、由中间人传话或一起去散步等，这样你们便不会以愤怒相待。其实，只要在一起多散几次步，你便会懂得发怒的荒谬和对你圆满做事的目的有多大的损害了。

9. 当你要动怒时，花几秒钟冷静地描述一下你的感觉和对方的感觉，以此来消气。最初10秒钟是至关重要的，一旦你熬过这10秒钟，愤怒便会逐渐消失。

10. 不要总是对别人抱有期望。只要没有这种期望，愤怒也就不复存在了。

11. 在遇到挫折时，不要屈服于挫折，应当接受逆境的挑战。这样你便没有空闲来动怒了。

愤怒没有任何好处，它只会妨碍你的生活。同其他所有误区一样，愤怒使你以别人的言行确定自己的情绪。现在，你可以不去理会别人的言行，按照方圆做人，圆满做事的哲学来处理，大胆选择精神愉快——而不是愤怒。

四、避免发怒的方法

怒是一种不良的情绪状态。古代素有“怒伤肝、喜伤心、忧伤肺、思伤脾、恐伤肾”的说法。生理研究表明，人在发怒时，会有一系列生理变化，如心跳加快、胆汁增多、呼吸紧迫、脸色改变，甚至全身发抖。这种情况对人的健康不利是不言而喻的。

怎样使自己不发怒呢？归纳以来有以下几种方法：

1．生活中遇到能引起人发怒的刺激时，应当力求避开，以“圆”应对，眼不见，心不烦。这是自我保护性的制怒方法。

2．在受到令人发怒的刺激时，大脑会产生强烈的兴奋灶，这时如果主动在大脑皮层里建立另外一兴奋灶，用它去找到或消除引起发怒的兴奋灶，就会使怒气平息。比如盛怒下的妻子，看到可爱的孩子天真的表演，会怒气全消就是这个道理。

3．怒从何来？常常是虚荣心强、心胸狭窄、感情脆弱、盛气凌人所致，对此，可以用疏导的方法将烦恼与怒气导引到积极的追求上，用“方”的态度鞭策自己，以此激励起发奋的行动，达到转化的目的。

4．这是一种主动的意识控制，主要是用自己的道德修养、意志修养缓解和降低愤怒的情绪。

有人在要发泄怒气时，心中默念“不要发火，息怒、息怒”，会收到一定效果。

总之，你应当提高自己控制愤怒情绪的能力、时时提醒自己，有意识地控制自己情绪的波动。千万别动不动就指责别人，喜怒无常。改掉这些坏毛病，努力使自己成为一个容易接受别人和被人接受，性格随和的人。只有这样的人才能办成大事，才可以达到方圆做人，圆满做事的理想状态。

6．换种思维去做事

克劳斯是做生意的天才，他说：“我从小就讨厌从事一个普通的职业，因此一直没有工作。而我说过，其实我能做任何工作——甚至做冰激凌。”于是，这位宾夕法尼亚大学的学生入学后在宿舍里做起了冰激凌。不久，同校的两个伙伴科恩和希尔顿也加入了。于是，克劳斯卖掉大部分债券自己投资，并拿出他高中时挨家挨户上门推销净水器时挣的6万美元，和他们合伙开了这家公司。经过市场调查，克劳斯发现，冰激凌的口味已经20年没有变化，他敏锐地觉察到，这为他们创业提供了一个很好的空间。他采纳了啤酒商萨缪尔·亚当斯的建议，使用啤酒酿造技术制作口味奇特的冰激凌，他与当地的乳酪厂联系，由他们提供特制的奶酪。

由于口味的创新，使这家小型的冰激凌公司很快吸引到了大量投资。结果新产品一上市就供不应求。它的风味很快就成为一种饮食时尚，风行欧美及世界各地。

克劳斯的美国杰里米冰激凌公司生产的口味独特的超级冰激凌，1999年销售额达500万美元。

克劳斯谈到自己的成功时说：“事业成功的最大秘诀就是创新。我们年轻人应该是一个行业中的创新者，而不是一成不变的制造者。因为年轻的本质特征就是新异和充满朝气。”

儿童一般都天真烂漫，他们不知道什么可能和不可能，所以会问一些幼稚的问题，向往一些不可能的事情。成人一般就不一样了，他们知道什么可能和不可能，所以不问愚蠢的问题，不向往不可能的事情。对孩子充满好奇心的问题，他们草草一句“事情就是那样”，就把他们打发了。其实，事情未必是“那样”。

成人同样能够去问：为什么看不到跟你打电话的人？为什么人造革赶不上动物皮革轻柔、耐用和有弹性？为什么不干脆把人体缺损或致病的基因换掉？这类“愚蠢”的问题，正是圆满做事的一种表现，是打开新的竞争空间的钥匙。

瑞士工程师顾问尼古拉·海克就问过这样一个愚蠢问题：瑞士既然有世界上成本最高的钟表生产基地，制表商为什么不能从精工和西铁城这样的日本对手手中重新夺回瑞士“低档”钟表的市场呢？20世纪80年代初，瑞士实际上已完全退出低档表市场。瑞士制造的低档表占0%，中档表占3%，豪华表则占97%。实际上，他们已被纳入该行业低增长的一个角落。

1985年，尼古拉·海克购买了瑞士微电子设备与制表公司的控制股权，成立帅奇公司。该公司两年前在海克的建议下，由瑞士最大的两家制表商合并而成，当时这两家公司均处于破产边缘。这个观念的产生，不是经过精心财务分析，而是由于重振瑞士钟表业的雄心壮志。这一目标对任何一位瑞士公民或亲欧者显然具有感情吸引力。

既然以此为目标，它所生产的低价表，就一定要有亚洲竞争对手不易模仿的特色，即一种体现欧洲人品味和智慧的东西。起初，银行都不愿借钱给这一企业，因为他们认为，在高成本劳动力环境中运行的瑞士公司，不可能争得过拥有低成本亚洲资源平台的日本竞争对手。

然而尼古拉·海克以圆满做事为志向，他有一个梦想："无论哪儿的孩子都相信梦想。他们问着同样的问题：为什么？为什么有的事情是某种样子的？为什么我们要以某种方式行事？我们每天也问自己这些问题。"

人们可能会笑话瑞士一家巨型公司的总裁竟会讲天方夜谭。可是那却是他们所做一切的真正奥秘之所在。

海克的愚蠢问题"我们为什么不能与日本人竞争"，需要一个聪明的回答。要想生产出一种式样时新、平均售价几美元的表，就需要在设计、制造和销售方面进行彻底革新。

帅奇公司极富创新精神的制造过程，将劳动成本削减到制造成本的10%以下，只及零售价格的1%。海克自豪地说："即使日本工人把他们的工时白白奉献了，帅奇照样能赚取可观的利润。"

孟德斯鸠曾说过："大智若愚才能成功。"正与中国处世哲学中的方圆处事不谋而合。本来就笨的人什么事都不能做，根本无法成功；具有中等智慧的人，抱着坚定的信念，可以学到专门知识，加上努力，便会成功；太过聪明的人，往往处处想找窍门，时时想走捷径，结果往往因基础不牢、努力不够而难以成功。

日本的寺田寅彦曾引用一位老科学家的话讲过如下一番道理：

人们常说："要成为一名科学家，脑袋必须要聪明。"在某种意义上讲，的确是这样的。另外，"科学家的脑袋还必须笨"，在某种意义上讲，这也是对的。

乍一看，这是两个截然相反的命题。实际上，它表现出一个事物的既对立又统一的两个不同的侧面。为了不失去逻辑链条上的任何一个环节，为了在一片混乱中，不至于颠倒部分和整体的关系，这是需要有正确而又缜密的头脑的。

所谓脑袋聪明的人，可以说他们如同腿脚快的游客。虽然他们可以捷足先登地到达他人尚未涉足之处，可是他们恐怕会遗漏观赏路旁或叉道上的重要东西。脑袋笨的人，犹如走路慢的人，一直缓步在后，往往毫不费力地把那珍宝拾在手中。脑袋聪明的人正是因为他们敏于推测，可以纵观路途上所有的难关险阻，所以，常常容易挫伤自己进取的勇气。脑袋笨的人，由于他的前途笼罩了一层云雾，反而易持乐观态度。即使是遇到难关，他也会格外地努力，脱出困境。这是因为无论如何也闯不过的难关是极为罕见的缘故。

脑袋聪明的人，恐怕会过于信任自己的脑力。其结果，当自然显示给我们的现象与自己想的不一致的时候，大概就会这样想：是不是自然错了？另外，当出现了与自己所想象的相同的结果时，恐怕会把这件要紧的事忘掉，反复琢磨自己所思考出的结果，是不是由于别的原因而偶然产生的呢？脑袋笨的人，往往特别努力地去做那些被脑袋聪明的人一开始就断定行不通的尝试。好不容易才明白了那事做不成的时候，可是他也抓住了一些并不是行不通的其他线索。这些线索也是那些一开始就不敢进行尝试的人无法接触到的。脑袋聪明的人适合做批评家，却难成为见诸行动的人。

一切举动行为里都伴随着危险。怕受伤的人成不了木匠，怕失败的人成不了科学家。科学就是在脑袋笨、不怕死的人的尸体上筑成的宫殿，也是血河之畔开着鲜花的花园。关连着自身的利害，脑袋聪明的人是很难成为战士的。脑袋聪明的人容易着眼于别人工作上的缺点，别人的工作自然就显得拙劣，这样常会陷入高人一等的错觉之中。其结果导致上进心松弛，也就滞步不前了。

对于脑袋笨的人来说，别人的工作总是显得卓越出色，同时感到大人物的工作自己也似乎可以做得到。因此，很自然地刺激着自己的上进心。脑袋聪明，而且又自命不凡的人，即使能成为人之师，却成不了科学家。

觉悟到人的脑力是有限的，把愚笨、赤裸裸的自身抛在大自然面前，又决心倾听大自然的直接教诲，只有这样才能成为科学家。这就是说，脑袋要笨，同时，脑袋还要聪明。这是需要从事科学研究的人们进行慎重反省和观察的，并不仅仅局限于科学研究，实际上每个想圆满做事，成就事业的人，都需要注意这一点。

7. 面对新问题要不时“充电”

社会是一本巨大的书，需要你不断地去翻阅，因此，不充电的人会很快在现代社会中失去能量，而如何做到方圆做人，圆满做事，也是需要不断从社会这本书中学习总结才行。

学习与生活同在，生活就是学习。你只要天天学习，就会天天有进步，才会天天有机会，你的生活也就会富有生机。只有不放松自己，不断进取的人，才有资格与人比高下，最终实现方圆做人。

如何培养自己的良好习惯，有助于成大事呢？这个问题困惑着很多人。在此，我们首先应当明确知识的重要性，认为用知识及时给自己“充电”，是当务之急，是成大事的基本要求。

成功的人有千千万，但成功的道路却只有一条——学习，勤奋地学习。如果一个人停止了学习，用时下流行的话来说就是“充电”，那么你很快就会“没电”，会被社会所抛弃。养成学习的习惯，你离成功就不远了。

在网络信息技术日益升温的今天，你如果不每天学习，不断充电，那么很快就会落伍。因此，要想方圆做人，就要无论在何时何地，每一个人都不能忘记给自己充电。只有那些随时充实自己，为自己奠定雄厚基础的人才能在激烈竞争的环境中生存下去。青年人更应如此，用学习来武装自己的头脑，充实自己的生活。

现代生活变化万千，节奏加快，要求我们必须抱定这样的信念：活到老学到老。你也应该记住：最难战胜的劲敌，是那一步也不放松的人。

我们常会听见“那个人是属于大器晚成型的”之类的话，意思是说，他现在虽然并不怎么样，但日后总会成功的。

从同样的起点开始工作，有些人能立刻掌握要领而展开工作，虽这种人很少很难得，但他们往往自恃能力强，放弃了充实自己的机会，甚至退步变坏。

与此相反，那些起先摸不清情况而不顺畅的人如果多方请教，同时自己也认真用功并继续保持这种态度，大多会获得很大的成果，这样的对比说明，不断学习是决定你能否成就事业的一个关键性因素。

人的成长是在许多人的帮助与指导下进行的。比如双亲、师长、朋友等的指导，在适当的时机恰当地施与，才能实现一个人的正常成长。可是，更重要的，就是对这种帮助与教导要自己主动去学习吸收。

大多数人从学校毕业后进入社会就失去了上进心，这种人以后都不会再有什么进步的。反之，那些学生时代不起眼的人在社会上往往克尽本分，主动学习，从而取得长足进步，从而“大器晚成”。

所谓“大器晚成”的人必是那种保持自觉学习态度的人，他们勤奋地学习，踏实地进步，自身实力与日俱增，工作中的每天都有新情况、新挑战，他们每天都要面对新事物。学习与生活同在，生活就是学习。

一份工作，许多人干一段时间就觉得没意思了，想换一份，而换工作是有条件的，有实力才能换份工作，而实力来自你自己。现代社会的机会很多，你只要天天学习，就会天天有进步，才会天天有机会，你的生活也就会富有生机。

那么，你应该用何种态度来应对你打算从事一生的工作呢？如果因为目前的工作进行得很顺利就感到很放心，每天优哉游哉地过安稳日子，那么目前的情形就不一定能维持很久了。而且，你也许离失败也不远了。“学如逆水行舟，不进则退”就是这个道理。

与此相反，如果能将这份工作当作一生的事业而埋头苦干，不断进取、不断创造新的东西，“活到老学到老”，那么你的进步一定是无止境的。你就能日日以清新愉快的心情去做自己的工作。你不会觉得疲倦，当你有理想，而不至于失去它时，你的生活会是多姿多彩的，你的心情也会是轻松快乐的。

而且这种人对自己的工作有一股拿生命作赌注的热忱，他把自己的使命刻在心里，为了完成使命，甚至愿意舍命。当然，这里所谓的舍命并非字面意义上的舍弃生命，而是指让自己强而有力地去努力工作，让生命发挥最大意义上的作用。只有不断地为自己“充电”，这种生命力才会更加强大，你的“能量”才会不断得到补充，才能让生命更有意义，让生活更加美好，最终达到圆满的人生。

“只有不放松自己，不断进取的人，才有资格与人比高下。”

一个颇有魄力的老总在公司的经理会上说了这样一段话：

“美国的大公司，在开办新的分公司或增设办厂时，50年代出生的人，往往就任主管职位，如果现在公司命令你担任技术部长、厂长或分公司的经理的话，你们会怎样回答？你会以‘尽力回报公司对我的重用。作为一个厂长，我会生产优良产品，并好好训练员工’回答我，还是以‘我能胜任厂长的职务，请安心的指派我吧’来马上回答呢？

“一直在公司工作，任职10年以上，有了10年以上的工作经验的你们，平时不断地锻炼自己，不断地进修了吗？一旦被派往主管职位的时候，有跟外国任何公司一较高下，把工作做好的胆量吗？如果谁有把握那么请举手。”

发现没有人举手后，他继续说：“各位可能是由于谦虚，所以没有举手。到目前，很多深受公司、同行和社会称赞的前辈，都是因为在委以重任时，表现优异。正是由于他们的领导，公司才有现在的发展，他们都是从年轻的时候起，就在自己的工作岗位上不断进修，不断磨炼自己，认真吸收工作要领。当他们被委以重任时，便能够充分发挥自己的力量，带来良好的成果。”

的确，这一点无论何时何地都不会改变。艺术界的名演员，都是很有天赋的人，但他们仍会分秒必争地为提高自己的演技而认真学习。如果报纸上的影评、剧评指责他的缺点的话，他会一夜不眠地思索自己的缺点，这样我们才能欣赏到完美的表演。对一个公司员工来说，平时认真地磨炼和努力，是一样的道理。缺少不断的努力和磨炼，绝对不能培养自己的信心和实力来担任成大事者的工作，也就无从谈起方圆做人，圆满做事了。

只有时常激励自己，不断努力，保持不断进取的精神，才能够在工作中更上一层楼。

你要想能够达到方圆做人，圆满做事的目的——用知识打造自己的重要的法则便是：

社会是一本巨大的书，需要你不断地用心翻阅，时时充电，而不充电的人会很快在现代社会中失去能量！

8. 怀疑自我的人难把事做圆满

怀疑自我是人性的一大弱点，怀疑自我的人始终无法集中起自己的精力做事，更休想能做好一件事。这样的人很难摆脱失望情绪的纠缠，无法达到圆满做事的目的，终生不得快乐。

在一本女性杂志中，两对情侣有如下的对话：

乔许：“在我的想象中，我一直觉得仙女应该是圆圆胖胖，身体很丰满的样子，而不是食量很小，骨瘦如柴的女人。”

卡瑟琳：“如果一个男人会对女朋友说：‘我们来谈谈你的体重问题吧！’那么有问题的是那个男人，而不是他的女朋友，如果有人碰上这种男朋友，应该马上逃之夭夭。”

马克：“她刚好是我理想中，梦中情人的样子。”

……

以上这两对情侣，和一般情侣较不同的是：女朋友都是属于“重量级”人物。

时下的瘦身风，令许多根本就不胖的女人，也拼命地节食、运动、减肥。广告中也一直暗示：只有瘦女人才会拥有幸福。

幸福从来就跟胖瘦没有关系。很多男人喜欢瘦女人没错，但那“很多男人”跟自己的幸福，并不一定有直接关系。我们需要的只是“一个男人”，真爱只有一个。

我有一个胖胖的女同学，她是属于自信又笑口常开的女人，在她身边，你不会觉得胖是不好的，相反，只会去注意她拥有的许多内在特质。她有许多才华，其中最令我难忘的，便是她的厨艺，她根本是把厨房当作画室的艺术家，每道菜都是旷世名作。

她的男友对她很忠诚，原因并不是她的外表，而是她的内涵已经丰富了她的外表。你一定想知道她男友帅不帅？告诉你，他是个超级大帅哥。

一个胖女人说："胖并不是我的致命伤，相反，它是上天送给我的礼物，它让每个在我身边的人，并不会受外表迷惑来和我在一起，所以，我身边的人，都是真心的人。"

每个人都有自己特定的优缺点，你应当做到方圆做人，把自己的风采展现给别人。实在没有必要因为某些似是而非的理由，就将自己改造成他人。这个世界每个人都是独一无二的，就像你当不了奥黛丽·赫本，而她也当不了你一样，实在没有必要将自己改造成他人。

有一个年轻人，看见那些企业巨子的成功，非常羡慕，想成为其行列之一。"但我现就有一辆破车，除此之外，我还能干什么？怎么干？"这个年轻人开始自我怀疑，在曼哈顿酒店里度过了一天又一天，并且有些消沉。终于有一天，这位年轻人带着肯定的态度为自己制成了一个梦想，因为他恰巧碰到了美国汽车工业巨头福特，他特别欣赏这个年轻人的才能，他想帮助这个年轻人实现自己的梦想。后来的故事也许大家会知道：经过八年的努力与福特的支持，这个年轻人终于如愿以偿地创办了著名的伊利诺伊大学，而这个年轻人就是该大学的创始人本·伊利诺伊。

艾莉诺·罗斯福说："未经你的同意，没有人能使你感觉卑微。"古希腊谚语也说："除了自己，没有人能够侮辱我们。"这显然又是一种心灵"偈语"，是能够让你走向方圆做人的真谛。

一个隐士计划在大河上搭建一座桥，方便人们通行，他请所有的动物来帮忙。

大象用它有力的鼻子把巨石推进海里，犀牛把沙土顶到海中，猩猩把木头拉到海里去，所有的动物都乐意为造桥贡献自己的力量。

小松鼠在一旁看着大工程的进行，觉得自己实在太小，没有办法和它们一起工作。后来它想出一个好方法，它在尘土中翻滚，让全身沾满泥土，然后快速跑向河边，把身上的泥土抖进水中，松鼠一次又一次重复着。

这一切隐士都看见了，就夸奖它说："只要有心，即使一只小小的松鼠也能有所成就。"

你是否觉得自己一无是处而感到自卑？但是"天生我材必有用"，即使你像一只小松鼠或只是一根微不足道的螺丝钉，只要你愿意献上自己，都会成为别人的祝福。

在一次讨论会上，一位著名的演说家没讲一句开场白，手里却高举着一张二十美元的钞票。面对会议室里的二百多人，他问："谁要这二十美元？"一只只手举了起来。他接着说："我打算把二十美元送给你们中的一位，但在这之前，请准许我做一件事。"他说着将钞票揉成一团，然后问："谁还要。"仍有人举起手来。

他又说："那么，假如我这样做又会怎么样呢？"他把钞票扔到地上，又踏上一只脚，并且用脚碾它。而后他拾起钞票，钞票已变得又脏又皱。"现在谁还要？"还是有人举起手来。

"朋友们，你们已经上了一堂很有意义的课。无论我如何对待那张钞票，你们还是想要它，因为它并没有贬值。它依旧会值二十美元。"

人生路上，我们会无数次被自己的决定或碰到的逆境击倒甚至碾得粉身碎骨。但无论发生什么，或将要发生什么，我们永远不会丧失价值，我们依然是无价之宝。我们是独特的，永远不要忘记这一点。

9. 幽默的人最有方圆的力量

在我们的个人生活中，总是不断地扮演着主人和客人的角色，因此我们有可能要去应付不合理的要求、令人不快的行为，或者闹得不像话的场面。有人想平息餐桌上的争论，他提了一个十分意外的问题："诸位，刚才是一道什么菜？大概是鸡！""是的。"一位客人回答。"一定是公鸡！"这人一本正经地说，"原来是鸡在作祟，难怪大家要斗起来。"说完他举起酒杯："来点灭火剂吧，诸位！"一场餐桌上的征战顷刻间平息了。

方圆处世，就是善于化解困境。有时候为了化解困境，没有任何合适的方式，只有依靠幽默的力量。

当百货公司大拍卖，购货的人又推又挤的时候，每个人的脾气都犹如枪弹上膛，一触即发。有一位女士愤愤地对结账小姐说："幸好我没打算在你们这儿找'礼貌'，在这儿根本找不到。"结账小姐沉默了一会儿，说："你可不可以让我看看你的样品？"那位女士愣了片刻，笑了。

每一个有经验的官员都知道，要使身边的下属能够和自己齐心合作，就有必要将自己的形象人性化，才能达到圆满做事的目的。

有一位年轻人刚刚当上了董事长。上任第一天，他召集公司职员开会。他自我介绍说："我是杰利，是你们的董事长。"然后打趣道："我生来就是个领导人物，因为我是公司前董事长的儿子。"参加会议的人都笑了，他自己也笑了起来。他以幽默来证明他能以公正的态度来看待自己的地位，并对之具有充满人情味的理解。实际上他委婉地表示了：正因为如此，我更要跟你们一起好好地干，让你们改变对我的看法。

有时我们确实需要以有趣并有效的方式来表达人情味，给人们提供某种关怀、情感和温暖。据说有一位大法官，他寓所隔壁有个音乐迷，常常把电唱机的音量放大到使人难以忍受的程度。这位法官无法休息，便拿着一把斧子，来到邻居门口。他说："我来修修你的电唱机。"音乐迷吓了一跳，急忙表示抱歉。法官说："该抱歉的是我，你可别到法庭去告我，瞧我把凶器都带来了。"说完两人像朋友一样笑开了。

这位法官并不是想把邻居的电唱机砸坏。他是恰当地表达了对邻居的不满——请注意：是对音响而不是对人——他的行为似乎是对音乐迷说："我们是朋友，我希望和你好好相处，至于唱机是唱机，可以修理一下。"当然，所谓"修理"只是把唱机的声音开低些罢了。

某大公司的董事长和财税局长有矛盾，双方很难心平气和地坐在一起，可是又必须把他们都请来，参加一个重要的会议。他们不得不来了，但是双方都视而不见，犹如两个瞎子。这时会议主持人抓住他们的矛盾，进行了一瞬间的趣味思考。他向人们介绍这位董事长时，说："下一位演讲的先生不用我介绍，但是他的确需要一个好的税务律师。"听众爆发出一阵大笑。董事长和财税局长也都笑了。

这就是"趣味思考法"——不要正面揭示或回答问题，而是以"圆"的方式，用愉悦的、迂回的方式揭示或回答问题。著名足球教练罗克尼，也是个善于进行趣味思考的人。有一次球赛，罗克尼的诺特丹足球队在上半场输给威斯康辛队7分。可是他在休息室中一直与队员们开玩笑，直到要上场进行下半场比赛时，他才大喊；"听着！"队员们惊惶失措地望着他，以为他要把每一个人都大骂一通。但是罗克尼接下来说："好吧。小姐们，走吧！"没有责备，没有放马后炮，也没有指手画脚强调下半场如何踢球。罗克尼的乐观、豁达，克服了队员们心理上的障碍，帮助他们忘掉艰难的处境。他的队在下半场创造了奇迹，踢出了一连串漂亮的、近乎幽默的球。后来罗克尼对采访他的人说："不是我赢了，而是我的趣味思考法赢了。因为我知道我们精神上赢了，那么球也赢了。”

幽默作家班奇利，在一篇文章中谦虚地谈到他花了15年时间才发现自己没有写作的才能。结果一位读者来信对他说：“你现在改行还来得及。”班奇利回信说：“亲爱的，来不及了。我已无法放弃写作了，因为我太有名了。”这封信后来被刊登在报纸上，人们为之笑了很长时间。事实是班奇利的幽默作品闻名遐迩，但他没有指责那位缺乏幽默感的读者。他以令人愉悦的、迂回的方式回答了问题，既保护了读者可爱的自尊心，也保护了自己的荣誉。

如果你对自己幽默的手法没有足够的自信，不妨学学孩子式的幽默。即使在50岁以后，我们也经常为孩子们由天真而产生的幽默所感动。他们是真正以坦诚待人，不会隐瞒任何事实。当他们毫不掩饰地道出心里想的或事实真相时，人们一下子就喜欢上他们，跟他们在一起会感到无比的轻松、愉快。

有一次，杰克在家里请几位朋友吃饭。朋友来了，他妻子要他的小女儿向客人说几句欢迎的话。她不愿意，说：“我不知道要说些什么话。”这时一位来做客的朋友建议：“你听到妈妈说什么，你就说什么好了。”他女儿点点头，说：“老天！我为什么要花钱请客？我们的钱都流到哪儿去了？”杰克的朋友们大笑起来，连他妻子也不好意思地笑了。

这就是孩子式的幽默。他女儿把母亲的想法以极纯真的方式说了出来，使大人们也不得不认真地检讨一下自己的想法，同时也减轻了我们对金钱方面的忧虑。杰克从中得到了一点东西：孩子式的幽默能使我们显得格外真诚。

为了取得理想的效果，幽默时要特别注意以下两点：

一、幽默必须真实而自然

我们经常看到和听到一些政治家的幽默言行。他们圆满做事的手段令人叹服，大多把幽默的力量运用得十分自如，真实而自然。没有耸人听闻，也不哗众取宠，更不是做戏。这是因为，他们都知道太精于说妙语和笑话，对个人的形象并无帮助。

但是有的政治家就不那么高明了，他们摇头摆尾，手势又多又复杂。有的人智力平平，却非要附庸风雅，企图以成串的笑料和廉价的笑来博得听众的欢心。他们硬要把自己塞进别人的肚子里，不顾别人是不是有这个胃口。

结果也许是真的引起了笑，但很可能是笑他形象的滑稽和为人的浅薄。

有个芝加哥人，他一心想得到某俱乐部主席的位置。他在一次对俱乐部成员的演说中，表现过了头，在不到两小时的演说过程中，他至少说了50则笑话，并配以丰富的表情和确实引人发笑的手势，听众们被逗得哈哈大笑。末了，在他讲完最后一则笑话时，有人大叫：“再来一个！”

这位老兄也真的再来了一个，再次把人逗得疯狂大笑。但是他没有当上俱乐部主席，他的票数是候选人中的倒数第二。

当他闷闷不乐地走出俱乐部时，他问那位喊“再来一个”的听众：“你说我比他们差吗？”

“不，一点也不差，”那人说，“你比他们有趣多了，可以去当喜剧演员。”

一味圆滑地迎合听众的低级趣味，结果却是惨遭淘汰，因此，把握分寸十分重要。

二、敢笑自己的人才有权利开别人的玩笑

海利·福斯第说：“笑的金科玉律是，不论你想笑别人怎样，先笑你自己。”

笑自己的观念、遭遇、缺点乃至失误，有时候还要笑笑自己的狼狈处境。每一个迈进政界的人都得有随时挨人“打”的心理准备，如果缺乏笑自己的反馈功能，那么他最好还是干自己的老本行去。

有人对一位公司董事长颇反感，他在一次公司职员聚会上，突然问董

事长："先生，你刚才那么得意，是不是因为当了公司董事长？"

这位董事长立刻回答说："是的，我得意是因为我当了董事长。这样我就可以实现从前的梦想，亲一亲董事长夫人的芳容。"

董事长敏捷地接过对方取笑自己的目标，让它对准自己，于是他获得了一片笑声，连那位发难的人也忍不住笑了。

许多著名人物，特别是演员，都以取笑自己来达到双方完美的沟通。他们利用一般认为并不好看的外貌特征来开自己的玩笑。有一位发胖的女演员，拿自己的体态开玩笑说："我不敢穿上白色泳衣去海边游泳。我一去，飞过上空的美国空军一定会大为紧张，以为他们发现了古巴。"

人们没有理由不喜欢这样的人。如果今后他们拿我们开玩笑时，我们只能同他们一起哈哈大笑，而没有半点怨言。

笑自己的长相，或笑自己做得不太漂亮的事情，会使你变得较有人性。如果你碰巧长得英俊或美丽，要感谢祖先的赏赐。同时也不妨让人轻松一下，试着找找自己的缺点。如果你真的没有什么有趣的缺点，就去虚构一个，缺点通常不难找到。

敢于嘲笑自己的缺点，正是拥有自信的表现，可以说，幽默是一个人方圆做人，圆满做事的一个相当有用的"硬件"。

10. 做大事始于你的远见

如何做到圆满做事？这就需要有远见。

将你自己的远见变成现实不是一蹴而就的事，这是一个过程，跟一次旅程十分相似。你决定去旅行之后，首先要做的事情之一，就是决定出发点，没有这个出发点，就不可能规划旅行路线和目的地。

在现实生活中，多想几步，远见卓识将给我们的生活带来极大的价值。

远见带来巨大的利益，会打开不可思议的机会之门。远见增强一个人的潜力。人越有远见，就越有潜能，越能做到方圆做人，圆满做事。

（1）远见使工作轻松愉快

成就令人生更有乐趣。当你努力干，把工作做好时，没有任何东西比这种感觉更愉快。它给予你成就感，它是乐趣。当那些小小的成绩为更大的目标服务时——譬如使一个远见成为现实，就更令人激动了。每一项任务都成了一幅更大的图画的重要组成部分。

（2）远见给工作增添价值

同样，当我们的工作是实现远见的一部分时，每一项任务都具有价值。哪怕是最单调的任务也会给你满足感，因为你看到更大的目标正在实现。

这个道理，就如同那个在工地上跟三个砌砖工人谈话的人的故事一样。那人问第一个工人："你在干什么？"工人回答："我为拿工资而工作。"他用同样的问题问第二个工人，回答是："我在砌砖。"但当他问到第三个工人时，他热情洋溢地回答："我在建一座教堂！"那三个人在做同一种工作，但只有第三个人工作受到远见的指引。他看到了那幅宏图，宏图给他的工作增添了价值。

（3）远见预言你的将来

缺乏远见的人可能会被等待着他们的未来弄得目瞪口呆。变化之风会把他们刮得满天飞。他们不知道会落在哪个角落，等待他们的又是什么东西。人生是个机会，这些人希望他们的机会不错。

如果你有远见，又勤奋努力，你将来就更有可能实现你的目标。诚然，未来是无法保证的，任何人都一样。但你能大大增加成功的机会。

爱若和布若差不多同时受雇于一家超级市场，开始时大家都一样，从最底层干起。可不久爱若受到总经理青睐，一再被提升，从领班直到部门经理。布若却像被人遗忘了一般，还在最底层混。终于有一天布若忍无可忍，向总经理提出辞呈，并痛斥总经理狗眼看人低，辛勤工作的人不提拔，倒提升那些吹牛拍马的人。

总经理耐心地听着，他了解这个小伙子，工作肯吃苦，但似乎缺少了点什么，缺什么呢？三言两语说不清楚，说清楚了他也不服，看来……他忽然有了个主意。

"布若先生，"总经理说，"你马上到集市上去，看看今天有什么卖的。"

布若很快从集市回来说，刚才集市上只有一个农民拉了车土豆卖。

"一车大约有多少袋，多少斤？"总经理问。

布若又跑去，回来说有10袋。

"价格多少？"布若再次跑到集上。

总经理望着跑得气喘吁吁的他说："请休息一会儿吧，看爱若是怎么做的。"说完叫来爱若对他说："爱若先生，你马上到集市上去，看看今天有什么卖的。"

爱若很快从集市回来了，汇报说到现在为止只有一个农民在卖土豆，有10袋，价格适中，质量很好，他带回几个让总经理看。这个农民过一会儿还将弄几筐西红柿上市，据他看价格还公道，可以进一些货。这种价格的西红柿总经理可能会要，所以他不仅带回了几个西红柿作样品，而且把那个农民也带来了，他现在正在外面等回话呢。

总经理看一眼红了脸的布若，说："请他进来。"

爱若由于比布若多想了几步，于是在工作上取得了一定的成功。

请问，你能想到几步呢？

相信你能使自己活得更好，这只是第一步。要使自己的远见真正有价值，还必须与另一种能力结合起来：如何使远见变为现实。有远见但不能把它变成现实的人，只是个空想家。

你需要一套圆满做事的原则，实现你的远见的战略，下面的指导原则对你有帮助。

（1）确定你的远见

这个观点虽然非常简单，但实现远见总得由确定这个远见开始。对有些人来说这实在是太容易了，因为他们似乎生来就有一种远见卓识。另一些人则需要经过长时间的沉思、考虑、祈祷才能获得这种本领。

如果你想成功，就必须多想几步，确定你人生的远见。你的远见不能由别人给你。如果那不是你自己的远见，你就不会有实现它的决心与冲劲。这远见必须以你的才能、梦想、希望与激情为基础，远见是了不起的东西，它还会对别人产生积极的影响——特别是当一个人的远见与他的命运不谋而合时。

（2）考察一下你当前的生活

考察当前生活的另一个目的是规划行程，估算此行的费用。一般地说，你离自己的远见越远，所花的时间就越多，代价就越大。实现自己的远见是要做出牺牲的。

（3）为大远见放弃小选择

所有梦想的实现都是有代价的。为了实现你的远见，就要做出牺牲，其中一个涉及你其他的选择。你不可能一面追求你的梦想，一面保留着其他的种种选择。

这个观点尤其不容易被美国人接受。美国文化很强调选择的自由，整个自由市场体制都是建立在这个基础上的。多种选择是好事，可以提供机会。但对于想取得成功的人，有时他必须放弃种种小选择来交换那个唯一的梦想。

这情形有点像一个人来到岔路口，面临几种前进的选择。他可以选择一条能通往目的地的路，他也可以哪一条都不走，可是这样永远达不到目的地。

（4）按自己的远见来规划自己的成长道路

实现自己的远见包含着必须选定一条个人发展的道路，并在这条路一直走下去。以为自己可以从生活的一个阶段向另一个阶段进步而无须改变自己，是在自我欺骗。要想做到圆满做事，人生的任何积极转变必定需要个人成长。

因为个人成长是实现自己远见的必经之路，所以你能制订出的最具战略性的计划是按你的远见来规划你的成长道路。想想要实现理想你必须做些什么。然后确定，要成为你想做的那种人，你需要学习些什么。看些书籍，听些录音带，以感受一下别人的成长过程。

（5）常与成功人士接触

个人成长的过程包括与人接触。学习如何成功的最佳方法是与成功人士接触。观察他们，向他们请教。逐渐地，你会开始跟他们一样看问题。这句古语确实正确："毛色相同的鸟聚在一块。"

（6）不断地表达你对自己梦想的信心

实现梦想要求你不断努力，并发挥出最大的冲劲，实现自己的圆满人生。加强韧性与冲劲的方法之一，是不断地表达你对自己梦想的信心。用语言向别人讲，同时默默地对自己讲。保持一种积极的充满信心的态度。即使偶生疑惑，也要全神贯注，保持信心。外在的信心会带来内在的信心。如果你失去自信及对自己梦想的信心，那你的梦想永远不能成真。

（7）预料到有人会反对你的梦想

必须保持积极心态的另一个原因，是你肯定会碰到反对的意见。那些自己没有梦想的人是不会理解你的梦想的，他们觉得你的梦想不可能实现。他们会对你说，你的梦想一钱不值。或者即使他们明白它的价值，他们也会说，虽然这是可以实现的，但不是由你实现。碰到别人反对时，你不必惊慌。而应有思想准备，抱着永不消沉的积极心态。

（8）寻找实现理想的每条途径

为了实现理想，你必须不停地寻找一切对你有帮助的东西。要乐于尝试新事物，到处寻找好主意。要善于观察，在别的领域效果很好的主意，在你这里也可能有用。全神贯注于你自己的理想，但对走哪条路才能实现理想，则应抱灵活的态度。实现理想要有创新精神，如果我们对新观念关上大门，就不能有创新精神。

以上提到的种种方法，都有助于你实现自己的理想。但是，如果你不愿意超越你平时的水准，这些方法也作用不大。只付出一般的努力是实现不了理想的。

11. 天道酬勤

要想做事成功，没有一番吃苦耐劳的精神是不可想象的。正如俗语所说：“自在不成人，成人不自在，不受苦中苦，难为人上人。”

如果不能用勤字来努力，如果吃不了勤中之苦，怎么能够出人头地，获得圆满人生呢?

古人云，“忍”字头上一把刀，说明要具备这样一种心理素质也不是一件容易的事!

在投资理财过程中，由于要具体涉及各个投资领域。风险大的时候，往往令人不敢下手，风险小的时候，又容易忘乎所以，孤注一掷，良好的圆满做事的心理素质在此时的作用往往是关键的。

谈到“忍”字，主要有以下两个方面的意思：

一是与家人、亲戚、朋友、同事在个人关系方面须讲究大度，特别是在财运不济、心情郁闷时尤要如此。无论何时，保持平静的心去与人相处总是有益处的，既不偏激，也不浮躁，也就是人们常说的，喜怒哀乐不形于色，学会倾听别人的意见，哪怕是激烈的言辞，避其锋芒，在适当的时候加以解释和说明。这种人，吃亏总是很少的，除了证明你高深的涵养和大度，你是不会丢失什么的。有了这样一种心态，在错综复杂的社会中，你总会感觉到心静如水，游刃有余的，永远立于不败之地。

二是在投资理财的关键时刻，“忍”字也是非常重要的。举例来说，股市暴涨的同时，也就孕育着暴跌的可能性，如果此时你是空白，看到人家喜笑颜开时，你必须冷静地判断大势，该果断杀人时应毫不犹豫，该忍的时候切不可轻举妄动。不能看到别人获利甚丰就急不可待，盲目追随。一旦套牢，很长时间内将会一蹶不振。又例如，邮市疯涨时，往往迷惑一些人，见什么买什么。总以为买什么都会赚大钱，其实则不然，此时，还可能是跌破面值的开端，大邮贩子们趁此机会都已将货出手，牟取暴利之后都脚底抹油，溜之大吉，留下一片灾难和恐慌给些初入市者或虽赚了点小钱者。

如果自己控制不了自己，见有小利可图便蜂拥而上，其结果只不过是在捉摸不定的市场中多了一些牺牲者而已。

一个人真正有了雄厚的实力，总是可以抓住若干个机会的，错过了今天的机会，还会有明天的机会，这样的人是不愁混不好的。

进行任何一种活动，都需要有一定的实力。

只要人们稍加留心就可以看到，各种机会的出现，都与过硬的实力分不开。

对机会来说，更少不了坚厚的实力。我们虽不能在实力与机会之间画上等号，但至少可以肯定：一个人要创造机会，要方圆做人，必须有坚实的基础。

如果我们把机会比作建高楼，那么实力恰似打基础。

希尔提出这样一个成功人生的公式：

成功=实力+机会。

就是说，有机会，要有实力，才会成功；有机会，没有实力，难以获得真正的成功。

由此看来，圆满做事与实力有着不可忽视的关系。

要想做好事情，就要认识和了解自己的实力。

一般来说，一个人实力的多少，是决定着他能否做好事情，使自己成功的主要因素。

反过来说，一个没有多少实力的人，即使机会在你面前也不会捕捉住，更不会取得事业上的成功。

成功的人多重视机会，更重视力量本身的加强，即实力的提高。

所以也可以说机会的基础是实力，没有实力就等于没有机会。

在现实生活中，你也许遇到了许多机会，为什么抓不住呢？你的差距在哪里呢？

归结到一点，就是实力。

牛顿从苹果落地中得到启发，瓦特从水壶冒汽中得到启发，伽俐略从吊灯的摆动中得到启发，阿基米德从洗澡中得到启发，鲁班从草的锯齿割破手中得到启发，机会有了，真正取得成功靠的还是实力。

同时，要想掌握时机，就要有一技之长才行。

若本身具备该领域的知识、技术、经验，再加上不畏艰难的精神，圆满做事的处世哲学，成功就可能接近你了。

如果因为赚钱看似容易、表面很风光，便贸然投入陌生的领域，是绝对不会混出名堂的。

“冒风险”固然是必需的，但也必须是自己熟悉的战场才值得一搏。

如果投入的是自己的专业领域，那么就算冒一点风险也不至于惊慌失措，因为这一行会有多少风险，事情会有什么样的演变，你心里总会有个数。

但假设对某一行全无概念，却贸然一头钻了进去，会有什么样的后果呢？

可能连发生什么样的风险都搞不清楚，那和赌博又有什么差别？

“冒风险”和赌博完全是两码事，不可混为一谈，这就需要把握方圆的“度”。

在商场上，你无法预估到能百分之百地“搞”出个名堂，有时候是必须果断地挑战风险，但如果这次冒险行动具有浓厚的赌博性，则不可固执为之。

挑战与赌博的不同便在于针对的这个对象，自己有没有研究？有没有技术？有没有足够的经验？

当你在某个领域奋斗过，也跌倒过，对该领域的风险自己就会有一番了解，由此你会知道避免风险的方法，反过来说，一事无成或运气不好的人，大多是因为缺乏一技之长的缘故所造成的。

人之所以缺乏专业知识，除了本身的懒惰之外别无其他原因，不管现在从事什么样的工作，只要有心针对该领域培养专业技术、努力学习、收集相关情报，必能成为该领域的专家。

古今中外，凡有建树者，在其历史的每一页上，无不用辛勤的汗水写着一个闪光的“勤”字。

有句俗语，叫作“一勤天下无难事”。

传说古希腊有一个叫德摩斯梯尼的演说家，因小时口吃，登台演讲时声音混浊，发音不准，常常被雄辩的对手所压倒。

可是，他不气馁，不灰心，为克服这个缺点，战胜雄辩的对手，他每天口含石子，面对大海朗诵，不管春夏秋冬，雨雪风霜，50年如一日，连爬山、跑步也边走边做着演说，终于成为全希腊最有名气的演说家。

朱熹也讲过这样一个故事：

福州有一个叫陈正之的人，反应相当迟钝，读书的时候，每次只读50字，一篇小文章也要读一二百遍才能读熟。可是他不懒不怠、勤学苦练，别人读一遍，他就读三四遍，天长日久，知识与日俱增，后来终于“无书不通”，成了一个博学多识的人。

这说明，即使有些天资较差、反应比较迟钝的人，只要有勤奋好学的精神，同样也是可以做成大事，获得成功的。

实践证明，勤奋是点燃智慧的火把，是方圆做人的基石。一个人知识的多寡，关键在于勤奋的程度如何。

唯有勤奋者才能在无垠的知识海洋里猎取到真才实学，才能不断地在知识领域获得知识的酬报，使自己变得聪明起来，学会圆满做事，方圆做人之道。

卡莱尔说过，“天才就是无止境刻苦勤奋的能力”。

只要我们不怠于勤，善求于勤，就一定能在艰苦的劳动中取得事业上的巨大成就，得到圆满的人生。

古语云“天道酬勤”，便是说机会女神只钟情于埋头苦干的人。

法国著名微生物学者巴斯德，小学时因成绩不好被人看成“没有出息的学生”，但他靠了一股子钻劲，在字典中选择“三个词——意志、工作、等待”，作为他努力的准则，终于他成为了伟大的生物学家。

说到政治家，日本一位首相田中角荣，就是一个苦学成功的典型。

他是一个建筑学校的中专毕业生，被一些高等学校毕业的佼佼者所轻视。

然而，他不因为没有上过大学而自卑，相反，经过努力奋斗，终于步入政界，成为日本第一位平民首相。

至于被称为“超人”的基辛格，原是一个被纳粹迫害的犹太难民，因念不起高中，曾在牙刷工厂勤工俭学，还当过二等兵。后来他靠努力奋斗，终于成为哈佛大学的名教授，并当上了国务卿，还获得了诺贝尔和平奖。

他们获得了成功是因为他们有实力，但是他们的实力是从努力中得来的。

谁都知道，机会是重要的，是成功的必不可少的因素。

也就是说，没有机会，纵然才华横溢的人，也未必能成功。

然而，没有实力，即使一个个好的机会出现在身边，也未必能抓住，获得圆满的人生。

因此得出这样的结论：成功=实力+机会。

实力是内因，机会是外因；实力是主要的，机会是次要的。

每一个想获得事业上成功的人，首先应下功夫提高自己的实力，有了实力，一旦遇上机会，总能成为金领，错过了这个机会，还会有另外一个机会。

如果自己没有实力，又不愿去努力，光想什么时候机会自动地“闯”到自己的身边，那就像寓言“守株待兔”里的那个人，到头来只能是两手空空！

12. 做事之前先有一个好心情

在碰到工作不顺利或生活不理想的时候，任何人都会显得心情急躁或者闷闷不乐。如果让这种心情任意发展下去，那么，烦躁的程度一定越来越厉害，最后也就丧失斗志。如果不设法调整情绪，将来也无法专心做事，而最简便的调整方法，莫过于采取激烈运动的方式，使身体动荡起来，这时候，高涨的心理压力（紧张或不安）就会转化为肉体的能量而宣泄出去。

由此可见，焦灼不安的时候，不要一直想着令人沮丧的事，而且，不管采取什么方法，只要能愉快地坐在办公桌前，工作效率一定可以提高。从表面上看来，这种做法似乎很单纯，但如能身体力行，即可以体会到其中的效果，这就是圆满做事的用处之所在。

研究表明，很少有运动员会陷入烦躁与不安的情绪里，完全要归功于他们习惯于将人际关系、工作或功课上的紧张转化为肉体的能量。从这点出发，我们应当充分学习并把握这种调节身心平衡的方法。

（1）自言自语摆脱烦恼

因为某种原因而遭遇失败，变得心灰意冷，这是人之常情。同样，人们会因为碰到一次失败，就以为路走不通，而陷入无路可走的心理状态。这是由于失败的体验跟挫折感息息相关，而挫折感极容易引起人类的感情反应和各种退化现象，完全违背了圆满做事的道理。所谓退化现象就是指一个人的行为反应跟年龄相反，年龄越大越退化到小孩子的模样，这时候，由于他对环境缺乏柔韧性，所以对一切状况都不能做出正确的判断。

如果要使自己免于陷入退化现象里，我们向你提供一种诀窍，那就是碰到失败的时候，不妨常常自言自语："此处不留人，自有留人处"，"这样做不成，可以那样做"等，只要一想到天无绝人之路，心里就能开朗些。

（2）用过去取得的成绩鼓励自己

如果某种工作进展非常缓慢，出现低潮现象，这时候不能丧失信心，更不能把为了飞跃而积蓄下来的精力用到无益的地方。

在低潮现象里，一个人之所以会失去信心的最大因素主要是对自己的现状或未来满怀忧虑，甚至对整个过去的生长状况也疑惑丛生。这时候，他对目前所学的内容就会感到惶恐，由于内心产生了不安，当然就把眼前的成绩看成不可靠的东西，丧失了方圆做人的信心。

避免这种状态，必须要用冷静的态度去评价过去的成就，说得更具体些，就是将自己目前所完成的工作以及足以显示过去成绩的东西放在眼前。不妨将自己曾经考来的高分、获得的各种奖状、奖品，参加过的重要活动的纪念品等摆在桌子上；同样，也可以把仔细阅读过的参考书或笔记簿等拿出来看看。只要看到这些真实的成绩，也能恢复内心的喜悦和自信。

（3）让节奏快的音乐给自己轻松和自信

在运动场上，如果能踏着雄壮的进行曲走路，体内立刻涌起十足的干劲，斗志也会油然而生，这种经验恐怕每个人都有过。

由此可见，节拍快的音乐的确含有振奋精神与信心的作用。这就好比处在打鼓的场面，或处在心情开朗活泼的心理状态，心脏、血管和内分泌等活动立刻为之一振，自然地也会配合着身体的动作，形成表里一致的现象。反过来想，倘若情绪不好，只要一听到雄壮的音乐，必会振奋心情，显得干劲十足。

（4）阅读幽默小说或漫画，驱走消沉

英国有一位名叫霍布斯的学者说过，笑就是胜利的表现。的确，运动场上的胜利者常常面带笑容，这就是因为他这时陶醉在优越感里。当我们观赏滑稽故事或相声时，也都会被引得哈哈大笑起来，这种心理是："如果是我，才不干那种傻事呢！""我才不会这么窝囊呢！"很显然，这也是优越感在起作用。

我们如能积极利用这种笑的效果，则可医治因失败而产生的悲观以及心理的紧张，甚至可将绝望感丢得无影无踪。怪不得有许多人在闷闷不乐时，就会跑到游乐场所去调剂一下情绪。同样，如果在忧郁的时候，读一读漫画或幽默小说，心情也立刻会开朗起来。

如果不管想尽什么办法，都不易把忧郁症消除殆尽，在这种情况下，最有效的办法莫过于先创造一个令人发笑的环境。

（5）穿上艳丽的衣装，驱除忧郁

瑞士的紫马特是阿尔卑斯山上的一个城镇，在这标高达几千公尺的登山街上，居然有许多老年人来到这里，真是让人大吃一惊。尤其是这些老人全都身着轻便的服装，衣服也很鲜艳。从外表来看，他们显得年轻活泼，一点儿也没有老态。老人们穿着这种服饰，在高原的街道上昂首阔步，令人非常敬佩。

人类的心理现象也跟穿衣服有着密切的关系。并非由气氛来决定服饰，而是由服饰决定气氛。在忧郁的时候，穿上鲜艳与轻便的服装，往往能使人的心胸开朗，生气蓬勃。

方圆做人，圆满做事，才能使人摆脱沮丧、失落的心理，从而迈向成功的大道。

第二章

学会处世原则，做事就成功了一半

1. 以诚待人

在繁华都市的郊区，有一个美丽的果园，每到水果盛产的季节，果园中各式各样的水果高悬在树上，五颜六色，争奇斗艳。对住在附近的许多小孩来说，这有着难以抗拒的强烈吸引力。

小朋友们喜欢趁着果园主人不注意的时候，三五成群地结伴壮胆，偷偷溜进果园里摘树上的水果。

而果园主人总是躲在果园的角落，当小朋友们正在庆幸偷采水果的冒险行动成功之际，突然冒出来，大吼一声，吓得那些小朋友连忙抱着手中的战利品，转身拔腿就跑。

果园主人并不就此罢休，他也会跟着追上去，非得要把那些小朋友追过几条街，搞得自己上气不接下气的，才肯放弃这种追逐，缓步走回自己的果园。

果园主人的一位朋友见到这样的闹剧几乎天天上演，觉得看不过去，便劝他道："唉！小朋友偷摘几个水果，对你应该不会造成什么损失，更何况你的年纪也不小了，再这样跑下去，当心自己的身体承受不了，万一有个闪失，岂不是更划不来？我劝你还是不要再追他们了。"

果园主人听了之后，笑着对朋友道："老兄，你是不是年纪真的大到忘了自己的童年生活啦？还记得咱们孩提的时候不是也这样子到处去偷摘人家的水果来吃？同样地，也被那些大人拼命追赶啊！你想一想，那些偷摘来的水果滋味怎么样。还记得吗？"

朋友想了想，回答道："嗯，那些甜美的水果，真是我一生中最好的回忆！"

果园主人点头道："对！这正是我忙着追赶那些孩子的原因。"

果园主人深深记着自己的儿时回忆，愿意用相同的追逐方式，让久居都市水泥丛林中的顽童也能够体验田园生活的乐趣，并让他们在长大成人后，也能拥有同样的快乐回忆，这是同情心发挥到极致的美好展现，其实，这也是一种方圆做人的方式。

具备同情心，能够随时记得设身处地为人着想，了解对方心灵深处的真正感受，当面临任何困境时，都将协助我们轻松快乐的生活。

有一位名叫勃姆的农夫在辽阔的田地上种植玉米。他不断地研究改良玉米的新品种，希望能够减少病虫害，增加玉米的产量。最后，他所研发出来的新品种，终于获得美国农业界的最高荣誉——蓝带奖。

勃姆在颁奖典礼之后回到自己的乡里，马上将他得奖的玉米新品种分送给周围同样种植玉米的其他农人，让他们也能够分享更好的玉米种植成效。见到勃姆这种行为的朋友们，纷纷劝他不要做这样的傻事。他们建议勃姆，可以将获奖的玉米新品种拿去申请专利，让所有想要拥有这些品种的农夫们必须付出相当的权利金来购这项专利，好让勃姆多年努力研究的辛苦结晶，为他带来一笔可观的财富。对于朋友们的建议，勃姆耐心地向他们解释，自己为什么要分送优良新品种的做法。勃姆告诉他的朋友，植物是靠着蜜蜂、蝴蝶等昆虫的传粉来衍生下一代，如果紧邻他的农田那些其他玉米仍是原来产量不良的品种，经过昆虫的频繁传粉，几代之后，他的新品种将会被同化成低劣的玉米，所以，最好的做法就是让附近几千公顷的玉米农田种植相同的新品种玉米，如此一来，整片农田生产的玉米品质便可维持在固定的水准之上。

勃姆可谓是深谙方圆做人之道。这种付出的智慧给了人们一个极大的思考空间。大家都知道人必须乐于付出并为他人提供服务，却往往不清楚这样的做法究竟真正的意义何在，而勃姆的故事让我们了解，真正善意的付出，到了最后，正面力量的回馈终究还是会回到自己的身上！这样的循环模式，有人将之称为宇宙间不变的补偿定律，在得与失之间，有着一定的平衡法则存在。当然，我们并不为了要获得预期中的回馈才来努力付出与服务，但若是能够协助他人，而在过程当中又能够满足自己的需求，何尝不是利人利己的美好情境。

一位四处云游的隐士信步走在山路上，看见路旁草丛中发出闪烁不定的光芒。他走近一看，是一块鹅蛋大小的宝石。隐士看着有趣，顺手将宝石捡了起来，放在自己的行囊中，继续他的旅程。几天之后，隐士在森林中迎面遇上一个疲惫的旅人，隐士看那个人风尘仆仆，脚步蹒跚，便好心地打开行囊，拿出一些干粮来分给他吃。

旅人用余光一瞥，望见隐士行囊中的那颗宝石。在吃完干粮之后，他便开口要求隐士，是否能将那块宝石借给他看一看。

隐士毫不迟疑地从行囊中掏出宝石，微笑道："不要说看一看，就是送给你也没问题啊！"

旅人大喜过望，连忙伸手接过宝石，道谢之后，便和隐士分道扬镳，继续赶路。旅人边走边想着，有了这块价值连城的宝石，自己的下半辈子就再也不用发愁了，脸上不由得露出了心满意足的笑容。

过了几个小时之后，隐士听到身后远处有人不停地叫唤，他停下脚步，原来是刚才的那个旅人。隐士摊了摊手，笑道："如果你还要宝石，我可是没有了！"

旅人气喘吁吁地赶到隐士面前，把那块宝石还给了他，说道："大师，我可不可以斗胆地再向您要求一些更宝贵的东西？是什么样的力量驱使你愿意将这块价值非凡的宝石送给我？我想要的是你的那种力量，能不能送给我？"

故事中那位旅人茅塞顿开之后，匆匆赶回来向隐士请求的神秘力量——方圆处世之道，也正是宇宙间最大的一股力量；是所有重要的宗教都在追寻的真谛，也是能够克服一切诱惑的最大动力。

爱的力量无所不在，只是人们常常容易因此而忽略它的重要性。拥有真正爱的力量，任何人在我们的眼中看来都是具有优点的；任何事情在爱的领域来加以诠释，都是为了对我们有所助益而特别存在的。

因为有了爱，我们得以更清楚地确认自己存在的无限价值，使得生命的潜能能够全然地发挥；因为有爱，我们更懂得尊重每一个人是独立自主的个体，不致妄想擅加操控或专制地统御；因为有爱，我们可以走向圆满做事的最终目的——通向圆满的人生。

2. 持身以方，不为旁人的闲话动摇

世界第一名女性打击乐独奏家伊芙琳·格兰妮说：“从一开始我就决定：一定不要让其他人的观点阻挡我成为一名音乐家的热情。”

她成长在苏格兰东北部的一个农场，从8岁时她就开始学习钢琴。随着年龄的增长，她对音乐的热情与日俱增。但不幸的是，她的听力却在渐渐地下降，医生们断定是由于难以康复的神经损伤造成的，而且断定到12岁，她将彻底耳聋。可是，她对音乐的热爱却从未停止过。

她的目标是成为打击乐独奏家，虽然当时并没有这么一类音乐家。为了演奏，她学会了用不同的方法“聆听”其他人演奏的音乐。她只穿着长袜演奏，这样她就能通过她的身体和想象感觉到每个音符的震动，她几乎用她所有的感官来感受着她的整个音乐世界。

她决心成为一名音乐家，而不是一名聋的音乐家，于是她向伦敦著名的皇家音乐学院提出了申请。

因为以前从来没有一个聋学生提出过申请，所以一些老师反对接收她

入学。但是她的演奏征服了所有的老师，她顺利地入了学，并在毕业时荣获了学院的最高荣誉奖。

从那以后，她的目标就致力于成为第一位专职的打击乐独奏家，并且为打击乐独奏谱写和改编了很多乐曲，因为那时几乎没有专为打击乐而谱写的乐曲。

至今，她作为独奏家已经有十几年的时间了，因为她很早就下了决心，不会仅仅由于医生诊断她完全变聋而放弃追求，因为医生的诊断并不意味着她的热情和信心不会有结果。她用自己不懈追求的圆满做事之道向世人展现了一个奇迹！

罗斯福总统的夫人曾向她的姨妈请教对待别人不公正的批评有什么秘诀。她姨妈说：“不要管别人怎么说，只要你自己心里知道你是对的就行了。避免所有批评的唯一方法就是只管做你心里认为对的事——因为你反正是会受到批评的。

“自己认准的事情就应当将别人的议论置之脑后，用自己的方正之道勇往直前，通向圆满做事的路途。

“不要被他人的论断束缚了自己前进的步伐。追随你的热情，追随你的心灵，它们将带你到你想要去的地方。”

格伦·琼斯是琼斯闭路电视网有限公司的主管，早年当他提出要创立一所以闭路电视为主的空中大学时，“没有人评价这是个不错的主意”。他笑着回忆：“银行家和投资人都这样看待，但我确信这是好主意，而后来的发展恰恰证明了我们的信念。”当然，勇于坚持自己的信念并非要与权威人士对抗。如果当上级否定你的计划或坚持要你按他的想法行事时，你就过分激动，这就显得你不成熟，而不是有胆有谋了。

有人说：“每个人都是一个批评家。”当你追求你的梦想并希望得到帮助的时候，这句话尤其显得正确，总有许多善意的人希望保护你，使你远离那些他们认为不现实的幻想。批评家们曾试图打消很多不可阻挡的人的积极性，批评家们说这些人不够资格；他们的想法是不会奏效的；他们的产品是不会有市场的；他们太矮了；太年轻了；太早了或是太迟了。对于你的梦想能否实现，真正有影响的观点是你自己的观点。其他人消极的想法只是反映了他们自身相对于事情的局限性，而不是你的局限性。

一位名叫奥齐的中年人，对于现代社会的各种重大问题都有着自己的一套见解，如人工流产、计划生育、中东战争、水门事件、美国政治等等。每当自己的观点受到嘲讽时，他便感到十分沮丧。为了使自己的每一句话和每一个行动都能为每一个人所赞同，他花费了不少心思。他向别人谈起他同岳父的一次谈话。当时，他表示坚决赞成无痛致死法，而当他察觉岳父不满地皱起眉头时，便几乎本能地立即修正了自己的观点："我刚才是说，一个神志清醒的人如果要求结束其生命，那么倒可以采取这种做法。"奥齐在注意到岳父表示同意时，才稍稍松了一口气。

他在上司面前也谈到自己赞成无痛致死法，然而却遭到强烈的训斥："你怎么能这样说呢？这难道不是对上帝的亵渎吗？"奥齐实在承受不了这种责备，便马上改变了自己的立场："……我刚才的意思只不过是说，只有在极为特殊的情况下，如果经正式确认绝症患者在法律上已经死亡，那才可以截断他的输氧管。"最后，奥齐的上司终于点头同意了他的看法，他又一次摆脱了困境。

当他与哥哥谈起自己对无痛致死的看法时，哥哥马上表示同意，这使他长长地舒了一口气。

他在社会交往中为了博得他人的欢心，甚至不惜时时改变自己的立场。就个人思维而言，奥齐这个人是不存在的，所存在的仅仅是他人做出的一些偶然性反应；这些反应不仅决定着奥齐的感情，还决定着他的思维和言语。总之，别人希望奥齐怎么样，他就会怎么样。这种失去自己的人，与行尸走肉又有何区别？

现实生活中，这样的人和事也不少。有一个做秘书的，领导让他看一篇报告写得如何。他看过后来汇报，说："我认为写得还不错。"领导摇了摇头。秘书赶快说："不过，也有一些问题。"领导又摇摇头。秘书说："问题也不算大。"领导又摇摇头。秘书说："问题主要是写得不太好，表述不清楚。"领导又摇摇头。秘书说："这些问题改改就会更好了。"领导还是摇头。秘书说："我建议打回这个报告。"这时领导说了："这新衬衣的领子真不舒服。"

一旦寻求赞许成为一种需要，做到实事求是几乎就不可能了。如果你感到非要受到夸奖不行，并常常做出这种表示，那就没人会与你坦诚相见。同样，你不能明确地阐述自己在生活中的思想与感觉，你会为迎合他人的观点与喜好而放弃你的自我价值。

人在生活中必然会遇到大量反对意见，除非你不做事，否则永远会有对你的批评。这是现实，是你为"生活"付出的代价，是一种完全无法避免的现象。所以，找到自己的圆满做事之道，并坚定不移地走下去，不为别人的意见所左右，这就是成功人士的不二法门。

3. 大巧若拙，沉默是金

我们总认为坦率是一种美德，不错，任何美德如果不分场合地乱用，也会成为缺点，在复杂的社会和人面前，坦率有时不仅给别人带来难堪，也会让自己后悔。在很多场合，坦率、怒形于色、怒于言辞，不仅达不到你想要达到的效果，而且往往适得其反。对待别人应该运用方圆之道的"圆"，很多人在政治的旋涡中，经商的潮汐中以及各种人际关系中，因为不善于控制自己的言行举止，而暴露了自己的意图，结果搞得很被动。善装糊涂，善于掩饰自己，不令他人觉得你变化莫测，从而集中心思和力量对付你，这便是"沉默是真金"的道理。

古人在谈及人生和历史的经验教训时，多次谈到这样一句话，即“君子慎言，祸从口出”。就是说，作为一个君子，不要对事妄加评说，有些事自己肚里明白就行，有些话能不说就不说，实在没办法，几句扯淡，也就过去了。话说多了，往往会有失误，或者攻击了别人，会成为别人攻击的口实。

因此，传世奇书《菜根谭》中道：“十语九中未必称奇，一语不中则愆尤并集；十谋九成未必归功，一谋不成则訾议丛兴。君子所以宁默勿躁，宁拙无巧。”这段话的意思是说：做人要谨慎行事。既使十句话你说对九句，也未必有人称赞你，但是假如你说错了一句话，就会立刻遭人的指责；既使十次计谋你有九次成功，也未必得到奖赏，可是其中只要有一次失败，埋怨和责难之声就会纷纷到来。所以一个有修养的君子，为人宁肯保持沉默寡言的态度，不骄不躁，宁可显得笨拙一些，也绝对不自作聪明，喜形于色，溢于言表。这就是方圆做人的一种大智若愚。

佛说“不落言筌”，也有一种语言文字无法达意，容易被人误解的无奈。当初，释迦牟尼在莲花池上，面对诸位得道弟子，作拈花微笑貌，而只有一位尊者领悟了佛的意思，遂有禅宗的起源。这个故事总是令人感动不已。

人际关系是那样难以处理，有时你以好心规劝别人，不料会惹恼别人，轻则伤和气，重则引火烧身。

一些学术批评，以内行人看来，批评者和被批评者所谈几乎是风马牛不相及的事情，也是大煞风景的事。很多不入流的批评者煞有介事地评说一些影响很大的作品在某个史实上有失误，这就把自己自愿降到不如被批评者的位置上，反惹人瞧不起。批评者往往吹毛求疵，达不到被批评者的高度和深度。但无论是原作者还是批评者，岂不违背了“君子慎言”的古训？世人是如此执迷不悟，如此为名利所引诱，实在是令人寒心。

孔子观于后稷之庙，有三座金铸的人像，几次闭口不说话，就在它的背上铭刻了“古之慎言人也，戒之哉！无多言，无多事。多言多败，多事多害”。

有一首诗云：“缄口金人训，兢兢恐惧身。出言刀剑利，积怨鬼神嗔。简默应多福，吹嘘总是蠢。”所以君子处世之道在方圆之间，待人宜圆，如此方合乎方圆做人之道。

如果说一句话而坏风俗，而损名节，而发人阴私，而招人仇怨，那么这样的话，害处就太大了，离灾祸临头也不远了。这样的话，你万万不可说，或者，一个人有缺点，有错误，你不妨指出来，让他改正，但前提是你必须深深了解他，他能接受你的批评。不然，你说也是白说，还会结下仇怨。如果你还多言，可真是白操心。“誉我则喜，毁我则怒”本是人之常情。聪明的人知道，别人可以以毁誉加于我，我不可以毁誉加于人。

唇齿之伤，甚于猛兽；刀笔之烈，惨于酷吏之刑。只是一句话罢了，却可以侮辱一个人并辱其子孙，并辱其祖父，那种伤惨的感情，会积攒数世，不但一般人都会寻机报复，就是天理也不容。

有人动不动就说没有人才，这是妄言。“百步之内，必有芳草。”人各有才，只是有大有小，有一技之长，也算是难得了。人不必有文武全才，有一才也就不错了。我们怎么敢妄然看不起别人呢？

用偏见来论说古今的大道理，仗着小聪明来谈说天下的大事，只持一端不及其余，其实于理不通，于事不周，而又对批评意见听不进去，私逞其强，刚愎自用，这是天下的大害，更是为人处世最愚蠢的做法。

没有善恶之心，常作阿媚之态，逢迎之计，习谄媚之辞，这种人不仅难成气候，最终会害人害己。

对人过于忠厚，不存戒心，把心里话都掏出来，逢人便是知己，终会被小人利用。

俗语道：“害人之心不可有，防人之心不可无。”在言辞上也是如此。方圆之道在语言谈吐之间需要非常谨慎，这是一门高深的艺术。

一个非常忠厚老实的朋友曾向我诉说：他刚分到一个单位时，对于很多东西看不惯。他不是过于挑剔的人，一些事太明显了。他对几个平常关系还不错的同事讲，可别人总是附和，或想方设法把谈话引向深入，结果是他的一肚子牢骚一字不差地传到单位领导的耳里。慢慢地，别人都不再与他交往了。他呢，也就自己封闭起来。祸已从口出，水泼出去了，还能收回来吗？

当人人都存有戒心时，会对别人说的话仔细品味，误解的时候很多。同样一句话，在不同场合，不同的人，会发生不同的效果。中华民族又是一个缺乏幽默感的民族，你偶尔发发洋荤，说一句幽默的话，可能会让人不快，也吃力不讨好。

“你真漂亮！”在西方，一个男人会对一个女人这样说，女人会莞尔一笑，说声“谢谢”。但你说给中国女人听，十之八九会招来一顿臭骂。

明代的魏大中在42岁才通过科考进士及第并被授予官职。当时是万历四十四年，朝廷一片乌烟瘴气。他官居八品，在朝廷中尚无发言地位，却对人对事都看不惯，看不惯还爱说，结果到处遭人白眼。他到哪里，哪里的官员便失去捞好处的机会，而他自己一点好处也不要，甚至不与人交往，这在官官相护的时代真是致命的错误。他结交的几个人都是东林党人，与当时权势显赫的魏忠贤为敌。结果他上疏弹劾温体仁、魏忠贤奸党，反遭诬陷时，天启皇帝因为知道他廉洁而放过他，但他终于还是被抓到狱中折磨至死。

吕坤在《呻吟语》中说：“到当说处，一句便有千钧之力，却又不激不疏，此是言之上承。除外虽十缄也不妨。”这是说，保持沉默比许多废话更有益处和涵养。

李广是汉初的名将，他有勇有谋，多次参加抵抗匈奴的作战。匈奴兵都畏惧李广的胆识谋略，而士卒都愿意跟随李广作战。虽然李广口才笨拙，不爱说话，但却在士兵中和老百姓中有很高的威望。在他60多岁最后一次和匈奴作战中，因出师不利而被迫自杀了。当时全军将士，个个痛哭失声，老百姓闻讯，涕泪交流。

桃李等树，不会说话，但是到桃李树下来的人却经常不断，树下的野地自然地被踏出一条路来，这是因为桃李实实在在地开出了美丽的花朵，结出了甜美的果实。

很多人也许听说过哑巴卖刀的故事：哑巴由于无法叫卖，只得坐在地上用力一截截地切铁丝，人们看到他的菜刀如此锋利，便纷纷购买，一抢而光。

现代商品经济发展，日新月异，企业竞争不断加剧，消费者在购买商品方面有了更大的选择余地。争取公众信任，树立企业形象，成为企业存在发展的重要条件。于是乎，有的企业广告采取地毯式“轰炸”。这固然有效，但有的企业却不“告”而世人皆知。英国的马克斯·斯宾塞百货公司就是如此。

百货公司的创始人马克斯是波兰犹太人，出生于一个贫苦家庭，他的母亲因为难产而早逝，马克斯由姐姐抚养大。19岁时，他决定自立自强，于1884年毅然离开家乡，只身闯入英国碰运气。

当他到达英国达里兹城时，已经身无分文，而且语言不通。值得庆幸的是这里聚集了许多犹太人。有个叫杜赫斯特的犹太富商，专做批发百货生意，他觉得马克斯为人忠厚，却因不懂英语，很难找到工作，便主动借给这个青年人5英镑，要他做点小买卖维持生活。

由于马克斯不懂英语，售货时不好讨价还价，所有货物清一色售价一便士，并打出招牌“不要问价钱，每件一便士”，以此招徕顾客。由于服务良好，不久就树立了品质优良、价格公道的形象。

两年后，马克斯便将“便士市集”开到约克郡和兰开夏。后来他又联合斯宾塞合股经营，打出“马克斯·斯宾塞”的招牌，在伦敦闹市设立了一家百货店。

不久，斯宾塞和马克斯先后去世。马克斯的后辈们成功地继承了“薄利多销，物美价廉”的传统。

公司并不像大多数零售商那样，从供应商手中购买成品，而是靠自己拥有的百名训练有素的技术员与制造商合作，对商品设计、原料选择，生产工序及质量检验等方面进行研究，按公司的要求进行生产，确保商品的优越性。

从事广告业务20多年的广告公司主席米勒认为，马克斯·斯宾塞公司的名声确实很响，从广告的角度看是反常现象，因为马克斯·斯宾塞公司从不对外进行广告宣传，但他们的声誉和名望却不告而知，在英国无人不晓。其实，有了优质的商品，有了响亮的牌子，他们当然不需要花冤枉钱去做广告了。

确实如此，倘若有数以百万计的人在你的商店川流不息，最有效的宣传就是口碑。只有当口碑不能快速传递商品的动态时，才真正需要广告。

为人处世，方圆合度，该圆则圆，该方就方，做到外圆内方，才能达到方圆做人的境界。

4. 好人缘才能好办事

大凡人缘好的人，都有一副热心肠，像一团火。他们与人相处，谦和有礼，态度热情，和言悦色，满面春风，每每留下和蔼可亲、平易近人的良好印象。这看起来似乎是小事，不足挂齿，其实影响很大。当你对人奉献一丝真诚善意的微笑时，那是对他尊敬、喜欢的最直观的表示，它可以使对方感到快慰和美的享受，进而对方会对你做出积极的评价，更对你方圆做人产生积极的影响。

有些人对此不以为然。他们也许心眼并不坏，但是对人缺乏热情，不管在什么场合，总是绷着脸，没有一丝笑意，冷冰冰的严肃得怕人。抑或偶尔也挤出一丝笑容来，但假模假样，让人感到很牵强，这样必然会使对方拘谨不安，设法躲开去，自然谈不上关系亲密了。

（1）对人表现尊重些，较易获得好人缘

人人都有自尊心，人人都希望受到尊重，而且对尊重自己的人有一种天然的亲和力、认同感。要想方圆做人，有一个好的人缘可以说是一个必要的条件。因此，在日常生活中，不管对方的地位如何、才能怎样，只要与之打交道，就应给人以尊重。做到礼遇要适当，寒暄要热烈，赞美要得体，话题要投机。让人感到他在你心目中是受欢迎、有地位的，从而得到一种满足，感到和你交往心情很愉快。

（2）对人表现诚实些，较易获得好人缘

诚实的人是人们在办事交往中最易于信赖的朋友。俗话说得好："人心要实，火心要虚。"这句至理名言被人们公推为交际办事的经典。诚实的人会获得更多的人缘。

诚实的品质之所以被朋友作为起码的规范约定下来，被人们所重视，是因为诚实是一种高尚的人格，是对自己、他人和社会负责任的表现。人缘的好坏，很大程度上是人格高尚或是人格卑微的对应物。对待他人真心诚意、实实在在，做事说话有根有据，不捕风捉影；把问题摆在明处，不在背后搞小动作，不要耍滑藏奸，而要光明磊落、踏踏实实，拥有此等胸怀与人相交办事，必然能够赢得好感。人人都有这样的体会，与诚实人办事，不必遮掩防范，彼此能够开诚布公，同甘共苦。

圆满做事，诚实的品质主要体现在重信义上。与人共事要"言必信，行必果"。这样才能让人信任你。如果拿信义开玩笑，当面允诺，过后又忘得一干二净，别人追究，又一再搪塞，如此对人对事，一定会得罪朋友，失信于人，人际关系恶化，人缘变差。实际上，诚实的人信誉度高，则朋友会变得多起来，人缘也就越来越好。

（3）对人表现宽容些，较易获得好人缘

宽容忍让，是为人处世的较高境界，易于博得他人的爱戴和敬重。一般地说，人缘好的人几乎都具有对己严而对人宽的优秀品质。

宽以待人贵在一个“宽”字，也就是能容人。在现实生活中，每个人都有自己的个性、喜好和习惯。这些东西是很难强求统一的。与人相处应懂得照顾别人的个性需要，以宽待他人为圆，能求同存异，不可以自己的好恶来约束、苛求他人，特别是对他人的过失、不足，甚至在他人做了对不起自己的事情时，只要不是原则问题，就应给以宽容，不要求全责备，过分抱怨。更不要揪住人家的小辫子，当众揭短。这样，他人才会把你看成一个宽厚容人的人，而愿意与你相处。如果对他人过分苛求，人家就不敢、不愿靠近你。古语道：“水至清则无鱼，人至察则无徒”，说的就是这个道理。

办事交往难免发生矛盾、分歧，善处关系的人，往往能以圆满做事的办法，以忍让的态度，化解矛盾，防止矛盾激化，表现出宽广的胸怀。他们很少与人进行无谓的争吵，更不以压倒对手为乐趣；甚至在自己明显有理的情况下，也不穷追不舍，逼人家认错，而是克制自己的好胜心，成全对方的自尊心，让人一步，给人家以台阶。在物质利益面前，他们也能克制自己的欲望，尽可能地把方便、利益让给他人。这种宽容大度、吃亏让人的品格无疑会赢得较高的社会评价，并使你每每在办事中获利，成为令人称道的佼佼者。

（4）乐于助人，容易获得好人缘

乐于助人不仅是方圆做人的一种美德，也是赢得好人缘的助推器。

要关心他人的境遇和需求。有时别人有困难，又不好意思直说，如果你能善解人意，设身处地地为他想一想，尽可能地主动帮他解决难题，那对方一定感激不尽，并把你当成知心朋友而铭记不忘。比如，你发现同事、朋友一时情绪低落，就应主动关心了解情况，给以安慰、开导，为他分忧解难，使之振作起来。他人处在困境中，明言求助，就应慷慨大方，伸出援助之手，决不可犹犹豫豫，小气吝啬。应把他人的困难看成自己的困难，给以热心关照，哪怕搭上精力，赔上时间、财物也在所不惜，并引以为乐。这样对人乐善好施，有时也许就是举手之劳的事，但往往能换来长久的友谊。

生活中也有这样一些人，他们“不合群”，很少与人交往，对他人漠不关心。别人有难，他们视而不见，或隔岸观火，无动于衷；人家求上门来，他们一推了之，借口回绝；在经济上，又吝啬小气，一毛不拔，生怕自己吃亏。这种自我封闭的做事方式根本是对圆满做事，方圆做人的一种无知，是难以建立良好人际关系的，更不会交上真朋友。

古人云：“爱出者爱返，福往者福来。”现代交际学也认为：人际之间存在“互惠”“互动”关系，也就是说，与人相交，你如何待人，对方就会如何待你。这种对应关系告诉我们：好人缘正是自己友好对人、善意待人、慷慨助人赢得的酬赏。为此，想学会办事的人应从中悟出点什么。

（5）头脑中要有人情投资意识

一个人可以有好几种投资，对于事业的投资，是买股票；对于人缘的投资即人情投资，是买忠心。买股票所得的资产有限，买忠心所得的资产无限；买股票有时会吃倒账，买忠心始终能把事办好；股票是有形资产，忠心则是无形的资产。“纣有人亿万，为亿万心，武王有臣十人，惟一心。”纣之所以败亡，武王之所以兴周，就在于有没有这份无形资产，“得天下者得其人也，得其人者得其心也，得其心者得其事也”牢记这些古训，就可以理解方圆的处世之道，对方圆做人是大有益处的。

人情投资最忌讲近利。讲近利，就有如人情的买卖，就是一种变相的贿赂。对于这种情形，凡是有骨气的人，就会觉得不高兴，即使勉强收受，心中也不以为然。即使他想回报你，也不过是半斤八两，不会让你占多少便宜的。你想多占一些人情上的便宜，必须在平时往冷庙烧香。平时不屑到冷庙烧香，有事才想临时抱佛脚，冷庙的菩萨虽穷，但绝不稀罕你上这一炷买卖式的香。一般人以为冷庙的菩萨一定不灵，所以成为冷庙。殊不知穷困潦倒的英雄，是常有的事，只要风云际会，就能一飞冲天，一鸣惊人。如果你认准了这些落魄英雄进行投资，对你的方圆做人将会有不可估量的价值。

（6）立足社会要有结交意识

好习惯都是日积月累、慢慢培养起来的。因此，我们在日常生活工作中，就要培养自己的结交意识，以备不时之需。

当有人把友谊之球投掷过来时，好好接住，并回掷过去，这不是简单的交换，而是做人的基本素养。现在一些公司大都设有服务部门，只要顾客有所要求，他们办得到的立刻去办，办不到的也绝不敷衍，会使顾客产生莫大的被尊重与依赖感，奠定继续来往的基础。

把好意传达给对方，给他充分的关心。试想若人们平常的行为有此表现，则人际关系定会和谐愉快。在现代社会里，的确有很多人希望得到立竿见影的效果，否则便不愿付出。此种以利益计算为先的人缘意识，是经不起考验的。商业上的竞争来往原来是功利性很强且锱铢必较的，但把它应用在人与人之间的办事交往中却是很偏颇的做法。

（7）与陌生人建立关系要设法找共同感受

与陌生人第一次交谈时，你最好找寻到对方也熟悉的人和事，以此牵线搭桥，引出话题，尤其是彼此双方都与之关系很深的人或事。当谈到这类话题时，你们的距离会很快缩短。如：“你与小飞很熟悉吧？”“小强是你的同学吗？”“我和大伟关系很不错。”

与陌生人初次见面或交谈了一段时间而突然觉得无话可说时，沉默不语的局面会令双方都很尴尬，为避免这种局面，你要学会没话找话。

没话找话，可以从你们身边的景物与环境说起。如谈谈城市的街容、空气污染、海水污染等环保问题，也可以谈大家都知道的各地风俗人情，还可以询问对方家庭情况等等，这样不断转换话题，保证你们能融洽地交谈下去。

所以为人之道，在于可方可圆：对自己是以方为主，作为以万变应不变的原则，对待朋友则是以圆为本，以万变应不变，从而达到圆通自如的境界。

5. 学会赞美好办事

没有人是天生的蠢材，也没有人愿意让别人说他是傻瓜，一顶高帽子，尽管他的头不合适，可是和他一样，没有人不愿意戴，也没有人愿意戴上了，又把它摘下来。求同事做事，不妨先给他顶高帽子，让他沉浸于喜悦中，帮你把事情办好。因为“高帽子”其实是一种变相的鼓励和赞美，更是圆满做事不可缺少的方法之一。

戴尔·卡耐基是闻名于世的成功学大师，也是运用方圆做人的一个典范。他对推销自己的书就有一套绝妙的方法。

有一天，卡耐基从朋友那儿回来，他边走边思考。这时有一个穿着较为朴素的年轻人朝他走了过来，激动地问：“你是卡耐基先生吗？”卡耐基对年轻人特别是处于贫困之中的年轻人特别有好感，他回答说：“是的！”

原来，这位青年买了本卡耐基的《人性的弱点》，但他想找卡耐基给他买的那本书上签个名，卡耐基取出笔在他的书上签了个名，于是他突然觉得这又是一个促销活动的好办法。

于是，卡耐基和学生们商量了一阵，便开始在纽约市进行卡耐基签名活动，这次活动对于本来就畅销的形势更加锦上添花，竟创下了每周销售五千本的纪录，以后两年里，卡耐基的好几本书一直畅销不衰。

他的《人性的弱点》一书风靡全球，拥有五十余种不同文字译本、《读者文摘》加以郑重推荐。他的《影响力的本质》一书被称为“攻无不克、战无不胜”的人际交往中的新武器。

由于卡耐基的才华，他的朋友都很愿意同他在一起，与他交谈不仅可以得到很多的知识还可以得到不少关于人际交往方面的技巧，也是美国式的为人处世的方圆之道。

有一天，卡耐基应邀到洛厄尔·托马斯家里去做客，对托马斯，卡耐基的评价是：“他在人际关系方面是一位超级大师，他会给你以信心和勇气，你可以轻而易举地发挥你的潜力做出你原本认为做不到的事。”

卡耐基与托马斯夫妇度了一个周末。

那天晚上，他们谈得很投机，他们坐在炉火边，托马斯太太突然建议要打桥牌。

“不，我不会，我对桥牌一点儿也不懂。”卡耐基说，“那游戏要动脑筋，对我来说太艰深了。”

“那有什么关系？”

“我还是看你们打吧。”卡耐基说道。

“戴尔，相信我，一点都不难，对你来说学会它只是小菜一碟，容易极了，就像你写文章一样，一学就会。桥牌只需要记忆和判断，这对你正合适。”

还没等卡耐基回过神来，他就不知不觉地坐在了桥牌桌前。那是他第一次打桥牌，本来他一点信心和心理准备都没有，可是正是托马斯先生的话使他有了信心和勇气。

尽管那次学习打桥牌，卡耐基不熟练，但据他后来说，托马斯先生给他上了人生重要的一课。

卡耐基说：“这使我想起了伊斯·卡勃特斯，一位超级桥牌大师。他的有关于桥牌方面的书曾被译成各种文字，并畅销了很久，然而，令人惊奇的是，如果不是一个青年女子，也许他走不上桥牌运动这条路。

“1923年末他在美国时，只身孤影，身上的钱也不多了，他想在美国找个工作，可是找来找去都没找到，后来终于经好心人介绍，他有了个勉强能谋生的工作。

“卡勃特斯会打一点桥牌，可技术差劲得很。他根本就记不住牌，常常把打出去的牌拿来翻看，所以没有人愿意跟他玩。

“后来一件事改变了他的命运。”

他遇到了一位漂亮的桥牌女教师，她叫约瑟芬·狄丝。这位女教师教卡勃特斯打桥牌时发现他虽然牌技平平，但是分析能力很强，对自己手里的牌总能做出比较准确的分析，狄丝认为这点素质很重要。

于是狄丝就试图说服他，她说：“卡勃特斯，告诉你吧，你是桥牌界天才。”卡勃特斯说什么也不相信：“你说的是我吗？”狄丝就把她的发现告诉了卡勃特斯。

“在以后的时间里，狄丝总是千方百计地想办法鼓励他，他的一点点进步都被她称赞一番。

“后来，卡勃特斯也逐渐地相信自己是个天才了，他的牌越打越好，后来果真成为了桥牌界的顶尖高手。

“经过长期的接触，卡勃特斯最后爱上了狄丝，并与她结了婚。”

卡耐基在这件事上很受启发，他的《人性的弱点》一书将近尾声的时候，他又加了一节叫作“高帽子”的妙用。

卡耐基在这本书里对“鼓励”一词做了心理上的分析：

鼓励与其说是一种与人相处的方法，还不如说是一种心理上的暗示手段。人在潜意识和意识层面上有很多的困惑，由于长期得不到解决，所以就积压了下来。就会产生对自己的疑问，比如“我能行吗？”，或“我应该做吗？”，抑或“客观条件允许吗？”之类自己解答不了或急待选择的事情。

这种两难或三难选择会让自己拿不定主意。

而在这个时候，往往是外界的因素更能起作用，一个暗示或一个建议都可能叫你放弃徘徊，去按照别人告诉你的去做。

心理医生为病人治疗就用这个方法，对某个问题你在观念中固执己见，而心理医生又认为这些问题对你的心理健康不利，他会首先提出问题将你拖进疑惑的境地里去，然后用暗示的语言来点醒你，使你明了方圆做人的道理。

鼓励其实就是一种与此相类似的手段。一些话语比如“你行的，你一定行”“你是个天才，你是个天分很高的人”“你是个很美的姑娘”此类的暗示性的语言能使人在举止不定的时候重新获得勇气。

有一位美国心理学家做过这样一个实验。他在某一所中学里找了一个班，她向班主任说明了这个实验会让他看到一个奇迹，因为他在许多学校、许多人中间都做过此类实验，结果被证明很成功。

他在暗中观察了很长的时间，他发现了班上有一个相貌平平、很不起眼的姑娘，于是他找了一个机会，把全班除那位女生以外所有的学生都召集到了一块，他向他们说了他的打算。

这位心理学家告诉学生们，从今往后，他们所有的学生都要把那位未到场的女生当作全班最漂亮、最迷人、最美的姑娘，三个月后，学生们将会看到人们意想不到的效果，到那时，这个实验就结束了。

于是，从那天起，学生们对那位姑娘的态度变了，再也不是以前冷冰冰的态度了。

那位女生简直受宠若惊，她惊奇地看到男生们把别的相貌姣好的女生撇在一边不理而向她争着大献殷勤，而女生们将带着钦羡的目光经常向她这边望。老师们上课时对她的态度也变了，每次提问时，总是叫她的名字，当她答对了的时候，便会得到表扬和夸奖。

这位姑娘就像坠入梦境中一样，她不明白自己这几天何以由一个灰姑娘一下子变成了众人心目中的白雪公主。

一个星期过去了，人们仍像众星捧月一样地对待她。于是她开始注意自己的形象了，她的眉头舒展了，她的胸脯挺起来了，由于笑声经常陪伴着她，她的心情也渐渐地开朗、愉快了起来，经常与同学们在一起尽情地玩乐。

两个月过去了，全班同学都惊奇地发现她与以前大不相同了，虽然容貌上不能算是美丽绝伦，但也楚楚动人，并且微笑常挂在嘴边，有的同学说那很像蒙娜丽莎的微笑。

后来，班上选班花，大家一致投票选那个姑娘，也许开始实验时，大家是在逢场作戏，可是到了后来，人们都是诚心实意的了。

卡耐基的《人性的弱点》一书对鼓励所做的心理学上的分析很精彩，它说明了赞美、鼓励，也就是“高帽子”的力量。

那么就多鼓励别人吧，让人明白，其实事情是很容易做的。让别人知道你对他处理某事有信心。知道他有潜力，知道他会出色地完成任务。

顾全面子，是人性的弱点，如果你明白了这个圆满做事的道理，在请同事帮忙前，先给他戴一顶高帽子，给他以鼓励，让他知道你对他办此事有能力、有信心，知道他的潜力，他一定会尽力去帮你。

6. 以真诚感动别人

一个人只要对别人真心感兴趣，在两个月之内，他所得到的朋友，就比一个要别人对他感兴趣的人，在两年之内所交的朋友还要多，方圆做人正是从其中而来。

怎样才能获得朋友呢？什么为世界上最伟大的结交朋友的技巧呢？

他是谁？你明天走在街上可能碰到他。当你靠近他十尺之内的时候，他会开始摇摇尾巴。如果你停下来，拍抚他，他的心就几乎会从他的皮肤里跳出来，让你知道他是多么地喜欢你，而且你知道他这种热情表示的后面，并没有隐秘的、不明的动机：他并不要买你的房地产，他也不要跟你结婚。

你是否曾停下来想过，狗是唯一不必为三餐而工作的动物？母鸡必须生蛋；母牛必须产奶；鹦鹉必须唱歌，但是狗只要给你友爱，它就有三餐可吃。

当我5岁的时候，我父亲以50分买了一只小黄毛狗——提比。它是我童年的快乐源泉。每天下午大约4点半的时候，它就蹲在前廊，一双美丽的眼睛不断地注视着走道，当它一听到我的声音，或看到我摇荡着饭桶穿过矮林的时候，它就飞也似的跳出来，上气不接下气地跑上来迎接我，又跳又高兴地叫着。

提比跟我做了五年的好朋友。接着，在一个悲惨的晚上——我永远忘不了那个晚上，它在离我头部10尺之内，被雷击电死。提比之死是我孩提时代的悲剧。

你从未读过一本心理学的书，提比，你不需要读。我再重复一句话：你只要对别人真心感兴趣，在两个月之内，你所得到的朋友，就能比一个要别人对他感兴趣的人，在两年之内所交的朋友还要多。

但是我知道，他也知道，许多人一生中都不懂得这个方圆做人的道理，错误地想办法使别人对他们感兴趣。

当然，这种方式没有用，别人不会对你感兴趣的。他们只对他们自己感兴趣——不论是早上、中午，或晚饭之后。

纽约电话公司，对电话中的谈话做了一项详细的研究，想找出哪一个词最常在电话中被提到。你猜到了，这个词就是“我”。在500个电话的谈话中，这个词被使用了3950次。

当你拿起一张你也在内的团体照片，你最先看的是谁呢？

如果我们只是要在别人面前表现自己，使别人对我们感兴趣的话，我们将永远不会有许多真实而诚挚的朋友。朋友，真正的朋友，不是以这种方法交来的，以至诚打动别人，你才能获得真正的友谊。

拿破仑试过这种方法，而在他跟约瑟芬最后一次见面的时候，他说：“约瑟芬，我是世界上有史以来最幸运的人；因为，在此刻，你是世界上我唯一能够依赖的人。”

已去逝的维也纳著名心理学家亚佛·亚德勒，写过一本叫作《人生对你的意识》的书。在那本书中，他说：“对别人不感兴趣的人，他一生中的困难最多，对别人的伤害也最大。所有人类的失败，都出于这种人。”

有一次我在纽约大学选修一门短篇小说写作的课程，在课程中，柯里尔杂志的主编到班上来给我们上课。他说，他拿起每天送到他桌上的数十篇小说，只要读了几段，就能感觉出作者是否喜欢别人。“如果作者不喜欢别人，”他说，“别人就不会喜欢他的小说。”

这位激动的主编，在讲授小说写作的过程中，曾经停下来两次，为他的传授大道理而致歉。“我现在所告诉你们的，”他说，“和你们的牧师所告诉你们的，是完全相同的东西，但是，请记住，你必须对别人感兴趣，如果你要成为一名成功的小说家的话。”

如果小说写作真是如此的话，你可以确定，方圆做人，圆满做事也是如此。

豪华·哲斯顿最后一次在百老汇上台的时候，我花了一个晚上待在他的化妆室里。哲斯顿，他被公认为魔术师中的魔术师。前后40年，他到世界各地，一再地创造幻象，迷惑观众，使大家吃惊得喘起气来。共有6000万人买票去看他的表演，而他赚了几乎两百万美元的利润。

我请哲斯顿先生告诉我他成功的秘诀。他的学校教育与这一点关系也没有，因为他很小的时候就离家出走，变成了一名流浪者，搭货车，睡在谷堆里，沿街乞讨，坐在车中向外看着铁道沿线上的标志，因而学会了识字。

他的魔术知识是否特别优越？不，他告诉我，关于魔术手法的书已经有好几百本，而且有几十个人跟他懂得一样多。但他有两样东西，其他人则没有。第一，他能在舞台上把他的个性显现出来。他是个表演大师，他了解人类天性。他的所作所为，每一个手势，每一个语气，每一个眉毛上扬的动作，都在事先很仔细地预演过，而他的动作也配合得分毫不差。但除此之外，哲斯顿对别人真诚地感兴趣。他告诉我，许多魔术师！会看着观众，而对自己说："嗯，坐在底下的那些人是一群傻子，一群笨蛋，我可以把他们骗得团团转是没错的。"

但哲斯顿的方式完全不同。他跟我说，每次一走上台，他就对自己说："我很感激，因为这些人来看我表演。他们使我能够过着一种很舒适的生活。我要把我最高明的手法，表演给他们看。"

他宣称，他没有一次在走上台时，不是一再地对自己说："我爱我的观众。我爱我的观众。"可笑，荒谬？你要怎么想都可以。

如果我们要交朋友的话，我们就要挺身而出为别人效力——做那些需要花时间、精力、诚心和思考的事。当温莎公爵还是威尔斯亲王的时候，他排好日程，要到南美旅行一趟，而在启程之前，他花了好几个月研读西班牙语，这样他才可能用该地语言发表公开的演讲。

好多年来，我一直都在打听朋友们的生日。怎样打听呢？虽然我一点也不相信星象学，但是我会先问对方，是否相信一个人的生辰跟一个人个性和性情有关系，然后我再请他把他的生辰月日告诉我。举例来说，如果他说11月24日的话，我就一直对自己重复地说："11月24日，11月24日。"等他一转身，我就把他的姓名和生日记下来，事后再转记在一个生日本子上。在每一年的年初，我就把这些生日标明在我的日历上，因此它们能够自动地引起我的注意。当某人生日到了的时候，就会收到我的信或电报。效果多么惊人！我常常是世界上唯一记得他们生日的人。

如果我们要交朋友，就要以高兴和热诚去迎接别人。当别人打电话给你的时候，就利用同样的心理学。说话期间，要显出你多么地高兴他打电话给你。纽约电话公司开了一门课，训练他们的接线生在说"请问您要拔几号"的时候，口气显出"早安，我很高兴为您服务"。我们明天接电话的时候，别忘了这点。

对别人显示你的兴趣，不但可以让你交到许多朋友，更可以为你的公司增加客户的信任感。在纽约，一家北美国家银行出版的刊物中，登出一位存户梅得兰·罗丝黛的信：

我真希望您知道我是多么欣赏您的银行职员。每一个人都是如此地有礼、热心。在排了一长列的队之后，有位职员亲切地跟你打招呼，真是令人感到愉快。

以真诚感动别人，比别的任何方法都更加有效，更是方圆做人，圆满做事必须明白的道理。

7. 学会送礼的艺术

要做事免不了要求人，送礼是方圆做人，圆满做事中不可或缺的手段之一。送礼法就是在做事求人时，选择时机，有艺术、有技巧地送给他人一定的礼物，从而办成所求之事的一种方法。常言道："受人之财，替人消灾"，送礼就是让别人接受自己所送的财物从而解决自己的难事。送礼不仅拉近了人与人之间的关系，而且在情感上更觉亲近。"礼轻情义重"，送礼不在多，而在于投人所好。根据不同的人的爱好特点送给不同的礼物，才能打动他人，最终让他人接受自己的请求，办成所求之事。

有言道："有礼走遍天下，无礼寸步难行。"此话虽然夸张了些，但说明了礼的作用是很重要的，特别是在请人做事的时候，如果送一点礼品，则任何话都好说，如果空手求人，只得被别人婉拒。求人要送礼，"礼"多人不怪，这是古老的中国格言，它在今天仍有十分实用的效果。

有人经过调查研究指出，日本产品之所以能成功地打入美国市场，其中最秘密的武器就是日本人的小礼物。换句话说，日本人是用小礼物打开美国市场的，小礼物在商务交际中起到不可估量的作用。

当然，这句话也许有点言过其实。但是日本人做生意，确实是想得最周到的。特别是在商务交际中，小礼品是必备的，而且根据不同人的喜好，设计得非常精巧，可谓人见人爱，很容易让人爱礼及人。

小礼物起到了非同小可的作用，而精明的日本人此举之所以成功，在于他们聪明精明，摸透了外国商人的心理，又运用了自己的策略。一是他们了解了外国人的喜好而投其所好，以博得别人的好感；二是他们选择了令人可以接受的礼品，因为他们深知欧美商业法规严格，送大礼物反而容易惹火烧身，而小礼物绝没有受贿行贿之嫌；三是他们又很执着于本国的文化和礼节。

可见，礼品虽小，人家功夫到了家，你不能不佩服，这就是方圆做人。

如今商业社会，“利”和“礼”是连在一起的，往往是“利”“礼”相关，先“礼”后“利”，有“礼”才有“利”，这已经成了商务交际的一般规则。在这方面，道理不难懂，难就难在操作上，你送礼的功夫是否像日本人一样到家，不显山露水，却能够打动人心。

送礼其实已成了一种艺术和技巧，从时间、地点一直到选择礼品，都是一件很费人心思的事情。很多大公司在电脑里有专门的储存，对一些主要公司、主要关系人物的身份、地位以及爱好、生日日期都有记录，逢年过节，或者什么合适的日子，总有例行或专门的送礼行为，巩固和发展自己的关系网，确立和提高自己的商业地位。

人们都讲礼尚往来，人之常情，在求人做事时也不例外。如果是借送礼的机会大搞歪门邪道，搞权钱交易，拉拢、腐蚀国家干部，那么，这种人情往来则属正常，更是圆满做事的一种常用的方法。

送礼是表达心意的一种形式。礼不在多，达意则灵；礼不在重，传情则行。双方都不要着重礼物本身的物质价值，而应看到收的是一份浓浓的情、厚厚的意。礼物是一种友情的表示，中国早就有“投之以桃，报之以李”的习俗。朋友之间或出远门旅游捎回一点当地特产，或过年过节，个人喜庆，赠送一点敬贺礼品，表现彼此间的一番情谊则是有必要的，这是一种诚挚的感情交流，是发自内心的赠予，是感情的物化。

送礼作为一种文化现象，自有其特定的规律，不能盲目去做、随心所欲。它反映出送礼者的文化修养、交际水平、艺术气质以及对受礼人的了解程度和关系远近。在一定意义上讲，是方圆做人的艺术，一门特殊的交际艺术。

对方不需要或厌恶的东西当礼送去，即使再贵重也会令对方不快，甚至拒绝。所以，在送礼时，要深知被送人的心理，这样才有的放矢，如果盲目送，有时则会招致反感。在送礼过程中，通过下列方式可以知道一些送礼的心理：

（1）通过礼物可以看出送礼者的性情爱好

某人在过年过节时经常会收到一些礼物，而他每回总是将这些礼物与送礼者的名字记下来，为的是作为回礼的参考。

天长日久，他渐渐意识到：从对方所送的礼物上可以观察此人的性情爱好。如果对方送陈年美酒给你，其实即表示送者也对美酒有所偏好；若赠送造型典雅的茶具，则送者必是对茶具有癖好者。

如此说来，每个人对礼品的选择，经常在无意识中透露出自己的喜好，即便是价格颇为高昂，也会产生“这也是自己所喜爱的”这种心理，而不去在乎其价格的高低了。

然而，需要注意的是，无论送礼者自己对于某件事物的喜好程度如何高，评价如何好，都无法保证受礼者真正喜欢。即使是为讨好对方欢心而精心选购的礼物，有时也反而会得到相反的效果，而方圆做人的高下之别也就在这里。因此，礼物本身就带有把自我一部分强迫地推予他人的色彩，从而失去支配对方回礼时的选择性。

送礼品给有权势或具有社会地位的人，往往带有点趋炎附势的意味，此种心理压力往往带给送礼者一些压迫感。某些送礼者就故意利用此种心理压力，使受礼者产生“不好意思”的感觉，于是无法忽略送礼者所提的要求。

因此，请记住：推销自我式的送礼将失去送礼的意义，只有赠送对方所需要的物品，并且要能真正表达自己的诚意，才是真正“送礼的艺术”。

回送对方礼物所送的礼，不妨参考对方所送的礼，然后回送同一系列或同类礼物，将可使对方产生“贴心”的感觉，并收意外之效。

（2）赠送厚礼给部下，易获得深刻的好印象

一般而言，送礼者经常以社会地位高低为标准，送给上位者高价物品，下位普通物品，已成为一种风气。例如：送给上司是昂贵的洋酒，给部下却只是几件国产香烟，其间的差距着实不小。

事实上，礼物的轻重与自己在对方的心目中的地位成正比，这是常有的事，因此接受礼品时，便难免要自我衡量一番。

所以，身为上司应设法打破送礼的程式，在送礼给属下时不妨大方点，送给对方所需要且期望的礼物，必能获得意想不到的回报。同时，如果上下级的差距越大，感觉受重视的程度越高，受到的回报也相对提高。

要知道，赠送超出对方想象期望以上的礼品时，不但将使对方觉得受重视，另一方面也提高了别人对他的评价，而没有什么比别人看重自己更会令人高兴的事了。这种提升自我意识的感觉，比物品金钱的价格更能满足自我的优越感，同时，对送礼者也必定心存感激，极易产生好感。相反，若对方为上司，身为下属者一味地送高价位的礼品，却很难收到这种效果。

值得一提的是，若要使上司收到礼品能够高兴，且期望能达到受重视的效果，最好选择与金钱价值无关的东西，如艺术品，或者是“我们乡下自己种的瓜果……”“亲戚家自己养的鸡……”等，反而往往能收意外之效。因为，对上司或社会地位高的人而言，送再贵的东西也只不过是“锦上添花”罢了，并不会产生任何特殊效果。

（3）礼品价值高低，取决于双方的地位和关系好坏

受到别人的照顾或恩惠时，必定为了表达谢意而送礼。然而，送礼却

给许多人造成不少的困扰。

有位朋友非常喜欢帮助别人，但却对那些受惠者送来的礼物深感尴尬，因为许多人是家庭并不富裕的人，却送来非常昂贵的礼品，自己只是举手之劳，常觉得受之有愧，他常常叹息地说："其实可以不用勉强送如此大礼。"

说穿了，那些人只不过是想"打肿脸充胖子"而已。

并非每个人在受到恩惠时都会想到送份好礼物给对方。比如，一位要好的同事，从相亲开始，即给予不断的协助，从策划交往约会到婚礼的介绍人都一手包办，但新郎却不给他特别厚重的谢礼，通常只像一般情形表达一下意思。但是，若想请求总经理在婚礼上当介绍人，则较会选购价值昂贵的东西，如果对方在社会上地位显赫，此种情形更为明显。

送礼金额高低往往决定于对收礼者的印象。在节庆前夕，许多商场的礼品柜台前都会听到许多夫妻低声商讨"是否太失礼了""不值得送如此昂贵的东西"之类的话。反之，从收礼者的角度来看，若得到的远比预期的低，便会大感不悦，甚至比根本没有送礼来得更为气愤；可能责备对方"不识时务""没有礼貌"等，有一种身份地位被贬低的愤怒。

（4）送家人比他本人更喜欢的东西能加强对方对你的好感

当美国电影E.T上演，在社会上造成轰动时，有位先生去拜访他的朋友，就买了一只"E.T"的模型送给对方两个3岁和5岁的孩子，结果小孩子们异常高兴，从那时起就称这位先生为"E.T伯伯"，而且每次去都受到他们一家人的欢迎。

像这种情形许多人都见过，甚至亲身体验过。

有句话说："擒贼擒王"，用来形容这种情形，或许不是十分的适当；但事实就是如此，有时送对方本人喜欢的东西，还不如送其家人喜欢的东西，更能加强对方对你的好感。

尤其重要的是，像这种针对家人的送礼方式，有时还会造成和对方之间的交情在质的方面产生变化等意想不到的效果。

因为，你和对方本人之间可能是因工作所产生的非正式交往，而送礼给其家人的好感，却能挣脱这种形式的交往，进而建立亲近度较高的私人方面的情谊。

但值得留意的是：像这样情形的送礼，其送礼的内容多少应有点意外性，否则效果不会太长。比如过年时去访问对方，而给对方家人的孩子压岁钱这种情形，就会成为礼仪性的送礼，没有任何的意外性，当然也就不会令对方产生意外的惊喜了。

（5）毫无理由地接受免费赠品会造成心理障碍而不敢使用

当代社会中，人情极为淡薄，对于他人没来由免费赠送的东西十之八九会猜测：一定不是什么好东西，甚至认为对方是否居心不良，因而不敢使用。

有家饭店为了庆祝周年，举办咖啡券免费赠送活动，然而发出去数千张招待券。竟然没有几个人来，使得饭店大伤脑筋。为了招徕顾客而做的宣传，竟遭到了意外的失败，不知如何是好？

其实，只要略微改变方法即可，不妨采用问卷调查方式，赠送咖啡招待券，或许会为大家所接受。

人们都有爱贪小便宜的习惯，遇到大拍卖时便赶快去买，也不管购回的物品是否实用。然而，试吃、试饮之类的活动，却往往使人为之却步，担心是否安全可靠。就像以前在路旁的免费茶水，过去虽曾受大众喜欢，但是，现在恐怕没有人敢碰了！对于免费的东西，在使用时，免不了会产生强烈的心理阻碍。

俗话说“天下没有免费的午餐”，如果经常接受他人无缘无故地赠送的物品，则会产生心理上的负担，所谓“无功不受禄”就是这个道理。万一对方提出要求，请你帮忙处理一些棘手的问题时，你就很难回拒了。

心理负担的解除是很重要的。给予对方一个正当的理由，例如接受访问、问卷调查等等，都可以扫除使用者的疑虑，而使之欣然接受。

为避免“无功不受禄”的阻力，送礼时，附加一个正常的理由，则不会有被拒的情况。

（6）人在困难时，接受少量的资助会觉得格外感激

有位目前很活跃的油画画家，曾透露他在年轻时代过了一段非常困苦的生活，经常三餐不饱。有一次，他把一幅连自己都没信心的画拿到画商那儿，画商看了半天，付给他一笔当时他认为很多的钱。

就画家来说，画商并非买了这幅画，而是给了他前途。此后他终于成功地熬出了头。

那笔金额是否很高呢？其实不见得，但直到今日，那位画家对这笔款项一定还觉得非常庞大。人在困厄消沉中，有人向他伸出的援助之手，可以使人产生长久的感激之情。对画家来说，画商的钱的确成就了他的前途，因此，这位现在已成名的画家若有满意的作品，一定会交给那位画商，并且以普通价钱成交。

人对金钱的标准，往往因状况不同而有很大的差异，因此，“雪中送炭”远比“锦上添花”有意义。

8. 托人办事，“对症下药”

求人说话，除了要考虑对方的身份以外，还要注意观察对方的性格。一般说来，一个人的性格特点往往通过自身的言谈举止、表情等流露出来。如那些快言快语、举止简捷、眼神锋利、情绪易冲动的人，往往是性格急躁的人；那些直率热情、活泼好动、反应迅速、喜欢交往的人，往往是性格开朗的人；那些表情细腻、眼神稳定、说话慢条斯理、举止注意分寸的人，往往是性格稳重的人；那些安静、抑郁、不苟言笑、喜欢独处、

不善交往的人，往往是性格孤僻的人；那些口出狂言、自吹自擂、好为人师的人，往往是骄傲自负的人；那些懂礼貌、讲信义、实事求是、心平气和、尊重别人的人，往往是谦虚谨慎的人。对于这些不同性格的对话对象，一定要具体分析，分别对待。

什么是圆满做事？“到什么山唱什么歌”，对不同的人采用不同的策略，这才是真正理解圆满做事的道理。

《三国演义》中有这样一个例子：马超率兵攻打葭萌关的时候，诸葛亮对刘备说：“只有张飞、赵云二位将军，方可对敌马超。”

这时，张飞听说马超前来攻关，主动请求出战。

诸葛亮佯装没听见，对刘备说：“马超智勇双全，无人可敌，除非往荆州唤云长来，方能对敌。”

张飞说：“军师为什么小瞧我！我曾单独抗拒曹操百万大军，难道还怕马超这个匹夫！”

诸葛亮说：“你在当阳拒水桥，是因为曹操不知道虚实，若知虚实，你怎能安然无事？马超英勇无比，天下的人都知道，他渭桥六战，把曹操杀得割须弃袍，差一点丧命，绝非等闲之辈，就是云长来也未必战胜他。”

张飞说：“我今天就去，如战胜不了马超，甘当军令！”

诸葛亮看“激将”法起了作用，便顺水推舟地说：“既然你肯立军令状，便可以为先锋！”

在《三国演义》中，诸葛亮针对张飞脾气暴躁的性格，常常采用“激将法”来说服他。每当遇到重要战事，先说他担当不了此任，或说怕他贪杯酒后误事，激他立下军令状，增强他责任感和紧迫感，激发他的斗志和勇气，清除轻敌的思想。

我们在办事儿时虽然被求者的情况有种种不同，如对方的兴趣、爱好、长处、弱点、情绪、思想观点等，这些都是需要注意的内容，但身份与性格无论如何是很重要的“情况”，不得不优先考虑。

战国时期著名的纵横家鬼谷子曾经精辟地总结出与各种各样的人交谈

的办法："与智者言依于博，与博者言依于辩，与辩者言依于事，与贵者言依于势，与富者言依于豪，与贫者言依于利，与战者言依于谦，与勇者言依于敢，与愚者言依于锐"，"说人主者，必与之言奇，说人臣者，必与之言私"。

因此，我们在求人办事儿之前，一定要对办事儿对象的情况作客观的了解。只有知己知彼才能针对不同的对手，采取不同的会谈技巧。

例如，知识高深的对象，对知识性的东西抱有极大的兴趣，不屑听肤浅、通俗的话，应充分显示你的博学多才，多作抽象推理，致力各种问题之间的内在联系探讨。

文化低浅的对象，听不懂高深的理论，应多举明显的事例。

刚愎自用的对象，不宜循循善诱时，可以用激将法。

爱好夸大的对象，不能用表里如一的话使他接受，不妨用诱兵之计。

脾气急躁的对象，讨厌喋喋不休的长篇说理，用语须简要直接。

性格沉默的对象，要多挑逗他说话，不然你将坠在云里雾中。

头脑顽固的对象，对他硬攻，容易形成僵局，造成顶牛之势，应看准对方最感兴趣之点，进行转化。

从语言了解对方，是取得胜利的关键。我们可以从言谈的微妙之处观察对方的性格特征和内心活动。

性格刚强自信的人，很少使用"那个……"，"嗯……"，"这个……"之类的口头禅。反之，小心谨慎、神经质的人常用这类语汇。一个语言心理学家认为，在谈吐中常说出"果然"的人，总自以为是，强调个人主张。经常使用"其实"的人，希望别人注意自己，他们任性、倔强、自负。经常使用"最后怎么怎么"一类词汇的人，大多是潜在的欲求未能满足的人。

御人之道在于随机而变，这样就能无往而不利，才可以称得上是方圆做人。

谈话的语言要视对方的修养而选择，做到能雅能俗，才不会有格格不人的反感。

谈话的话题应该视对方的情形而定，再好的话题，若不能符合对方的需要，就无法引起彼此共同的话题来，只有聊得投机，然后再设法慢慢地把话题引导进自己所要谈论的范围里。

在日常谈话中，一般人都是说些身边琐事，这或许是想向对方表示亲切。在正式交谈中，希望你不要把老婆、儿女当作谈话的资料，否则总不免给人以娘娘腔和不务正业的感觉。

谈话先从政治、经济等比较严肃的题目开始，然后再涉猎文学、艺术、个人的兴趣方面等比较轻松的话题。总之，将自己的观念见解堂堂正正地公布出来，使得彼此都能有共同的思想，才是最好的谈话。

一个懂得圆满做事的人，一定很注重礼貌，用词考究，不致说出不合时宜的话，因为他知道不得体的言辞往往会伤害别人，即使事后想再弥补也来不及了。相反地，如果你的举止很稳重，态度很温和，言辞中旨动听，双方自然就能谈得投机，求办的事自然也易办成。

所以为了使对方对你产生好感，必须言语和善，讲话前先斟酌思量，不要想到什么说什么，这样引起别人皱眉头自己还不知道为什么。那些心直口快的朋友平时要多培养一下自己的深思慎言作风，切不可像随地吐痰似的不看周围是何处脱口而出，那样会影响到自身的形象。

既然要托人办事，大多是因为工作生活出现了困难和危机，比如家人生病、婚姻不睦、事业不顺等等，这些因素都会使人心力交瘁，丧失信心，不仅影响情绪，而且影响和周围人的交往。在处于情绪低潮时，请求别人寄予关怀，伸出援助之手。但千万记住，不要把过度沮丧的情绪带到别人面前。托人办事儿，总是一副哭丧脸，会使人感到晦气。

既然生活中的人有各种各样的类型，我们在办事时就肯定能碰到，对不同类型的人说不同的话，才能达到最好的做事效果。

9. 信任就是你的做事资本

任何人都应该懂得：人格是一生最重要的资本。要知道，糟蹋自己的信用无异于在拿自己的人格做典当，而方圆做人也就无从谈起了。

一个人的习惯会影响到他的品格，从而影响其日后的发展。越是细小的事情，越容易给人留下深刻的印象。一个人一旦失信于人一次，别人下次再也不愿意和他交往或发生贸易往来了。成大事希望最大的人倒不是那些才华横溢的人，而是那些最能以亲切和蔼的态度给人以好感的人。

如果一个人凭着自己良好的品性，以圆满做事的道理使人在心里认可你、信任你，那么你就有了一项成大事者的资本。

一个年轻人如果希望闻名世界、流芳百世，他首先要获得人家对他的信任。一个人如果学会了如何获得他人信任的方法，真要比获得千万财富更足以自豪。

但是，真正懂得获得人信任的方法的人真是少之又少。大多数的人都无意中在自己前进的康庄大道上设置了一些障碍，比如有的态度不好，有的缺乏机智，有的不善待人接物，常常使一些有意和他深交的人感到失望。

有些年轻人开始经商时，常常有着这样的看法，即认为一个人的信用是建立在金钱基础上的。一个有钱的人、有雄厚资本的人，就有信用，其实这种想法是不对的。与百万财富比起来，高尚的品格、精明的才干、吃苦耐劳的精神要高贵得多。

任何人都应该努力建立自己良好的名誉，使人们都愿意与你深交，都愿意竭力来帮助你。一个明智的商人一定要把自己训练得十分出色，不仅要有经商的本领，为人也要做到十分的诚实和坦率，在决策方面要培养起坚定而迅速的决断力。

有很多银行家非常有眼光，他们对那些资本雄厚，但品行不好、不值得人信任的人，决不会放贷一分钱；而对那些资本不多，但肯吃苦、能耐劳、小心谨慎、时时注意商机的人，他们则愿意慷慨相助。

银行信贷部的职员们在每次贷出一笔款子之前，一定会对申请人的信用状况研究一番：对方生意是否稳当？能否成大事？只有等到觉得对方实在很可靠，没有问题时，他们才肯贷出款子。

罗赛尔·赛奇说："坚守信用是成大事者的最大关键。"一个人要想赢得人家的信任，一定要下极大的决心，花费大量的时间，不断努力才能做到。

如何获得别人的信用呢？以下几点可供借鉴：

第一，必须注意自我修养，善于自我克制，做事必须恳切认真，建立起良好的名誉；应该随时设法纠正自己的缺点；行动要踏实可靠，做到言出必有信，与人交易时必须诚实无欺——这是获得人信任的最重要条件。

第二，一个想要获得他人信任的青年人，必须老老实实做出业绩来让人看，证明他的确是判断敏锐、才学过人、富于实干的人。一个才能平平的人把多年的储蓄都拿来投资到事业上，固然是很好的事情。但如果他在某一方面有所专长，他给人留下的印象更不知道要好多少倍。因为在这样一个企业和职业都专业化的时代，一个无所专长又样样都懂一点的人物，与那些在某一领域有所专长的人相比，总是竞争力不够。所以，如果一个人身上有一笔最可靠的资本——在某一领域有所专长，那么无论他走到哪里，都将受到别人格外的重视。

第三，一个青年商人要想方圆做人，更需要一种最可贵的资本——良好的习惯。有良好的习惯的商人远比那些沾染了各种恶习的人容易成大事。世界上本来已有不少人快跨入成大事者的门槛，但是因为有一些不良的习惯，使得别人始终不敢对他抱以信任，他的事业因此而受阻，最终无法再向前发展。那些沾染了各种恶习的人，大都自己是不太清楚的，但那些与他发生交往、产生业务往来的人却看得很清楚，因为他们大多是很看重这些问题的。

一个人的习惯会影响到他的品格，从而影响其日后的发展。有些青年人原来品格优良，但后来因为沾染了一种恶习，结果再也没有出头之日。很多年轻人一开始很不注意自己的习惯，觉得那只是暂时的小事。但是，久而久之，他可能会因为一些恶习而为人所排挤，到时候他可能会懊悔起来，开始反思：真没想到那样随便玩玩也会成为改不了的癖习。但是，到时再懊悔又有什么用呢?

一个有志要方圆做人的青年，为了自己的前途，无论如何都要抵制不良的诱惑，在任何诱惑面前都要坚定决心、不为其所诱惑。你必须永远善于自我克制：不酗酒、不参与赌博、不弄虚作假、不因为毫无意义的项目而举债、不上赛马场。你的娱乐项目应该是正当而有意义的。否则，只要稍动邪念，他就可能一下毁掉自己的信用、品格和成大事的机会。如果去仔细分析一个人失败的原因，就可知道多半是因为那人有着种种不良的习惯。

查尔斯·克拉克先生这样认为：

“很多人能够成就大事靠的就是获得他人的信任。但到今天仍然有许多商人对于获得他人的信任一事漫不经心、不以为然，不肯在这一方面花些心血和精力，这种人肯定不会长久地发达，可能用不了多久就要失败。我可以十分有把握地用一句话去奉劝想在商业上有所作为的青年人：你应该随时随地地去加强你的信用。一个人要想加强自己的信用，并非心里想着就能实现，他一定要有坚强的决心，以努力奋斗去实现。只有实际的行动才能实现他的志愿，也只有实际的行动才能使他有所成就。也就是说，要获得人们的信用，除了一个人人格方向的基础外，还需要实际的行动，任何一个青年人在刚跨入社会做事时，绝对不会无缘无故立即得到别人的信用，他必须发挥出所有力量来，在财力上建立坚固的基础，在事业上获得发展、有所成就。然后，他那优良的品行、美好的人格总会被人所发现，总会使人对他产生完全的信任，他也必定能走上成大事者之路。社会交往中，人们最注意的不是那个成大事者的生意是否兴隆，进账是否多；他们最注意的往往就是那个人是否还在不断进步，他的品格是否端正，他的习惯是否良好，以及他创业成大事的历史、他的奋斗过程。”

很多青年人都没有注意到：越是细小的事情，越容易给人留下深刻的印象。

要获得他人的信任，除了要有正直诚实的品格外，还要有敏捷、正确的做事习惯。即使是个资本雄厚的人，如果做事不知方圆，优柔寡断、头脑不清，缺乏敏捷的手腕和果断的决策能力，那么他的信用仍然维持不住。

别人宁愿去找信用可靠的人，也不愿再找他，因为他的不守信用可能会生出许多麻烦来。

在平时的人际交往过程中，人的第一印象往往是最深刻的，所以，我们一定要注意自己的第一印象。如果一个人能做到与人初次见面就达到一见如故的程度，那可真是妙之又妙。

通常，教师认为最有前途的学生往往就是那最能博得他欢心的孩子；老板认为最称心满意的店员，也就是那最能投合自己心理的人。

人类仿佛有一种共同的心理，那就是如果有人能使我们感到高兴喜悦，即使事情与我们的心愿稍有相背，也不太要紧。

我们生活中的许多例子都可以证明，能博得别人的欢心，获得人的信任，是为人处世必不可少的。要想博得人们的欢心、获得人们的信任，首先一条就是要有一种令人愉悦的态度，脸上要时时带着笑容，行动要轻松活泼。无论你内心中是否对别人有好意，但如果人们从你的脸上看不到一点快乐，那么谁也不会对你产生好感。

与人交流，最好要少说自己的身世、自己的遭遇和好恶，你应该学会做一个倾听者，常常流露出对别人的谈话兴趣，能仔细听对方说话。这样做对你自己丝毫无损，而你所表现出的对别人的同情却是他们心中最心爱、最重要的礼物。

任何事业要成大事者都需要持之以恒，同样，要获得别人的信任也是如此。良好的态度要一以贯之，千万不要今天扮了一天笑脸，明天难以自制而故态复萌，显出粗俗急躁的本性。一个志向高远、决心方圆做人的人，做任何事情都会有始有终，而不会半途而废，否则，绝难获得人们的信任。

10. 宽容——“让他三尺又何妨”

宽容不但是做人的美德，也是一种明智的处世原则，是人与人交往的“润滑剂”。常有一些所谓厄运，只是因为对他人一时的狭隘和刻薄，而在自己的前进路上自设一块绊脚石罢了；而一些所谓的幸运，也是因为无意中对他人一时的恩惠和帮助而拓宽了自己的道路，明白这个道理，也就向方圆做人又迈进了一步。

宽容犹如冬日正午的阳光，去融化别人心田的冰雪变成潺潺细流。一个不懂得宽容别人的人，会显得愚蠢，大概也会很快地苍老；一个不懂得对自己宽容的人，会为把生命的弦绷得太紧而伤痕累累，抑或断裂。

我们生活在一个越来越不忽视功利的环境里，但倘若太吝惜自己的私利而不肯为别人让一步路，这样的人最终会无路可走；倘若一味地逞强好胜而不肯接受别人的一丝见解，这样的人最终会陷入世俗的河流中而无以向前；倘若一再地求全责备而不肯宽容别人的一点瑕疵，这样的人最终宛如凌空于高处的山顶，因缺氧而窒息。

曾有人把人比喻为“会思想的芦苇”，弱小易变，因而情绪的波动随时都在改变对事物的正确了解。人非圣贤，就是圣贤也有过失之时，我们何以不能宽容自己和别人的失误？

宽容并不意味对恶人横行的迁就和退让，也非对自私自利的鼓励和纵容。谁都可能遇到情势所迫的无奈，无法避免的失误，考虑欠妥的差错。所谓宽容就是以善意去宽待有着各种缺点的人们。因其宽广而容纳了狭隘，因其宽广显得大度而感人。

在日常生活中，当自己的利益和别人利益发生冲突，友谊和利益不可兼得时，首先要考虑舍利取义，宁愿自己吃一点亏。郑板桥曾说过：“吃亏是福。”这绝不是阿Q式的精神自慰，而是圆满做事，方圆做人的高度概括和总结。清朝时有两家邻居因一道墙的归属问题发生争执，欲打官司。其中一家想求助于在京为大官的亲属张英帮忙。张英没有出面干涉这件事，只是给家里写了一封信，力劝家人放弃争执，信中有这样几句话：“千里求书为道墙，让他三尺又何妨？万里长城今犹在，谁见当年秦始皇。”家人听从了他的话，邻居也觉得很不好意思，两家终于握手言欢，反而由你死我活的争执变成了真心实意的谦让。

《菜根谭》中讲：“路径窄处留步，与人行；滋味浓的减三分，让人嗜。此是涉世一极乐法。”可谓深得处世的奥妙。有这样一个女人，总在喋喋不休地向人们说邻家的坏话。有一回她故意将一位朋友领到家里，指着窗外说：“您看那家绳上晾的衣服多脏！”可那位朋友却悄悄地对她说：“如果你看仔细点儿，我想你能弄明白，脏的不是人家的衣服，而是你自家的窗子。”

是啊，我们在同一蓝天下生活，为什么不学着去宽厚地待人，而是去轻易地指责呢？即使脏的真是邻家的衣服，我们为什么不能表示理解和容忍呢？要知道，这样做不会给我们造成任何损失，只会令我们在方圆做人的道路上获得更大的成绩。

努力去爱你不喜欢的人也是一种不可缺少的宽容。

李美毕业后初入社会，在某合资公司外贸部就职，不幸碰上一个爱拍马屁、什么本事都没有的主管。此人每天下班后没什么事儿也要跟着日本科长拼命“加班”，无事生非，把白天理好的文章弄得一团糟，转眼出了错，又把责任全部推给李美。李美不是一个会“争”的女孩子，只好忍气吞声等日本科长生出“火眼金睛”，结果等了三个月，还是等不来一句公道话。

一气之下，李美就去了另一家外资公司。在那里，她出色的工作能力博得了许多同事的称赞，但无论如何也没法使苛刻、暴躁的马经理满意。心灰意冷间，她又萌动了跳槽之念，于是向新加坡总裁递交了辞呈。总裁先生没有竭力挽留李美，只是告诉她自己处世多年得出的一条经验：如果你讨厌一个人，那么你就要试着去爱他。总裁说，他就曾像在鸡蛋里挑骨头一般在一位上司身上找优点，结果，他发现了老板两大优点，而老板也逐渐喜欢上了他。

李美依旧讨厌她的经理，但已悄悄地收回了辞呈。她说：“现在想开了，作为一个成熟的人应该放开心胸去包容一切、爱一切。换一种思维看人生，你会发现，乐趣比烦恼多。”她可以说已经成熟了许多，真正明白了圆满做事的道理。

卡耐基说：“如果一般说来你不喜欢他人，有个简单的方法可以教化这种特性：寻找别人的优点，你一定会找到一些的。”释迦牟尼说：“以爱对恨，恨自然消失。”试着去爱你不喜欢的人吧，他们也会喜欢你的。

当我们受到不公平的和很深的心灵损伤之后，我们自然对伤害者产生了怨恨情绪。一位妇女希望她的前夫和新妻的生活过得充满艰难困扰，一位男子希望那位出卖了他的朋友被解雇。怨恨是一种被动的和侵袭性的东西，它像一个化了脓的不断长大的肿瘤，它使我们失去欢笑，损害健康。怨恨，更多地危害了怨恨者自己而不是被仇恨的人。因此，为了我们自己，这个肿瘤必须切除。

然而这个肿瘤又如何能割除呢？小孩子张开小手，可以让抓在手中的彩蝶飞走，你能这样让心灵的创伤离你而去吗？

下面就是帮你实施宽恕的几点方法：

（1）正视你的怨恨

没有人愿意承认他恨别人，所以我们就把怨恨藏在心底。但怨恨却在平静的表面上奔流，损伤了我们的感情。承认怨恨，就等于强迫我们对灵魂施行手术以求早日痊愈，即做出宽恕的决定。我们必须承认所发生的一切事情，面对另外一个人直接地说："你伤害了我。"

丽兹是加里福尼亚大学的一名副教授，她是一个很称职的老师，她的系主任答应替她向教务长请求提升她。然而，在他向教务长提交的报告中却严厉地批评了丽兹的工作，以至于教务长对她说："走吧，你最好另谋职业。"

丽兹恨透了系主任对她的诋毁。但她还要从他那里得到一纸推荐书，以便另找工作。当系主任对她说："真抱歉，尽管我在教务长面前为你说了许多好话，但仍然不能使教务长提升你。"她假装相信他的话，但她难以忍受这口怨气。一天她将这口气直接向这位系主任吐露了，而他却断然否认了这件事。这使她看出他是多么可怜、多么卑鄙的人。于是她感到不值得和他生气，并最后决定把这桩事情抛在一边。

（2）将错事与做错事的人区分开

这就是说，对错事本身感到愤怒，而不是对做错事的人感到愤怒。要做到这点，首先应该重新估价这个人的优点、缺点，以及他做错事时所处的环境。凯西是一个16岁的头脑爱发热的少女，她小时候就被她的生身父母遗弃了，对此她十分愤恨。她不明白为什么她就不值得她的父母自己来抚养。后来她才发现她的生身父母很穷，并且生她时还未结婚。

后来，凯西的一位朋友怀孕了，在担惊受怕的情况下，把她的婴儿送给了别人抚养。凯西分担了她朋友的忧虑，并且意识到在这种环境下这样做是最好的办法。这使她逐渐认识到她自己的父母那样做也是对的——他们自己没有能力抚养孩子，他们把自己的孩子给别人抚养，是因为他们太爱孩子了。凯西对自己父母的新看法促使她的怨恨逐渐降低，并最终谅解了生身父母。从此她更看重自己的富有生命力的、有价值的人生了。

（3）过去的事情就让它过去

一位漂亮的女演员几年前在一次车祸中成了残废。她的丈夫陪伴着她，直到她几乎完全康复。然而，他却冷酷迅速地离开了她。

她只好沉湎在美好往事的回忆之中。对于未来，她只有愤恨。但最终她还是宽恕了他。她说：“如果我只是终日地沉湎于对他旧日的情爱的回忆之中，整天只是怨恨他的冷酷。那么，我只有终日流泪的份，于我的身体有害无益。让过去的事情过去吧，我需要的是获得未来的幸福。”

人生不过短短数十年，每个人都是握着手而来，撒手而去，何必让那些怨恨和愤怒再纠缠心间，妨碍我们今天的幸福呢？当你明白了这个道理，你就可以把握方圆做人的真谛之所在了。

11. 巧妙应对难堪言行

在生活中处处都存在着冷语，每个人都难免偶尔遭受冷遇的攻击。冷言冷语多得难以分门别类，但有一点是可以肯定的，这些话都会使你心烦意乱，情绪低沉。本能地进行反击，其后果往往是讽刺挖苦、侮辱打击的恶性循环。正确的办法是拔掉“倒刺”，提高自尊，以方圆处世之道处理这些难堪的言行。如果你下次遇到冷语，不妨照下面的方法去试试：

（1）探究缘由

心中窝火容易使人出语伤人。如果你的确不明白是什么地方得罪了别人，最好的办法就是问一问。记住，并不是每个人都存心要找你的麻烦，因此，要退回一步，找出根源。

女招待之所以冲你发火，也许是因为昨晚她在男朋友那里受了委屈。司机超车插到你前面也许并不是为了和你比高低，而是送重病的孩子上医院。当你这样去假定他人是无辜的时候，你就会为你的宽厚和善意而感到快慰。

（2）正视挑衅者

顶住侮辱并非易事。办法之一是针锋相对，用严肃的对答来对付消极的评价，如你可以说："你有什么理由来伤害我的感情"或"要知道你的话也许会对别人有用"。

作为一种选择，你可以要求挑衅者澄清他的原意："你这话是什么意思"或"我希望能弄清你的意图"，一旦挑衅者意识到你识破他的意图时，他们就会停止挑战。没有比行动被识破更丢脸的了。

（3）运用幽默

有人曾对玛丽说："一条新裙子？这布料更像是用作包椅子的。"

玛丽回答说："那好，坐到我膝盖上来。"

路茜的母亲苛刻得简直像有洁癖。

一天，母亲发现女儿厨房里有蜘蛛网。"那是什么？"她故作吃惊地问。

"一项科学工程。"路茜幽默地回答说。

让生活闪光是对付攻击的最佳武器。急中生智几乎可以击败一切对手。

（4）设置信号

戴丝的丈夫喜欢在公共场合出她的丑，她的对策是携带一块小手帕，每当丈夫出语伤她时，她就把手帕放在额上，他尴尬得只好住嘴。

（5）顺水推舟

接住话头是个好主意。例如，如果你妻子说："你重了20磅了，亲爱的。"你就回答说："准确地说是重了近25磅。"语言之所以有力，是因为你承认了它的力量。当你顺水推舟时，你就能使它失去活力。

（6）不屑一顾

他人的评论并不“属于”你，因此你完全可以不理睬它。原谅是我们能够培养的最重要的生存技巧。

如果你还没有完全准备好，那就让说话人知道你听见他的话了，但不想做反应。下一次他再伤害你，你就佯装擦去裙子上的污点。当他问你在干什么时，你就说：“噢，我以为什么东西在咬我，我肯定搞错了。”一旦他明白其意时，他就会变得谨慎又谨慎。

你也可以装作没兴趣，眨眨眼睛，打个呵欠，环顾左右，皆在告诉他们：怎么这样讨人厌？任何人都不愿自己遭人厌的。

（7）拒绝接受

一个男人出语伤害布达赫后，布达赫说：“孩子，如果有人拒绝接受一份礼物，那这份礼物会属于谁呢？”那人回答说：“当然是属于送礼物的人。”

“那就好了，”布达赫说，“我拒绝接受你的指责。”

世界上有许多人喜欢通过贬低别人来建立自己的价值，他们口袋里装满轻蔑，他们随时都可能取出来交给别人。拒绝接受他们的侮辱伤害，巧妙地还给他们，这样你就会减少紧张，增加快乐。

公然直接羞辱人的言语不论怎样，都有一个共同点：说话的人很冲动，而且被逼得无话可说，你不可以被他的一句辱骂感染而变得像他一样失去理智。应付他的基本对策是保持冷静，这样才能够稳操胜券。下面列举几种对待侮辱性语言的方法：

1．“你说话之前应该先想想。”

什么人说话之前不先想过呢？对方这样说，并不是真的提醒你去运用思想，而是指责你说了令他不悦的话。

在这种情况下，你可以试着选用下列方法应付：

方法一，你把重点放在时间问题上：“哦，那么‘以后’该怎样呢？”

方法二，接受他的好意：“好，我尽力而为就是。不过，我一向习惯在你说话之前先想。”

方法三，采取幽默的态度，为他抱不平："可是我想了你不想，对你不是太不公平了吗？"或"我在这儿想，冷落了你，太失礼了"。

方法四，报以微笑，然后默默不语，如果他不耐烦了，想再说什么，你就打断他："嘘……！我正在想呀。"

2．"你父母是怎样教养你的？"

谈话之中突然牵扯到你的父母，这是最令人冒火的事，但是你千万别为父母受了指责而生气，对方与你父母无冤无仇，并不真打算侮辱他们，他的目标是惹你发火。

在这种情况下，你可以试着选用下列方法应付：

方法一，装傻充愣。你说："我是爷爷奶奶带大的。"

方法二，侧面躲避。你默默想一会儿，再说："我记不得了，恐怕得麻烦你自己去问他们。"

方法三，正面回击。可以做肯定的答复回敬他："我只记得一点，那就是不可以问这样没礼貌的问题。"

3．"我不要跟你这种人讲话。"

这样可恶的人决定不和你讲话，是你该觉得幸运的事，你就该坦白表示出来。

在这种情况下，你可以试着选用下列方法应付：

方法一，"啊，太好了！"，"真是老天有眼"。

方法二，他这句话是对你讲的，你当然可以说："哦？抱歉，我还以为你是在和我讲话。"

方法三，对付这种无礼言辞的另一个方法就是假装没听见："你说什么？""你是说……？""我没听见，你再说一遍好吗？"不管他是否肯再说，都是他输了。假如他果真糊里糊涂再说一遍，你就以牙还牙："抱歉，你这种人说的话我听不见。"

4．"你自以为是什么人？"

这样的话是要你对自我认识产生疑问——你为什么说出这种话？

在这种情况下，你可以试着选用下列方法应付：

方法一，不要动怒，索性把他的话说清楚："依你的意思，我要是某某人才够资格和你说话，是吗？"

方法二，谦和一点，请教他："我倒没想过这个问题，你常常自以为是什么人吗？"

方法三，用开玩笑的方式："我不大确定，不过我一定算是个人物吧，有不少人给我写信呢。""现在吗？我自以为是受害者。""不管是谁，反正是你没听过的人。"或者干脆指指旁边的人："我自以为是他，你再问问他自以为是谁。"

5. "你少来这一套。"

这是不太重的话，即便是当众以不周的语气对你说了，你仍应该礼貌地答复。回答的方式不外乎一般客套："不必客气。""请笑纳。"

如果是你说的一句话惹怒了对方，而使他说出这样的话，你觉得他的怒意莫名其妙，你的话可以说重些："本是你应得的，何必恭维！"

不要被别人的冷言冷语所伤害，要想方圆做人，就必须有"大肚能容天下事"的精神，只要你最终走向了成功，何必在乎别人给你的难堪呢？

12. 攻心为上，让对方和你同悲同喜

人处世间，难免有求人帮忙的时候。但对方能不能答应请求，那是另外一回事，一要看你与对方关系如何，二还得看看你攻心的技巧，所谓攻心为上，懂得怎样方圆做人的人都深谙此道，运用请求的方法就有意想不到的效果，圆满做事的成功奥秘就在这里。

一句充满人情味的请求话，比通盘大道理更有说服力，因为人还是比较重情义的。

生活中常常可以看到，适应对方的心理需求而提出诚恳的请求，往往是成功的说服方法。

请求别人，要把握恰当的时机，对方时间宽裕，心情舒畅时，请求他做点事得到答应的可能性很大；相反，对方心境不佳时，你的请求可能只会令他心烦；对方正忙于某项事情时，你提出请求一般很难得到确定的答复。

请求别人，要注意礼貌，“请”字当头，因为毕竟是你有求于人，如果请求别人对疑难问题指点迷津，应说：“请教一个问题，可以吗？”你不知道去市体育中心的路，应向路人问：“请问到市体育中心的路怎么走？”在商店买东西，你应对服务小姐说：“请把那个文具盒给我看看。”风从窗口吹进来，你对坐在窗边的小刘说：“请关一下窗，好吗？”凡有请求必须使用请求语，这样对方容易接受。

请求别人，还要端正态度，注意语气。请求别人虽无须低声下气，但也绝不能高人一等，非得别人答应不可，而应当语气诚恳，平等对待。要有协商的语气，如“劳驾，让我过一下，行吗？”“对不起，请别抽烟，好吗？”“什么时候有空请跟我打打球，怎么样？”

同时，还要体谅对方的心理：“我知道这事对您来说不好办，但我实在没有办法，只好难为您了。”

当有客观原因，对方不能答应请求时，你不要抱怨、愤怒，甚至是恶语相加，你还得还礼道谢：“谢谢你！”“没关系，我再找找别人。”“没事，你忙你的去吧。”这样对方在有条件帮忙时肯定会鼎力相助；如果你不能体谅对方，竟对对方施以抱怨，这等于堵死了再次向对方提出请求的通路。

让别人办事时，应该考虑对方的感情，看他是否乐意，心中有何想法，是否接受请求。

因为人是感情动物。我们主观上讲逻辑讲道理，但不应该忽视感情这一点。如果你想跟别人建立成功的关系，就要考虑到别人的感情。正如保罗·帕卡所说："在与人交流中讲感情比讲理性更能成功。"

例如有个故事，说的是一位女士进一家鞋店买鞋。鞋店的一位男店员态度极好，不厌其烦地替她找合适的尺码，但都找不到。最后他说："看来我找不到适合你的，你一只脚比另一只脚大。"

那位女士很生气，站起来要走。鞋店经理听到两人的对话，于是叫女士留步。男店员看着经理劝那女士再坐下来，没过多久一双鞋就卖出去了。

女士走后，那店员问经理："你究竟用什么办法做成这生意的？刚才我说的话跟你的意思一样，可她很生气。"

经理解释说："不一样啊，我对她说她一只脚比另一只脚小。"

经理就是经理，懂得圆满做事的道理，他也把真相告诉那位女士，但他考虑到她的感情，而且跟她说话时讲究技巧，又带着尊重。他从那位女士的角度看问题，所以成功了。看出别人的感情，然后以尊重的态度为别人考虑，这种本领真是十分有用的。正如小说家约瑟夫·康拉德说的："给我合适的字眼，合适的口气，我可以把地球推动。"

只有考虑到别人的情感，照顾到别人的情绪，在请人办事时才有可能被人接受，不致于被一口回绝。

你需要知道别人的感受，并且在处理自己的事时把这点也考虑进去。不这样做就是贸然行动，徒然让别人看轻你。通常在你认为你有考虑别人的感受时，你真的在做的，只不过是想如果你站在他们的立场时，你会怎么做。如果不再揣测别人的感受，又没有从对方处得到足够的讯息，你可能只会暴露对别人了解的不足。一旦你把这些莫须有的看法套在别人身上，别人就会对你失去信心，他们会因为你不了解他们而觉得受到伤害，有时候在极端的情况下，他们会觉得受到玩弄而变得反抗性十足。

你得注意每个人都有相当多不同的个人经验，而在你能够接近他们或者改变他们的看法之前，这些经验构成了他们对事情的看法。要改变别人的态度，通常即意味着要开启他们潜藏在背后的情感，然后提供更好、更有用的其他选择给他们。

记住：对别人而言，你是站在围墙的另一边，所以他只能从他的利益观点来看事情。考虑一下他的看法、感觉是什么，还有为什么。他知道他的问题在哪里，大概相信比较起来你的问题还比较次要，这又有部分是源自每个人固有的孩子气且以自我为中心的观点。

如果你想要开始了解别人，你必须这样做：让他们说话，并试着让自己站在他们的立场上。有求于人时更应如此。

在运用攻心方法时，只有缩短两人之间的心理距离，才能提出让别人给你办事。

某位评论家在杂志上提到的，在百货公司买衬衫或领带时，女店员总是会说："我替你量一下尺寸吧！"每当这时，这位评论家都会在心中喝彩道："嗯！这种方法真不错，我上当了。"

这是因为对方要替你量尺寸时，她的身体势必会接近过来，有时还接近到只有情侣之间才可能的极近距离，使得被接近者的心中，涌起一种兴奋感。

每个人对自己身体四周的地方，都会有一种势力范围的感觉，而这种靠近身体的势力范围内，通常只能允许亲近之人接近。这位评论家允许别人进入他的身体四周，就会有种已经承认和对方有亲近关系的错觉，这一原理对任何人来说都是相同的，要圆满做事，这也是一种好的方法。

本来一对陌生的男女，只要能把手放在对方的肩膀上，心理的距离就会一下子缩短，有时瞬间就成为情侣的关系。推销员就常用这种方法，他们经常一边谈话，一边很自然地移动位置，挨到顾客身旁。

因此，只要你想及早造成亲密关系，就应制造出自然接近对方身体的机会。

每个人都有这样的同感，就是和初次见面的人面对面谈话，真是一件不好受的事。这是因为两人的视线极易相遇，而导致两人之间的紧张感增加。

一位富豪说过，如果有他不愿意借钱的人向他借钱，他就会和他面对面交谈。因为这样谈话会使对方紧张而不敢乱开口，即使借给了他也不敢不还。而相反借钱不还的，都是坐在旁边位置谈话的人。

与人交谈时坐在旁边的位置，自然就会轻松下来，这是因为不必一直意识到对方的视线，而只在必要时看他的视线即可。通常，比较重要的见面，都会为了使对方不紧张，并且令对方说出真心话而使用各种办法，其中之一就是在室内放一盆花，以便有一个让他转移视线的对象。另外，就是坐在对方旁边的位置与之交谈，对亲近感的增加很有帮助。“远交近攻”，只有缩短双方的心理距离，才能有效地实施攻心之术。

每个人都有这样的经验，在出门上班前，如果夫妇二人发生争吵，那么整天的工作情绪，一定会被破坏无遗。你会由于不愉快的心情，而对同事不满，即使是未曾会见的客人，也会把他想成“讨厌的人物”，找出许多理由，避免与之接洽。

这一切的不顺遂，都起因于出门前夫妇的争吵。而这种不愉快的心情，不仅传染给同事和初次见面的客人，甚至影响这一天所看所听到的事情。有的心理学家称之为“感情的同一性”。上述情形，便是消极的同一性。

相反，就是积极的同一性。例如，子女高考榜上有名，那么，平常对同事的不礼貌举动非常在意，今天会变得无可厚非。

当你与自己所要求助的对象见面时，也要利用积极的同一性，保持愉快的心情，这样自然能缓和紧张胆怯的情绪。

如何使自己快乐起来呢？你如果喜欢欣赏绘画，那么就到附近的美术馆走一走，如果喜欢玩游戏机，那么就去玩一会儿，以培养愉快的情绪。那些事业成功，善与人相处的人，都非常懂得如何将消极的同一性，转换成积极的同一性。

尤其与人初次会面时，更需运用这种技巧。事前有不愉快的心情，只会留给对方不愉快的印象而已。若遇到不愉快的事，应设法做一些快乐的事，使气氛快活起来。

记住，你要是能够使气氛活跃，你做事的成功概率就会增加至少一半。

13. 最大的礼貌——见面说出名字

方圆做人，一种最简单、最明显、最重要的获得好感的办法，那就是记住他人的姓名，使他人感觉重要。

1898年，纽约的一个乡村发生了一起悲惨的事件。村里有一个孩子死了，邻人正预备赴葬。那大地上积满了雪，大气寒冷。发来到马棚去驾马，那马好几天没有运动了。当它被引到水槽旁时，它在地上打转，双蹄腾空，竟将发莱踢死。在那一星期里，这个小小的村子就举行了两次丧礼。

发莱遗下一个寡妇，三个孤儿，还有几百美元的保险。

他10岁的长子吉姆到砖厂去工作，任务是把沙倒进模型中，然后将砖放到一边，让太阳晒干。这男孩从未有机会接受教育，但因为有爱尔兰人乐观的性格和讨人喜欢的本领，所以他后来参政了，多年以后，他养成了一种非凡的记忆人名的奇异能力。

他从未见过中学到底是什么样子，但在他46岁以前，4所大学已赠他学位，他成为民主党全国委员会的主席，美国邮政总监。

我有一次访问吉姆，问他成功的秘诀。他说："苦干。"我说："不要开玩笑。"

他问我，我以为他成功的原因是什么。我回答说："我知道你能叫出1万人的名字来。"

"不，你错了，"他说，"我能叫出5万人的名字！"

正是他的这种能力帮助罗斯福进入白宫。

在吉姆为一家石膏公司做推销员四处游说的那些年中，在他担任村书记员的时候，他发明了一种记忆姓名的方法。

最初，方法极为简单。无论什么时候遇见一个陌生人，他就要问清那人的姓名，家中人口，职业特征。当他下次再遇见那人时，尽管那是在一年以后，他也能拍拍他的肩膀，问候他的妻子儿女，问他后院的花草。难怪他得到了别人的追随！

在罗斯福开始竞选总统之前的数个月，吉姆一天写数百封信，发给西部及西北部各州的人。以后他跳上火车，在19天中，用轻便马车、火车、汽车、快艇游经20个州，行程12000里。他进入一个城镇，同他们倾心交谈，然后再驰往下段旅程。

回到东部以后，他立刻给他所拜访过的城镇中的某个人写信，请他们将他所谈过话的客人名单寄给他。到了最后，那些名单的名字多得数不清，但名单中每个人都得到吉姆一封巧妙谄媚的私函。这些信都用"亲爱的比尔"或"亲爱的杰"开头，而它们总是签着"吉姆"的大名。方圆做人的方法原来就这么简单！

吉姆在早年即发觉，普通人对自己的名字最感兴趣。记住他人的姓名并十分容易地呼出，你便是对他有了巧妙而很有效的恭维。但如果忘了或记错了他人的姓名，你就会置你自己于极不利的地位。例如我曾在巴黎组织一次演讲的课程，我给城中所有的美国居民发出过一封印刷信。这位法国打字员英文不好，填打姓名，自然有错。有一个人是巴黎一家美国大银行的经理，写给我一封恼人的责备信，因为他的名字被拼错了。可见，记住人家的名字对对方是多么重要！

钢铁大王卡内基成功的原因是什么？

虽然他被称为钢铁大王，但他自己对钢铁制造懂得很少。因为他有千百人替他工作，他们懂得钢铁要比他多得多。

但他知道如何与人相处——那就是使他致富的原因。在早年，他即表现出组织的才能、领袖的天才。他到10岁的时候，也发觉了人们对于名字的惊人重视。他利用这一发现去获得与人合作的机会。当他是苏格兰的一个小孩童时，曾得到一只公兔和一只母兔。他不久就有了一窝小兔——可是没有东西喂它们。但他有一个聪明的主意，他告诉邻近的孩子们说，如果他们愿意出去采集充足的蒲公英与金花菜喂小兔，他可用他们的名字命名兔子，以纪念他们。

这一计划功效神奇，卡内基从中领悟到了方圆做人的道理，并永远不忘。

多年以后，卡内基在商业上应用同样的心理学原因，并因此获得了巨额利润。例如，他要将钢铁路轨售予宾夕法尼亚铁路。汤姆生当时是宾夕法尼亚铁路局的局长。所以，卡内基在匹兹堡建造了一所大钢铁厂，命名为“汤姆生钢铁厂”。

当卡内基与普尔门互相竞争卧车经营权时，这位钢铁大王又想起了兔子的教训。

卡内基所统制的中央运输公司与普尔门所经营的公司都要争得联合太平洋铁路卧车的经营权。为此，他们互相排挤、削价、损伤所有获利的机会。有一晚卡内基在圣尼古拉旅馆遇到了普尔门，他说：“晚安，普尔门先生，我们两个不是在作弄自己吗！”

“你是什么意思？”普尔门问道。

于是卡内基讲出了他心中的想法——将他们双方的利益合并起来。他用鲜明的辞句，叙述互相合作而非竞争的彼此利益。普尔门注意静听，但未完全相信。最后他问道：“这新公司你将叫作什么？”卡内基立刻回答说：“啊，当然是普尔门皇宫卧车公司。”

普尔门的面孔发起光来。“到我房里来！”他说，“我们来详细谈谈。”那次谈话创造了实业界的奇迹。

卡内基这种记忆与尊敬朋友及同事名字的策略是他成为商界领袖的一大秘诀。他能叫出许多工人的名字，这是他引为自豪的事。并且他自夸说，当他亲自管理的时候，从未有罢工之事发生。

贝德茄斯基也是如此，他一直称他的专职黑人厨师为“考伯先生”，这使他感到自己的重要。他曾15次周游美国，为全国广大热烈的听众演奏。每次他乘专车旅行，都由同一厨师为他预备午夜餐，在音乐会结束后吃。在那些年中，贝德茄斯基从未用美国普通的称呼，叫他“乔治”。他一直传统地称他为“考伯先生”，而考伯先生也喜欢别人这样称呼他。

人们极重视他们的名字，因而他们竭力设法使之延续，即使牺牲也在所不惜。

200年前，富人常以金钱来换得作家将书献给他们。

图书馆、博物馆的丰富藏书，常由一些不愿自己的姓名日后被人遗忘者处得来，如纽约公共图书馆有爱斯德与李诺克斯的藏书，京都博物馆永远留着爱德门与马根的名字。几乎每座教堂都点缀着彩色玻璃窗，纪念捐赠人的姓名。

多数人不记得姓名，只因为他们没有下必要的功夫与精力把姓名牢记在心。他们给自己找借口：他们太忙。

但他们大概不会比罗斯福更忙，罗斯福甚至对所接触的机械师的名字也用功夫去记忆。克莱斯勒汽车公司为罗斯福先生制造了一辆特别汽车，张伯伦及一位机械师将此车送交至白宫。张伯伦回忆道：“我教罗斯福总统如何驾驶一辆装有许多特别装置的汽车，而他教我许多关于处理人际关系的艺术。”张伯伦所说的也就是方圆做人，圆满做事的艺术。

张伯伦先生写道：

当我到白宫访问的时候，总统非常愉快，他呼我的名字，使我感到非常安适，给我留下深刻印象的是，他对我要说明及告诉他的事项真切注意。这辆车设计完美，能完全用手驾驶，罗斯福对围观的那群人说：“我想这车极奇妙，你只要按一下开关，即可开动，你可不费力地驾驶它。我以为这车极好——我不懂它是如何运转的。我真愿意有时间将它拆开，看看它是如何发动的。”

当罗斯福的许多朋友及同人对这辆车表示羡慕时，他当着他们的面说：“张伯伦先生，我真感谢你，感谢你设计这车所费的时间精力。这是一件杰出的工程！”他赞赏辐射器、特别反光镜、钟、特别照射灯、椅垫的式样、驾驶座位的位置和衣箱内有不同标记的特别衣框。换言之，他注意每件细微的事情。他特别注意将这些设备使罗斯福夫人、劳工部长及他的秘书波金女士注意。他甚至还对老黑人侍者说：“乔治，你特别要好好地照顾这些衣箱。”

当驾驶课程完毕之后，总统转向我说：“好了，张伯伦先生，我想我该回去工作了。”

我带了一位机械师到白宫去，他被介绍给罗斯福。他没有同总统谈话，而罗斯福只听到他的名字一次。他是一个怕羞的人，避在后面。但在离开我们以前，总统找寻这位机械师，与他握手，呼唤他的名字，并谢谢他到华盛顿来。他的致谢绝非草率，确是一种真诚，我能感觉得到。回到纽约数天之后，我接到罗斯福总统亲笔签名的照片，并附有简短的致谢信，再次对我给他的帮忙表示感激。他如何有时间这样做真令我感到奇妙无比！

罗斯福知道一种最简单、最明显、最重要的获得好感的办法，那就是记住他人的姓名，使他人感觉重要——但我们中有多少人这样做呢?

很多时候，我们被介绍给一位陌生人，谈几分钟，在临别的时候，连那人姓什么都不记得。

一个政治学家的第一课就是：“想起选举人的姓名是从政之才，忘记就是湮没。”

记忆姓名的能力在事业与交际上的重要性，同在政治上差不多同等重要。

法国皇帝拿破仑三世，即伟大的拿破仑的侄子，曾自夸说，虽然他公务很忙，但能记住每个所见过的人的姓名。

他采用的是何种方法呢？其实很简单。如果他没有听清楚对方的姓名，他就说："对不起，我没有听清你的姓名。"如果是一个不常见的姓名，他就说："告诉我是如何拼的？"

在谈话中，他费心地将姓名反复记忆数次，并在脑海中将姓名与这人的面孔、神色及其他外观联系起来。

如果这人很重要，拿破仑就更费事了。在他独处的时候，即刻将这人的姓名写在一张纸上，注意观看，牢记在心，然后就将纸撕破。这样，他看到的印象与听到的印象就完全一样了。

所有这些事都费功夫，但爱默生说："好礼貌是由小的牺牲换来的。"

所以，如果你要他人喜欢你，那就应该记住他人的姓名，它是语言当中最甜蜜最重要的声音，是方圆做人的最基本的方法。

第三章

受人欢迎的处世秘诀

1. 确定自己做人处世的角色

在社会生活中，每个人都扮演着不同的角色，从社会人际关系学的角度来讲，人都处在两个层次的社会关系之中：一是每一个人都归属于一定的民族、阶级或党派，生活在一定的国度，处于人际间的宏观关系之中；二是每一个人都有亲属、同事、上下级和业务联系等关系，处于人际间的微观关系中。每个人总是要同时以“宏观身份”和“微观身份”来对待和处理人际间的各种关系。不管是国家同国家之间的冲突与联合，阶级同阶级之间的抗争与妥协，还是个人同集体的对立与协调；不管是人们痛苦的离别，还是快乐的团聚；不管是深深的思念，还是暗暗的诅咒；不管是善意的劝告，还是恶意的挑拨；不管是残酷的争斗，还是友好的合作；不管是虚伪的应对，还是真诚的共处；不管是冷漠的相待，还是热情的交往……所有这些，都在人际间发生、发展、变化。也正是这些人际间的悲欢离合，冷暖亲疏，构成了纷繁复杂的社会。

莎士比亚有一句名言：“世界是一个大舞台，每个人都扮演一个重要的角色。”一个人要在社会上取得成功，首先要确定自己在社会上的角色。

确定自己的角色就是要明确自己的人生目标，给自己在社会生活中定位。

卡内基曾经这样总结自己的教训：当我由密苏里州的乡下到纽约去的时候，我进了美国戏剧学院，希望能做一个演员。我当时有一个自以为非常聪明的想法——一条到达成功的捷径，这个想法非常之简单，非常之完美，所以我不懂得为什么成千上万富有野心的人居然没有发现这一点。这个想法是这样的：我要去学当年那些有名的演员怎样演戏，学会他们的优点，然后把每一个人的长处学下来，使自己成为一个集所有优点于一身的名演员。多么愚蠢！多么荒谬！我居然浪费了很多时间去模仿别人，最后终于明白，我一定得维持本色，我不可能变成任何人。

这次痛苦的经验，应该能教给我长久难忘的一课才对，可是其实不然。我并没有学乖，我太笨了，希望那是所有关于公开演说的书本中最好的一本。在写那本书的时候，我又有了和以前演戏时一样的笨想法。我打算把很多其他作者的观念，都“借”过来放在那本书里——使那本书能包罗万象。于是我去买了十几本有关公开演说的书，花了一年时间把它们的概念写进我的书里，可是最后我再一次地发现我又做了一件傻事：这种把别人的观念整个凑在一起而写成的东西非常做作，非常沉闷，没有一个人能够看得下去。所以我把一年的心血都丢进了废纸篓里，整个地从新开始。这一回我对自己说：“你一定得维持你自己的本色，不论你的错误有多少，能力多么地有限，你都不可能变成别人。”于是我不再试着做其他所有人的综合体，而卷起我的袖子来，做了我最先就该做的那件事：我写了一本关于公开演说的教科书，完全以我自己的经验、观察，以一个演说家和一个演说教师的身份来写。

卡内基取得了成功，是因为他终于明确了他自己的社会角色，从他自己的角度来从事社会活动。

人对自己角色的确定，一方面是自我评价，一方面是他人评价，同时也是由社会分工确定的。所以，人的社会角色也是在不断地发展变化的。每个人都要根据角色的发展变化，及时调整自己的心态，才能够在社交中受到欢迎，建立良好的人际关系。

现在有些人在台上的时候，很得意，一旦下了台，就灰溜溜的，不知所为。相反，有些人自以为很能干却得不到领导的赏识，整天牢骚满腹，一生就在这种牢骚中度过。这些人都是不能正确面对自己的社会角色，难以做到方圆做人，难以进行正常的社交活动，当然也难以圆满去做事了。

其实，人对自己角色的认同，就能使人保持一个平常的心态，在自己的位置，以自己的身份和能力，做好自己的事情，与周围的人建立友好的关系。

有一位诗人写了一首诗，值得我们每一个人欣赏、借鉴：

如果你不能成为山顶的一株松，
就做一丛小树生长在山谷中，
但须是溪边最好的一小丛，
如果你不能成为一棵大树，
就做一丛灌木，
如果你不能成为一丛灌木，
就做一片绿草，
让公路上也有几分欢娱。
如果你不能成为一只麝香鹿，
就做一条鲈鱼，
但须做湖里最好的一条鱼。
我们不能都做船长，
我们得做海员，
世上的事情，多得做不完，
工作有大的，也有小的，
我们该做的工作，就在你的手边，
如果你不能做一条公路，就做一条小径，
如果你不能做太阳，就做一颗星星。
不能凭大小来断定你的输赢，
不论你做什么都要做最好的一名，
明确了自己的角色，你才能在社会的舞台上成功地表现自己。

2. 要想方圆做人，就要走出自我封闭的圈子

有一位女孩小敏，读高中一年级。随着青春期的到来，她慢慢地产生了摆脱父母的心理，开始有自己的书房和小书桌，每天偷偷地写日记后，藏在抽屉中，不让妈妈看。她希望用自己的内心去体验世界，可是面对纷繁的现实世界、繁杂的人际关系以及沉重的学习压力，小敏又感到一种内心的不安全感。于是，她开始变得孤僻，害怕人际交往，在内心中产生一种莫名其妙的封闭心理。有时，一个人跑到小河边望着宁静的河水流泪，顾影自怜。她渴望与同学进行交往，羡慕其他同学快快乐乐、无忧无虑地参加集体活动，可她却又害怕主动与别人交往，还抱怨别人对她不理解、不接纳。

这种心理特征就是心理自我封闭，与外界隔绝，孤单寂寞，生活在个人小圈子，难以与人交往，发展到一定程度，就成为一种心理疾病。

为什么会有这样一种自我封闭心理?

一般来讲，有这么几个原因：

一是由于过分自尊的心理所致。世界著名心理学家马斯洛的自我实现心理学，提出了人的自尊需要。其实，每个人都希望自己得到公众的尊重和喜欢，但是这种自尊的需要仅仅是自己本人的一种希冀，能否在事实上得到，则取决于公众对自己言语、举止、行动的评价和肯定。如果说将自尊的需要作为一种行动去指导自己的行为，这本没有理论上的错误。问题是这种自尊心理不能过分。一个人在社交中过分自尊，心理占据指导和支

配地位，就会怕自己的行为失当，担心人们会怎么看待自己。甚至有时会因为过分自尊心理之故，而不愿与比自己强的人交往，担心相比之下，会掉自己的“价”，失去尊严。如此思来想去，就会把自己封闭起来，不与外界往来，成为孤家寡人，慢慢地就难以适应现代社会了。

二是由于自卑情绪所致。自卑是人们对自己虚设的一种自我否定，也就是说“自己瞧不起自己”，缺乏自信和自强。这种心理一般表现为害怕失败，或者说不能正确对待失败。日本有学者研究认为有自卑感的人，一般属于下列十种类型之一，或是合乎其中两种以上：

（1）为了追求超过限度的愿望而心焦气躁。

（2）由于企求赞赏的愿望太迫切，不时行之于言表，反过来责备别人。

（3）产生自己是十全十美的错觉，因而自以为能够产生本身产生不了的力量。

（4）企盼做出超出能力的事，由于达成无望，因而经常消极地嘲笑自己。

（5）曾经在竞争上输给过别人，却一直难以忘怀。

（6）被别人的成功所压倒，叹息“红运”没有降临到自己头上。

（7）没有测量自己的尺度，总是以别人的尺度测量自己。

（8）逢人便说：“我的工作条件不好怎能成功？”借此逃避自己的责任。

（9）经常担心被别人看穿了自己的烦恼，因此与人接触总是戒意在先。

（10）不敢面对缺乏能力的自己——刻意逃避自己，事实证明，有自卑感的人，总是畏畏缩缩，社交时自然“不战自败”。

三是受羞怯心理的影响。怕羞者常常担心自己被别人否定，他们总是把别人看作自己的法官，这样一来，跟其他人在一起就会感到不自在。特别是和名人或比自己水平高的人交往，这种“不自在”好比芒刺在背。久而久之就会把自己封闭起来，不与他人往来。

四是愚昧无知所致。一位西方心理学家指出："愚昧是产生惧怕的源泉，知识是医治惧怕的良药。"例如他人正在谈论的一个话题，如果一个根本不知晓此类问题的人，在这种社交场合下，他若是不介入谈论，就会明白地告诉他人自己是无知于此道；若是介入谈论，便会由于无知而"出丑"，所以这种进退维谷的局面，便会使他封闭自我，不参与社交，孤立于一隅。

要想方圆做人，就要走出自我封闭的圈子，就要克服上述心理障碍，正确认识自己，勇敢面对社会面对他人，走向圆满成功的人生。

（1）要有社交成功的愿望。只要你想进入大家的圈子，想成为社交的一员，想受到大家的欢迎，想有许多朋友，你就会努力去学习社交，你就会调动你的一切智慧去掌握社交的技能，你最终就会学会社交。

（2）要敢于表现自己的长处。每个人都有自己的长处，只要你相信自己有能力去和别人交往，你就会发展自己的长处，不断地显示自己的长处，你就会吸引别人的注意，你就会找到自己的志同道合者。不要怕自己不行，要相信自己会比别人做得更好，只要你有自信，你就会使自己的长处得到充分的发挥。

（3）在别人面前承认自己的缺陷与不足，不但不会丢脸，反而会赢得别人的尊敬。每个人都有自己的短处，敢于承认自己的短处的人是最勇敢的人。很多人不敢在别人面前承认自己的缺陷和不足，就害怕别人看不起他，其实"头上的烂疮疤盖是盖不住的"，只有承认它的存在，才有改正的可能。另外，每个人都有不足，你承认自己不足也没有什么可丢人的。相反，你承认自己不足大家会认为你是个诚实的人，值得信赖，就会愿意结交你，和你成为朋友。

（4）多与别人交谈，敞开心扉，能容他人，他人也就能容自己。话是开心的钥匙，只要与人交谈就会收到交际的效果。多与人交谈就会渐渐地敢于说出自己的心里话，就会与人坦诚相待，就会容许别人发表自己的见解，彼此相容就会达成一致，就会建立友谊，你也就学会了交际。

3. 真诚为人，方圆涉世

一位老师，据说是中国经济与法律结合方面的第一人——法律系的博士又读了经济系的博士后。按说，这样一个老师应该是学识渊博，大受欢迎的。可事实恰好相反，大家对他的评价反倒不如那些整天抱着讲义照本宣科的老师。

原因何在呢？的确，这个老师有着丰富的知识，同时大量的实践经验使他的课讲得深入浅出，但坏就坏在他没有点技巧。讲到“股份有限公司”就眉飞色舞地讲某年某月他策划了一个事情，讲到上市公司就手舞足蹈地回忆他当初参与的一个招股公告。其实，本来对一个有着极高学历的兼职律师来讲，参与了这些事情不足为奇，可按照他讲的语气、方式来推理，天下没有他没干过的事了。久而久之，大家便带着一种玩笑的态度看他在课堂上“表演”了。

这个老师为什么如此地“痴”呢？想来想去，最后发现原因在他第一堂课的一句话上：一定要把理论与实践相结合。本意的确不错，在哪儿都找不出毛病，可这句话套到这个老师身上就有点儿问题。

这位老师为人极为踏实，说过了“一定要”就决不反悔，在他的观念里：我们每个问题都“一定要”理论联系实际。于是，本应生动有趣，深入浅出的案例在他讲起来成了一个冷冰冰的过场，自然效果不佳。

做事必须诚恳，这点非常重要。因为一个人做事如果态度不诚恳，对方总会认为你滑头滑脑，因而不敢跟你合作做任何事情。至于说到“圆滑机趣”这并不是要做得像个市侩那样一切都讲求圆滑，而是说该讲究技巧时要圆通灵活。例如本来是一件很尴尬的事，往往由于当事人富有幽默感，说上几句很逗趣的话，大家哈哈笑，事情都办通了，可是并没有得罪任何人。否则，如果一切都本着公事公办的严肃态度，那你所办的事情不但处处碰钉子，而且被人指称你是一个不通人情的木头人。

在我们的社会经验里，重点要强调的是“真诚”二字。在这样一个充满着不信任的社会中，给人一个真诚的印象无疑是一笔巨大的财富。当然，涉世老手也要提醒你，切不可太没心机，否则像我这位老师倒也罢了，顶多不听你的课，如果碰上利益交关的事情，则很有可能被人诱入陷阱，上当受骗。

4. 不要“落井下石”，要“雪中送炭”

“不落井下石，要雪中送炭”的意思很浅显，即朋友处于困难境地时，你的努力与奉献应当比在朋友处于一帆风顺中多得多。也就是说，在朋友真正需要帮助时，这时才是你大显身手的时候。

中国有句老话：路遥知马力，日久见人心。两个人从初识到成为朋友要经过较长的一段时间。经过时间的“筛选”，你才能找到自己真正的朋友。一开始，两个人处于平等的、有一定距离的状态。随着交往日深，了解越多，彼此在一定的程度上达成默契，遂成为了朋友。这时候的朋友还只是浅层意义上的一种人与人之间的关系。而日子一长，就显出分歧。有的人对于“朋友”采取百般利用的手段。这种人的表现往往就是，在“朋友”一帆风顺时，做一些顺水人情、惠而不实的事情。因为他们深知，自己将来要有许多事情有求于这位“朋友”。所以，经常可见的就是某些领导一俟退休便“门前冷落车马稀”了。这种事情对付一时的“暴发户”或者一些层次较低的“X星”之类的人当然有效，而时间长了，好些真正对社会、对人生有一定的思考的人往往对这种人敬而远之。这样就引入了本文的主题，“要雪中送炭”。有很多人觉得自己不善交际，交不到朋友，看着别人高谈阔论、朋友满座的样子非常羡慕。其实，且不说那些人的朋友中有多少是趋炎附势、别有用心之辈，朋友的概念绝不止是欢乐时的捧场。那些自己觉得自卑的人大可不必焦虑，古代有句话：“朋友之间甘若醴。”真正的朋友是不会在乎你有多能说，多会捧场的。淡如水的朋友典范应当是大家效仿的模范。友情之根应当用真诚奉献之水来浇灌。那些想交朋友为不善表达而发愁的人不必担心，只要你认清对象，在他需要别人的帮助时勇于伸出自己的援助之手，真正做到“雪中送炭”，哪怕你并没有起到多大的作用，你的友情也会深深地感动你的朋友的。

所谓“患难见真知”就是这个道理。只有在处于危险时期，才能显出朋友本色。因为此时，你处境艰难，急需要别人的金钱或感情来渡过难关，那些虚情假意之辈避之犹恐不及，又哪里敢来“招惹”你。而正是在这个极度脆弱的时候，你交上的朋友往往是你终生不渝的挚友。

所以，我们可以得出两个结论：

第一，对那些想交朋友而无良策的人，你所最值得做的就是在你周围的人需要你力所能及的帮助时，勇于伸出自己援助的手，这样你一定能交上知心朋友。

第二，对于那些高朋满座的人提出警惕，千万要弄清楚朋友的真谛，那些只会趋炎附势、阿谀奉承的朋友不但不会为你事业更上一层楼，反而会让你由于过分信任而栽一个大跟头。

5. 友情是弹簧，要注意保持距离

我们可能谁都做过这样的实验：弹簧两端连着物体，当你轻轻地拉伸和压缩弹簧时，弹簧柔顺地遵从你的意愿。去掉你的温柔的抚弄，弹簧会给你一个颤动的美丽。两端的物体保持着那份纯真与自然。

当你过度拉伸和压缩弹簧时，弹簧于是不耐其力，变形了，曲线美破坏了，倔强的弹簧扯离了两物，或将它们弹得远远的。一切成为悲哀的幻觉。

友谊就像这弹簧一样，连着两颗坦诚而又适距的心。

的确，建立一份真诚的友谊，是一件非常美好的事情。伯牙鼓琴，子期知音；高山峨峨流水净净。能够保持这份友好的情谊，使之能够经受风雨的吹打，则是更为可贵的。然而创业难、守业更难。多少人在建立的友谊大厦上如何填上一砖一瓦，保持它的屹立，却都是茫然不知所为。

让我们顺着涉世老手的思想，分一下人性的特点，然后再领受他的千年妙招吧。

是的，世上没有完全同样的两个人。两个人，不论其形体多么相像，他们绝没有完全同样的性情、爱好，绝对没有同样的经历和对事物同样的认知观点。于是，距离就存在了，距离成为人际关系的自然属性。有着亲密关系的两个朋友也毫不例外，成为好朋友，只说明你们在某些方面具有共同的目标、爱好或见解以及心灵的沟通，但并不能说明你们之间是毫无间隙、融为一体的。任何事物都存在着其独自的个性，事物的共性存在于个性之中。其性是友谊的连接带和润滑剂，而个性或距离则是友谊相吸引并永久保持其生命力的根本所在。弹簧的特性与友谊之间有着惊奇的相似。

是的，因为距离的美，你和他都想进入对方那颗美好的心灵，都努力展现各自的魅力和对对方的关怀。随着距离的缩短，“金无足赤”的人类的瑕斑也在友谊的光环中出现，过深的了解使你发现了对方人性自私甚或卑劣的一面。于是，瑕斑影子在你心灵里冲突。某些不和谐伴随出现，由于弹簧距离的拉近，你和他都在内心要求对方须与自己一起摆动，少许的违背都使你特别在意。于是，被欺骗感和不忠实感使你对友谊产生了怀疑、冷淡和争执，又将友谊根基动摇，弹簧变形了，再难恢复其原来的和谐。这时你便会懊恼：为什么当初要缩短这“弹簧”，破坏了相互间的距离美和朦胧美。

人就是这样奇怪：未得到时，总想得到，未靠近时又总想贴在一起，真正得到和靠近却又太过苛求。人总在无意中伤害着他们自己。

保持友谊美好，避免人们自我伤害！涉世老手在对友谊的失败和成功中总结出了这样的务实友谊观——弹簧友谊。

（1）无论友谊还是爱情，都存在一个弹簧距离，只不过爱情的弹簧更短一些罢了。因此过度的疏远和分离或过度的贴接，都会招来彼此的伤害。很长时间不同亲朋好友来往，别人会认为你缺少朋友味，认为你已变得独侠孤傲；将你的隐私和缺瑕完全端给对方，又使彼此小心翼翼，形成不吐不忠的负担。当友谊从一个极端走向另一个极端，双方又会形成可怕的敌人。所以，保持一段“弹簧距离”，创造一种轻松的共处，会给你的生活带来安稳。

（2）友谊之树长青，需要双方的浇灌呵护。直接的拥抱呵护不如间接的诚挚与关爱来得庄重。尝试通过间接的方式表达你的关心和体贴，能使对方的心更为感动，“弹簧距离”会使你们的心与心之间引力更大。

我的朋友张某就是运用这一“弹簧”妙招追到了他心爱的情人的。

刚上大学，张某做事莽莽撞撞，没过多久，就对班上一位纯真、善良的女孩大为心仪，一封连夜赶成、厚厚一叠的求爱信送到了女孩手中。女孩太纯真了，也害怕极了。她偷偷哭了一场，以后见面再难对他施以微笑。

张某第一次准备谈恋爱，他受伤了，但哭泣的心发誓一定要追上她。

“直接的方式也许不是很合适吧，”朋友小心翼翼地劝言，“但她现在拒绝了你，毕竟也注意到了你。你是否在学业处事上令她佩服，同时通过别人或其他一些间接方式，传递你对她的关心，你的耐心和执着也许能令她将最灿烂的笑容投放给你，‘随风潜入夜，润物细无声’嘛！”

张某尝试了，一年半之后，他俩相拥深吻。间接的弹簧距离式的方法有时会收到意想不到的效果。

保持一段弹簧距离，小心呵护你的友谊。你会保持一种和谐、信任的情谊。

6. 欲洁勿染，超物乐天

没有欲望意味着没有目标，没有欲望的人永远不能发展。看惯了声色犬马的人有一天终于悔悟，达到了人生的又一境界，从无止境刺激的循环中退了出来，转而寻求内心的静。其实，这又是一种欲望。所以，欲望无时无刻不困扰着我们。但是，这里我要说的是，我们要在这无限度的欲望中保持一份清醒，在茫茫人海找到自己的位置。

绝不能没有欲望，这是现代社会对现代人的要求。你可以去追求欢乐，你可以在适当的时候做些、说些昧着良心的话，但你的人要有一个根，这个根就是原则。所谓有原则就是在你做了违背某些道义的事后，灵魂要有一个着眼点。否则，得到之后是空虚，你将永远背上包袱前进。

我们就生活在城市中，生活在烟囱、街道和商店彼此挤撞的庞大物群里。是的，我们拥有一份职业、一张身份卡、一条牛仔裤，我们读报、掂菜篮子，看“秦池酒”或“小霸王”的广告，还出没于歌厅、饭店，当然也必须遵守“不准随地吐痰”或“过马路要走人行横道”之类的规定。更加确凿的是，在这个嘈杂而有序的网络结构里，我们总能获得一个相对稳定的栖息点，一个由钢筋、水泥和玻璃组成的永不风化的方形空间。于是，我们被称为“城市人”。

但是，更值得关注的是，城市并不是人类文明发展的极限。在成亿的“乡下人”日夜做着“城市梦”的同时，许许多多个不愁饭吃的“城里人”却患上了“城市病”——一种欲望综合征。城市文明的二重性，导致了人性在城市阶次上双向发展的可能性。人性优化的欢乐与人性异化的痛苦，特别折磨着一些生活相对优越或不那么优越的年轻人。据统计，在为数不多的比较发达和成熟的城市里，流行的“城市病”已达五十种之多。名目虽繁，但究其病理却不外是“精神分裂”，其症状表现为无聊、厌倦、抑郁、狂躁、空虚、忧烦、怠惰、恐惧……无止境的消费刺激，无限度的欲望生产，无节制的广告翻新，无遮掩的色情诱惑，把生命变成了一个迅速耗竭的过程。挣了就花，花了再挣；没有了拼命要拥有，有了就毫不珍惜地丢掉。一方面是得不到满足的焦虑；另一方面是满足了以后的怅惘：生活陷入了木马式的原地旋转，疯狂过后，总是一片瘫软和空虚。

所以说，人最重要的是一个根，在长辈那儿是关怀的根，在朋友那儿是友谊的根，在妻子那儿是信任的根。有了这些根，无论你在外面怎么折腾，多么风光，都能找到人与你真心分享；反之，即使你撞个头破血流，一无所有，世界上还有个肯为你分担苦难的人。

游戏于大千世界，漫步于人生禅机，追物而不为物所困，寻爱而不为爱所累，这实在是“城市人”的一大梦境啊！

7. 交友之道，可“多”勿“滥”

人，不能没有朋友，没有朋友的日子是难过的。但是，芸芸众生谁为友，需要慎重选择。现如今，被称为朋友的人大街上到处都是，人们习惯将过去称为“同志”的改成称呼“朋友”，似乎更亲切。其实“同门曰朋，同志曰友”。“同志”之称也有朋友的意思。我们所讲的交友需选择，不是这种泛泛之称的朋友，这里需要说明一下。

一个人结交什么样的朋友，对自己的思想、品德、情操、学识都会有很大的影响。俗话说：“近朱者赤，近墨者黑”，“近贤则聪，近愚则职。”古代名人很重视对朋友的选择。孔子曰：“君子慎取友也。”也有人说：“匹夫不可以不慎取友。”品德高尚的人，历来受人推崇，也是人们愿意结交的对象。而品德低劣的人，却常常被人所鄙视，极少有人愿与之结交，当然也不排除“臭味相投”的“朋友”。实际上，每个人不管自觉或不自觉，他们交朋友总是有所选择的，他的择友总是有自己的标准的，明代学者苏竣把朋友分为“畏友、密友、昵友、贼友”四类，如此划分便可明白：畏友、密友可以知心、交心，互相帮助并患难与共，是值得深交的；那些互相吹捧、酒肉不分的昵友，口是心非，当面一套，背后一套，有利则来，无利则去；还可能趁人之危损人利己的贼友，那是无论如何也不能结交的。

都说朋友志同道合，情趣相投，这可以作为择友的一个标准，志向不同，情趣有变，友谊不可能长久的，早晚分道扬镳，“管宁割席”的典故就是个例子，管宁热衷读书做学问，而华歆则热衷于官场名利，两人缺乏做朋友的共同思想基础，割席而坐是可以理解的。人类普遍存在着一种“趋同”的心理现象。有一个心理学实验说明了这个现象，心理学家让十几个素不相同的人待在一间屋里，不与外界交往，只让这些人相处。几天后发现，有共同爱好和追求者大都成了朋友，而没有共同爱好和追求者则形同路人。

选择朋友要选品德高尚、心胸宽广者为宜。孔子说：“与善人居，如入芝兰之室，久而不闻其香，即与之化矣。与不善人居，如入鲍鱼之肆，久而不闻其臭，亦与之化矣。”墨子有更形象的比喻，他把择友比作染丝，“染于苍则苍，染于黄则黄，所人者变，其色亦变。五人而已，而已为五色，故染不可不慎也”。也许你说自己“抗腐性”强，那为什么不“择善而从之”，反而自讨苦吃呢？与高尚的人在一起，你也会感染上他的气质，何乐不为呢？

“朋友多了路好走”，朋友多——好朋友越多，我们受益越多。学无止境，学问再大的人也有不懂的东西。孔子还谦虚地说：“三人行，必有我师焉。”圣人尚且如此，我们在结交朋友时，也可尽量选择有学识的人，忘年交的存在原因也许正在于此吧。当然，对朋友也不能求全责备，自己本来就是不完美的，朋友又是双向的。如果人人都要求结交比自己有学问的人为友，那么到头来只能是谁也没有朋友。正所谓“尺有所长，寸有所短”，朋友相交贵在有所裨益，有所予有所取才是“交往”。

古人的交友择友之道，我们可以借鉴，但不能照抄照搬，也不要为其所拘束，对友人过于苛刻，择友的标准各有不同，也应该从个人实际出发，慎重选择，急来的朋友，去得也快，所以朋友可广交，不可滥交。

8. 方圆做人要求善于与不同性格的人相处

有一次，我的朋友对我谈起他的苦恼。他说："我的妻子什么都好，就是爱发脾气，三天两头向我发火。我现在确实有点受不了。"我的朋友可是一位文弱书生，他对妻子的这种性格烦到了不知如何是好的地步。现在，他妻子一发火，他就跑到图书馆里一天不出来，但这最终不是长久之计。

性格是一种复杂的心理现象，有着各种特点，其中之一叫情绪特点。它包括情绪的强弱性、稳定性和主导性，即在一个人身上的情绪经常起主导作用，如乐观、抑郁、愉快、低沉等等。暴躁的人，他们性格的情绪特点，一般都是稳定性、持久性差，而强度又比较高。于是遇到些不顺心的事，就易发脾气，有时脾气还挺大的呢!

你是否也喜欢发脾气呢？如果你不爱发脾气，你肯定不喜欢同爱发火的人在一起。可是无论我们在学校里，在家庭中，还是在社会上，总会遇上各种不同性格的人。有的勤劳，有的懒惰，有的勇敢，有的怯懦，有的温和，有的暴躁……你只要还活着，就注定你要跟这些离奇古怪的各种性格的人打交道。尤其是现在商品经济的发展，各种信息的传递和交流增多，我们的社交活动也频繁了。由于工作上、学习上和生活上的需要，我们每一个人都不可避免地要接触各种不同职业的人，不同兴趣的、不同思想的人，自然，在这些人中就有不同性格的人。

一个人想和所有的人都成为亲密的朋友，那是不实际的，不可能的。但是，如果我们尽量学会和各种不同性格的人打交道，我们就能和更多的人相处得很好，工作起来就能协调。我们应该看到，既然别人与自己性格不同，在待人方面，自然有许多地方跟自己不一样。当我们看到了别人与自己的不同之处以后，不要觉得这也看不顺，那也看不惯，更不要讨厌和嫌弃别人，这会使你免于产生对某人不满或其他消极情绪。消极情绪可能会影响你与对方在其他问题上和谐相处的能力。

世界上的事物本来就千差万别，可以说，世界上没有完全相同的两片树叶。我们认识了这种差别，看到不同性格的人，就不会强求别人处处和自己一样。如果你希望对方改变性格，不妨学会适应对方性格，这样更可能成功。那么，我们应该怎样适应不同性格的人。学会和不同性格的人相处呢?

（1）求大同，存小异

性格不同的人，处理问题的方式往往不同。我们要学会在不同之中，发现共同之处。比如，你若是一个性格平和的人，你给张三提意见，可能言辞不那么激烈，语气也较委婉。如果你身旁有一位刚正而倔强性格的同志，他给张三提意见，可能单刀直入，语言尖锐，甚至可能转向批评你，说你给别人提意见时转弯抹角，是钝刀子割肉，这时候，如果你只看到那个直率的同事展开批评的态度和方法跟你不同，觉得他太鲁莽，太不讲情面，你可能会感到跟他格格不入，合不来。如果你除了看到你们两人提意见时的方式不同外，还看到他和你也一样，也是出于一片好心，真心帮助同事，这时，你可能就不会觉得他粗鲁无情，而觉得他有难得的古道热肠，同时也不会计较他对你的批评。多发掘自己与别人的共同点，就容易和不同性格的人相处。

（2）跟不同性格的人相处，还要注意了解别人

人们在相互交往中，可能有这样的体验：你如果对一个人不了解，你和他在感情上就必然有距离。一位清洁工觉得柜台收银员讲话不够客气，她对此不满意。但当她想到自己做清洁工劳动后多么疲劳和容易激怒时，她对收银员的不满情绪就打消了。当了解到收银员这种性格形成的原因是由于疲劳、紧张、身体情绪不佳时，她反而希望顾客们能原谅收银员。

（3）跟不同性格的人相处，胸怀应该宽些，气量应该大些

假如你的妻子或丈夫也爱发脾气，你是否也跟着暴跳如雷呢？这时你

首先要忍让，待爱人脾气发过以后，应当启发他（她）的理智，让他懂得发脾气是不好的。没有必要发，往往脾气一发不可收拾；事后的说理，也难以帮助他们克服爱发脾气的不良性格。

（4）跟不同性格的人相处，还要注意讲究不同方式

俗话说："一把钥匙开一把锁。"跟不同性格的人打交道，也要区别对待。这不是指那种见人说人话，见鬼说鬼话的世故圆滑，也不是那种逢场作戏的玩世不恭。我们所说的待人有别，是指要了解性格不同的人，有他自身的特点，我们应针对这些特点采取因人而异的恰当态度。比如对于商人，你如果说他学问好，道德好，清廉自守，乐道清贫，他一定不高兴。你应该说他才能出众，手腕灵活，现在红光满面，发财即在眼前，他才听得高兴。

总之，世上的事情都不是尽善尽美的，每个人在思想上性格上都有缺点，我们对人不能求全责备。谁要寻找没有缺点的朋友，谁就永远没有朋友。在同自己性格不同的人身上，要知道慢性子的同事，考虑问题有时比较周全，特别是做某种需要耐心的工作时，他就很恰当。慢性子的人，要知道急性子的同事，做事往往不拖拉，很豪爽，这样，不同性格的人不仅能够和睦相处，还会有所裨益。

9. 方圆做人的成功秘诀：使用赞美语

要想方圆做人成功就必须懂得赞美别人。

威廉·詹姆斯说过：人性的根源有一股被人肯定、称赞的强烈愿望，这是人和动物的最大不同点。谁不想被身边的人群称赞？谁不希望被旁人

肯定自己存在的重要性与价值？但是，十分露骨的奉承话，却没人愿意听，而发自内心的真诚的赞美语言，却能打动任何人的心。

霍尔·凯因出身卑微，父亲是个铁匠，由于家庭环境清苦，只读了8年书就辍学找事做。不过，他很喜欢十四行诗和民谣，特别崇拜英国诗人罗塞迪的文学与艺术修养。他一时兴起，写了封信给罗塞迪，赞美他在艺术上的贡献。

罗塞迪非常高兴，心想："如此赞美我的人，一定也是很有才华的人。"于是请霍尔·凯因来伦敦当自己的秘书。这是霍尔·凯因一生的转折点。自就任新职后，他和当时的文学家密切往来，得到他们的支持和鼓励，再加上自己不断的努力，不久，其文学名声便远扬各地。

如今，霍尔·凯因在曼岛的私人宅邸，已成为世界各地观光者必瞻的名胜之一。据说，他身后留下的财产，远在250万美元以上。如果当初他未曾写信给罗塞迪，说不定就穷途潦倒地过完一生。

诚心的赞美就有这样不可名状的威力。

赞美作为一种交际行为和手段，它的作用在于：激励人们不断进步；能对人的一生产生深刻的影响；能沟通人与人之间的感情。

黄宗英采访柑橘专家曾勉时，以一个外行的身份谈到她了解到老专家的"枝序修剪法"与众不同，这样一来老专家知道对方是真诚地尊重自己，居然了解到自己的具体专业成就，也就沟通了情感。

赞美他人的时候应注意：

（1）赞美要发自内心、真心真意。如果言过其实，对方就会怀疑你的真实目的。

（2）最需要赞美的不是早已名扬天下的人，而是那些自卑感很强的人，特别是那些被压抑、自信心不足的人。他们一旦被人真诚地赞美，就有可能自信心倍增，精神焕然一新，重新鼓起生活的勇气。

（3）赞美要具体，不要含糊其词。否则只会使对方窘迫、混乱，甚至紧张。赞美越具体，表明你对他越了解，从而越能拉拢人际关系。另外，不要赞美他身上众所周知的长处，应赞美他身上既可贵又不为人知的特点。

（4）要注意赞美的分寸。适度的赞美能使人树立信心，反之，会使人反感、难堪。所以，赞美的内容要适度、要有分寸，要恰如其分；赞美的方式、地点要适宜；赞美的频率要适当。

其实人人都需要赞美，需要别人的肯定，抓住了这个心里，你就抓住了交际成功的关键。

多用赞美语，不用花钱，就能买到最珍贵的友谊。

10. 多展示自己，以获得上司的赏识

除了自己的配偶外，人生最重要的选择恐怕莫过于有一个赏识自己的上司了。每个人可能都有同感，在一个强有力的上司手下工作，你会觉得胆正、气粗、腰硬；反之，若在一个软弱无能的上司手下工作，你就全然不会有如此感觉，而会感到憋气、窝囊，倒了十八辈子的霉。正因如此，人们在选择工作时，首先考虑的是那里的领导怎么样？但是，要选择一个好上司，实在是一件不容易的事。这里面着实有很多学问值得研究。

（1）我们可以换种方式思考

下层社会出身的人，大多有一种说不出的“癖性”，即易于和同身份的人打成一片，而对身份略高，或属于社会上层分子、权贵者往往很难“同流合污”。一方面自视清高，傲骨凛凛，另一方面也梦寐以求想成为上流社会中的一员。这一矛盾常常使那些出身卑微又想在社会上成大气

候的人陷入深深的忧思和焦虑。他们想成为想象中的人物，但捆绑他们手脚的除了社会偏见这条绳索外，另一条就是他们已有的、根深蒂固的思考方式。

“当官的根本不会把我们放在眼里。”

“你去跟他说也是白搭。”

在这种方式下，他们和自己上司的思想出发点会越来越远，鸿沟越来越深，严重的会造成强烈的社会阶层对立情绪。

然而，在国家所有制形式多重组合，民主进程不断加快的今天，这种传统的思维方式也实有改革的必要。

一位来自辽东半岛的青年，经过自己的不懈努力，考取了西安某重点大学硕士研究生，毕业后分回家乡某师范专科学校任教。其一是来学校半年内未给他安排任何工作；其二是系领导一年内没找他单独谈过话；其三是学校组织的有关创收的工作他根本插不上手。一年后，他暗暗想继续考博士生或索性调离学校算了。苦恼之中，他求教本校一名有名望的心理学教师。将一年来的所见所闻、所思所想一古脑地抛了出来。谁知，说完了，气儿也消得差不多了。

这时，心理学老师才循循善诱地说：“你刚才所讲的一切，虽然都是事实，但却不是事实的全部。我觉得，你在考虑问题时，过多地从个人的主观愿望出发，而没有考虑到他人的心理和想法。比如说，你怨领导没有找你单独谈过话，可是你也并没有亲自找过领导呀。咱们学校条件差，既要完成规定的教学任务，又要创收，以提高教职工的物质生活待遇。你反过来想一想，如果你自己积极争取主动，情况恐怕也不会是这个样子。”

后来，他照着心理老师的话去做了，情形也确实不一样了。他太敏感了。因此，当我们在日常的为人处世中，若发现上司有冷淡自己的倾向时，千万别一味地就此僵持下去。而是要善于换种方式思考，想想上司是不下是还在怪你冷淡他呢？如此一来，你首先争取主动，一切就会“化险为夷”。

（2）接近上司的艺术

每个人可能都有这样的体会，在同一单位中，那些跟随领导最紧，能处处跟领导办事的人升迁得最快，好处得的最多，吃亏的事儿轮上的最少。当然，对这一现象，不同的人几乎会得出完全相反的社会评价。有的说：“嘿，这家伙有本事，有能力，是块料！”也有的说：“一个纯粹的投机钻营、溜须拍马之徒。”不管人们怎么评价怎么议论，透过这一表面现象，我们却会发现其中深刻的道理：每一个人都希望有机会接近上司，希望得到领导的提拔和重用，但由于个人气质、性格、能力及社会环境等多种因素的制约，并不是每个人都有可能达到自己所希望的程度。那么怎样改变这一处境呢？怎样才能增强自己在上司心目中的印象呢？

行为科学的研究表明：在人们初次交往活动中，交往的频率对增进了解起着决定性的作用；而对已达到一定交往程度的人来说，交往强度对巩固关系又起着决定性的作用。根据这一原理，我们可将上司分为顶头上司和上级上司。对顶头上司，因为朝夕相处，甚至就在一个办公室工作，所以不存在交往频率的高低问题，大家都可以说是“等距离外交政策”。在这种情况下，如何显山露水，出人头地呢？那就要在交往强度上下功夫。一个想法，一个主意，要让他觉得你超群不凡；办一件事，完成一项工作，要让他觉得你确实有头有尾，有棱有角。另外，特别要注意维护上司的尊严和形象，尤其是在公共场合以及背后，不得对自己的上司说三道四。

（3）长鸣吧，千里马

每当议起“千里马常有，伯乐不常有”的古训时，很多怀才不遇的人总是感慨万千，而现代意义上的“伯乐”常常就是自己的上司。由于没有一个识才、举才、用才的上司，致使很多人才积压、浪费、被埋没已不是什么稀奇的事了。但“伯乐”们也有他们一肚子的怨气：中国的人才太谦虚、太内向了。没有机会时，他们感叹生不逢时；机会来临了，他们又缺乏毛遂自荐的勇气。这确是中国式人才的一大弱点。正像一位领导所说：“伯乐相马，不能纯等伯乐去马群里观察、发现，有时候千里马也得主动跑到伯乐跟前叫两声，不然别人怎么知道呢？”此话意味是很深长的。

（4）如何与不易相处的上司打交道

在一个人的职业生涯中，难保不碰上一两个难缠的上司。其中有恃强凌弱型的、优柔寡断型的、吹毛求疵型的等等，也有集几种特性于一身的。碰上这些类型的上司，只要策略对头、方法得当，你就能应付自如。

1）应付恃强凌弱型的上司

一位广告事务部的新部门主管，打算将一些客户的委托材料返还客户，公司会议上，他谈到这个打算，没想到他的老板脸色下沉，嘴唇发颤，竟勃然大怒起来，嚷着要这位新职员立即打电话给顾客，承认自己对广告业务一窍不通，并保证不退回委托材料。

几个月过去，这位主管渐渐观察到，老板一定是个欺软怕硬的家伙，你越想避开他，越容易惹火上身。

恢复了这种自信，再加上对老板习性了解的进一步加深，他逐渐适应了老板的粗劣行为。“如果他提高声调对我说话，我也不示弱，同样抬高我的声调。”果真，这位老板对他的态度开始有所收敛，尽管心底很不情愿。在这位年轻人得到提拔后，再也没有和老板顶撞过。

对这种恃强凌弱的上司采取对着干的办法常能奏效，但弄不好也容易把事情搞僵。因此，我们不妨试试另一种与之迥异的对策：待上司平息下来后，再和他论长短。

无论你决定采用何种对策，千万记住一条，那就是要尽早付诸行动，而且越快越好。

另外，即使与上司发生争执，也应尽可能地在私下了结，以免挫伤面子，如果你的老板依然我行我素，还可以采用以下几种消极等待的策略。

① 在上司发火的时候，保持沉着、镇静，对自己说：“别理会他，他的脾气不是冲我来的。”

② 将注意力转移到上司身上某个滑稽的地方。比如，他下颌的脂肪肥厚，你就可以细细观察他吼叫时那部分肉体的颤动。只要你意识到即使是

最爱向别人施淫威的人也有缺陷时，你就能在他们的面前充分地放松自己。

③ 待上司精疲力尽的时候，再这样回敬他："我没听清你究竟说了些什么，你得把话说慢些才好。"

2）应付工作狂式的上司

有些上司根本就不懂得工作与休闲的关系，如果你想在晚上或周六找到他们，将电话打进他们的办公室准成。糟糕的是，这类上司也会尽其所能侵占应属于你的时间，使你无法从工作中分身出来去享受家庭生活的乐趣。遇到这类上司。你先得定下自己可供上司支配的限度，同时要让上司相信，在非常时期你可以随叫随到，但平常不成：得按钟点上下班。如果老板因此感到气恼的话，你还可向他保证，明早上班你可以处理好任何一桩他认为重要的工作，让他根据轻重缓急做出安排。

3）应付优柔寡断型的上司

优柔寡断型的老板则是另一种样子，他不愿意他的公司存在任何等级差别，对职员讲究的是无原则的一视同仁。结果，有位秘书将一封重要的来函搁置了一个多月，致使该客户的利益受到损害。事后，这位秘书居然安然无事。在这种情况下，你就不该袖手旁观。你得去告诉这位谨小慎微的老板，你觉得此事该如何处理，再征求他的意见。这样一来，你既采取了主动，又不至于使老板感到难堪。这类老板的病症就在于做事缺乏果敢和信心。所以你要尽可能地向他提供一些真凭实据来证明你的建议切实可行、万无一失，才能潜移默化地促使他采取强硬立场。

4）应付吹毛求疵型的上司

南希·阿尔里查在一家报社负责版面设计和广告的审定工作。每到交版印刷的那天，她那位满脑子装满怪念头的总编总会出其不意地出现在她的身后，窥视她的工作是否出了差错。然后提出一串稀奇古怪的问题，最让南希感到要命的问题是："你能保证按时交版吗？"

"我从来就没误过期限，"她说，"但是每到这个时候他还是要来，而且反复问这个问题。他对我缺乏信心，我自己也有被人小瞧的感觉。”

由此可见，这位上司的做法挫伤了职员的工作干劲，对琐碎问题的过分挑剔，往往降低整个工作效率。

记住，爱挑剔的上司总需要找些什么事来担心，要改善与这种上司的关系，就得设法让他把精力转移到大事上去。如果他要求你将刚刚脱手的工作返工，你可以把其他急需完成的工作摆出来，问他到底该先做哪件。如果上司对交付给你的某个特定任务感到不放心，你可以不时地、主动地向他通报工作进展的情况，让他感到放心。采用这种主动出击的办法，可以免受上司时时纠缠之苦。

5）应付冷漠孤僻型的上司

许多雇员往往被他们上司那种难以捉摸的行事方式弄得无所适从。比如，开会时上司也许没有邀请他们参加，来者从不与他们讨论工作计划。其实一个好上司就得善于将自己的打算和想法让大家明了，而不需要下属去揣测。

在上司没有给你明确指示的情况下，最不可取的莫过于袖手待命了。

在上司没有邀请你出席会议，在未决定前征询你的意见时，你该主动去说，告诉你的上司你的意见可能很有价值。如果此方法行不通，你可以找一位既敬重你又能说服上司听取你意见的中间人来达到目的。

总之，在采取任何对策时，都要深入地做番分析。无论你的上司有多么难缠，你也应全力以赴与之一搏，即使没有达到目的，但成果仍然颇丰。首先，在与难缠的上司打交道的过程中，你能学会善于权衡利弊，克服胆怯，在压力面前保持镇静，并通过努力改善自己的工作条件和环境。其次。掌握这种缓解与上司紧张关系的技巧，必将对你职业前途大有裨益。因为能与难缠的上司周旋自如的职员，也就具备应付各种情况的能力，极易受到上级上司的器重，而很快得到提升。最后，你上司也是你最好的教材，从他们身上你可以学到不该如何对待下层。有朝一日得到提升，你一定能成为一个更好的上司。

11. “诚”字为先，以获得下属的尊重

在方圆做人中，不要忘记与下属相处是领导人必须学习的一门重要学问，世上有千万种指挥下属的方法，但最主要的还是一个“诚”字。作为领导，如果你有诚意，也要把一份诚意传达给别人。这样就能将整个团体紧紧地联结在一起，让你的每一个下属都为你效力，使你的工作能顺利完成。

要与下属处好关系，要注意以下原则：

（1）完全记得部下的名字

作为下属来说，领导能记得自己的名字，那是莫大的荣幸，对他的自信心是一个很大的激励，他会回报给你最大的忠诚。你要当领导，就要学会熟记下属的名字。

（2）完全避免伤害对方的自尊心

下属也是有自尊心的，领导对待下属，即使对方出现了错误，也要注意避免伤害对方的自尊心。批评的时候要注意时间、地点、环境和场合。不要让他在别人面前感觉丢人现眼。

（3）尽量使用可以鼓舞对方的字眼

下属需要赞扬，会当领导的人总是尽可能地在公开场合表扬下属的行为和言论。鼓励他们争取更大的成绩，使他们意识到只要做出成绩，领导就会看见，并会给以嘉奖，这样，你的下属就会很努力地工作。

（4）对你想左右的人，努力理解他们的需要

真正想使下属为你尽力尽忠，你就必须及时了解下属的生活情况，了

解他们的实际需要，关心他们，帮助他们，特别是他们遇到困难的时候，你的关心和帮助会使他们产生为你效忠的想法。

（5）把有较强自我意识的人作为你运行的目标

有较强自我意识的人是不会轻易相信别人的，作为领导，要想在下属面前树立自己的形象，首先就要对这些人做好工作，使这些人相信你，你就大事告成，因为一旦这些人和你站在一起，其他人就会看着榜样跟你走。

（6）乐意参与集体活动

作为领导，不要把自己与下属分开，不要以为自己高高在上，就不会玩，不会和大家一起说笑，那样的话，你就不会受下属的爱戴。经常和下属一起举办一些集体活动，既能增强友谊，又能使自己身心获得快乐，同时能缩短与下属的距离，与大家融为一体，这何乐而不为呢?

（7）和职员一起承担风险

作为领导，首先要在遇到风险时，同全体职员站在一起，和他们同风雨共患难，这样才能受到他们的拥戴。

（8）在公司范围内努力去理解其他人的需求

理解每一个人，这是当领导要做好工作的前提。每个人的需要都关系着公司的工作能否顺利进行。根据不同的需求，合理地安排工作，才能收到好的工作效率。

（9）对下属平易近人，不论他们在公司的职位有多低

公司的工作职位有高低，但是人是没有贵贱之分的。所以，不论你是哪一级的领导，你对待公司里不同职位上的职工都要一视同仁，不能以职位的不同而对人的态度就不一样。平易近人才能使你树立领导的光辉形象。

（10）努力表现你的诚恳、正直和基本的人情味，而不是说说而已

领导也要具有一定的诚恳、正直、人情味，这些在领导身上就不能只是口头上的，而应该是实际行动上的，或者是实际利益上的，比如，一位

职员遇到不幸，领导就不能只是口头上表示同情，而应该在行动上，如捐献、安排善后事宜，或在政策上予以倾斜等等，这样才能得人心。

（11）一次只采用一种技巧，而且不要太过分

领导艺术是多种多样的，在不同的事情上要采取不同的技巧，为了使事情不复杂化，在处理一件事时，不宜使用过多的技巧，否则就把事情搞得复杂难以解决。

（12）讲究民主

迎合周围的所有人，而不是把某个人或人群作为目标。领导是面对全体职员的，应该以全体职员的意见为准，讲究民主就是要想方设法征求大家的意见，不把个别人的意见凌驾在全体人之一。领导代表着全体职工的利益，而不是代表个别人的利益。所以，多听大家的意见，才能领导好大家的事业。

（13）巧妙与下属相处

要做到自然巧妙，不要让人看到是有意为之，如果下属知道你是有意拉关系，就会对你产生戒备心理，你就不会同下属建立自然友好的关系。

另外要指出的是，应该学会照顾那些服从指挥的好人。假如你在执行公务时遇到的对象是好人，他们听话，你教他们做什么他们就做什么。告诉乖孩子捡起他的玩具，他很可能立即照做，告诉一个好人把应付的款子寄来，钱一定准时到达。

有一个寒冷的深夜，纽约的一条不算繁华的道路很少有车辆行驶。这时大街中心的地下管道内钻出一位衣着笔挺的人来。路旁的一个行人十分狐疑，他上前想看个究竟，一看却怔住了，他认出这人，竟是大名鼎鼎的福拉多！

原来地下管道内有两名接线工在紧急施工，福拉多特意去表示慰问。

福拉多被称作“十万人的好友”，他与他的同事、下属、顾客乃至竞争对手都保持着良好的关系，这位富有人情味的企业巨子，事业如日中天。

作为领导只有诚心诚意地替下属着想，关心下属，爱护下属，才会赢得下属的尊敬和爱戴。

12. 创造良好的交际环境

我们知道，整个交际的组成，不仅仅是参与交际的人，还应包括交际的场景、氛围等“非人”因素。以上两部分，我们姑且称之为交际的主客体。所谓交际的情境，就是参与交际的主客体的组合。具体讲，交际主体反映交际人的各种主观因素，如表情、态势、说话内容甚至语气等；交际客体指交际中的诸多物质因素，如交际背景、摆设、装饰、环境等，俗话说，“情由境迁”，良好的交际各体，能促进人们交际的顺利进行，反之则会起阻碍作用，在人们日常交往的“和弦”中，也许会奏出以下几个不和谐的“音符”。

（1）主客体严重对立

比如说为了活跃农民业余文化生活，组织一些民乐演奏或戏剧清唱之类巡回演出，哪怕是在田间地头，也一定会大受欢迎。而如果把他们请到大城市，即使是带空调的剧院去听一宿什么帕瓦罗蒂的咏叹调，效果也一定很不妙。炎炎烈日下的空洞说教，迪斯科舞厅的“循循善诱”等均属此类。由此可见，交际的主客体对立严重，造成情境的反差较大，其效果往往是适得其反。

（2）主客体相吻合，但主体内部不协调

试想如果把两个平时有积怨或没有共同语言的人安排住同一间舒适豪华的房间，这两人会不会感到“舒适”？有一位在城里工作的农村青年，结婚摆宴时，按风俗把乡下一些重要的亲戚安排在每桌首位，然后让自己的哥们兄弟对他们分别形成“合围”之势。席间这些人满口的“阳春白雪”，可怜那些乡下亲戚接不上半句话茬，满脸的沮丧。席毕老舅爷怨言：“坐这地方喝闷酒，还不如咱几个在乡下喝白干吃白菜来得快活。”这种做法也是不足取的。

（3）主体内部协调，但单个主体与客体不和谐

有甲、乙、丙三人关系融洽，但兴趣不一。甲爱舞，乙好“赌”，丙爱书。若甲强拉丙、乙去“摇滚”，或丙硬要甲、乙来“陪读”，久之，他们虽然不一定会反目成仇，但不能保证不会出现“冷战”格局。

人际交往的过程是交往双方相互影响、相互作用的过程。我们不要忽视交际客体对主体的影响。针对以上几种情况，我们应趋利避害，化被动为主动，从而使人们的交往朝着更和谐更健康的方向发展。

概言之，以下几种交际中的情境创意颇能适应各种具体的交际过程。

（1）逆反式情境创意

有人说，一个孩子长期生活在批评的环境中，他将学会谴责；一个孩子长期生活在敌意的环境中，他将学会对抗。交际环境在一定程度上对人的思想产生间接的影响。友人的阿弟以前是个性格孤僻、不善言辞的人。参加工作后更是独居一隅，不愿与人多接触。近两年他却变得异常活泼，在大庭广众下也能口若悬河，甚至赢得了一位据说是最讨厌多嘴多舌的女孩子的芳心。他回忆说：“是我的大哥给了我一把成功的钥匙。他是个社交很广的人，经常有意无意地带我出入他的交际圈，比如男女同学聚会、好友的生日派对等。那么多的人在一起侃侃而谈，你不说一句简直无地自容。我大哥常用眼神鼓励我，但他从不故意把我推上‘讲台’。是他们那种海侃神聊的快乐感染了我。”友人的做法无疑是成功的。给孤僻忧伤者创设一种热烈欢快的氛围，把讷言者引向神侃的境界……不必强求他马上改变什么，但一定要结合你的真诚和耐心，热情和信任。多愁善感的人在心情舒畅的情况下乐于袒露胸怀；饱经风霜的铁骨汉子在温馨、恬柔的气

氛中较易表白心曲。这种“反向而行”的情境创意，表面看是对立，其实最终的目的还是弃异趋同。

（2）趋同式情境创意

这种创意不仅要使参与交际的每个人都适应交际的客体，还要让交际人之间消除隔阂，达成默契，从而使整个交际过程更臻完美。年轻人谈恋爱，大都喜欢赶时髦，什么跳舞啦，卡拉OK啦。事实上并不是每对恋人都对此有相同的爱好。交际双方不要一味地坚持己见，也不要违心地迁就对方。多年的夫妻被成天的油盐酱醋吵得酸不酸甜不甜的，为何不找机会重温一下恋爱的美好时光？烈日下邂逅老友，不妨寻一片阴凉互致问候。异国他乡的游子相聚，共饮一杯家乡的美酒，或同唱一首祖国的恋歌，彼此一定会倍感亲切。人们生活在容忍和耐心的环境中，自然会形成一种坚持力。弗雷德曼1967年发现，对密切人际关系感兴趣的人，一般倾向于结构小些、更封闭一些的空间，认为这样才可以建立起必要的邻近性。趋同式的情境创意，首先就是要善于找到这些“接近点”，然后由点及面，刻意创设，力图使整个交际过程首尾圆合，“曲”终人欢。

（3）分享式情境创意

且不说大型娱乐场所各种设施的营利目的，单就其情境创意就是一种良好的交际范例。爱看书的友人到你处玩时可甩出一摞书任其选择；爱唱歌的便放一段曲目让他过瘾。这样，情感不受束缚，行为无所顾忌，身心俱悦。一个厂休日，几位家在外地的青工相约到他们车间的“老大哥”刘主任家去玩。主任家有台录像机，小赵和小高进门就瞄准了那一摞录像带。刘主任知道小沈爱下象棋，就招呼他：“别跟他们瞎凑热闹，里屋有副上好的象棋，我儿子正愁没人应战呢！”“小柳，新版的《读者》在抽屉……”快要吃饭的时候，刘大婶又来传话：“各位小弟兄爱吃什么尽管说，酒菜不一，到时你们可得‘按需分配’啊。”这大半天，老刘家欢声笑语，情境融融。因而被这帮小青年称为“车间俱乐部”。

孔子曰：“己所不欲，勿施于人。”分享式情境创意还应做到“人所欲，施于人”。但是这是有限度的，首先要根据现有的客观条件，合理设置，宁精勿滥；其次是应有助于促进人际关系的健康发展，不要一味地迎合交际人的某些不良欲望。

13. 培养适应各种人的能力

关心他人是很重要的，真正具有适应能力的人，总能明白事理而善解人意，老练而不枉断他人。

真正地适应当然不容易，所以，我们还要再次强调：要走出去与人接触。

你可以想想那些你想处好关系却又没有处好的所谓“难处的人”。考虑一下，在四种作风中，他们属于哪一种？然后再分析一下：究竟用什么东西才能触动对方？对左右一切的领导，那就是控制；对喜欢社交的大众，那就是认识人；对按部就班的好好先生，那就是和睦相处；而对慎思者来说，则应该是逻辑和分析了。

在每种情况下，对方都会有一种与他们自己倾向相一致的作风背景。你不要指责他们，而要理解他们。要经常问问自己：为了对方的需要，我又能做些什么？

（1）要适可而止

记住，并不是每个人都知道或关心这些行为特征的。而且，他们被你这样“分门别类”，他们自己也一定没有想到。

所以我建议你，在分析和议论别人时，一定要适可而止。如果在同事聚会上，你心血来潮，大谈什么老板的个人风格，那非要引出一场大祸不可。

（2）不要急于下判断

辨认他人风格固然重要，但根本问题还是要适应对方。所以要注意，不要急于对人下判断，不要一棍子就把人打死，像“对方是慎思者，我跟思考者相处不好，所以我用不着跟他浪费时间”这一类的想法，都不可取。本来，你关于个人风格的知识，应该为你开展关系才对，怎么可以让它们给缚住手脚呢。因此千万不要用白金法则去给人设置框框。

（3）要的不是借口，要的是自知之明

知道自己的风格，对提高自己很有帮助。你会跟别的人一样，一开始就发现自己的长处和弱点，但千万不要把它作为护短的借口。比如说：“我是个纵横捭阖的领导，我强横一点又有什么关系？”或者说，“我跟不上又有什么关系？谁叫我只是普通一员！”这些都不可取。

（4）努力提高自己的适应能力

关系如同钱财，要妥善管理才行。不过，只要你给予足够的重视和训练，你就能把这些关系处理得对每个人都有好处。不论你是新手还是老手，也不论你属于哪种作风，你都做得这一点。具体来说，四种人的做法如下：

1）社会大众

①控制时间，控制情绪

②客观、无偏见

③信守诺言

④集中精力于眼前的工作

2）思考型人物

①公开表示对他人的关心和欣赏

②及时做出决策

③注意政策的灵活性

④寻求共同点，寻求合作

3）好好先生

① 恰当的时候作出拒绝

② 适当冒险

③ 避免虚伪

④ 接受合理的变化

4）领导型人物

① 放慢脚步，显得更加轻松自如一些

② 做一个有耐心的、坦诚的聆听者

③ 经常赞扬别人

④ 多一些谨慎，少一些仓促

（5）用不同的方法，为不同的人鼓劲

不论你是在办公室里做事，还是在家里做事；也不管你是跟同事、朋友在一起，还是跟家庭成员在一起，你都会碰到给对方提神鼓劲的时候。这样，你就不可避免地要遇到某种挑战，而要面对这种挑战，你就用得着白金法则方面的知识。

下面是你的具体做法：

对于领导型人物——你可以单刀直入：这就是问题的症结所在，这就是事情的来龙去脉，这就是它可能影响我们的方式。"所以"，你可以这样对这些人说："让我们步入正轨，着手解决这个问题。"

给这些喜欢左右一切的领导者一些控制权，那他们可就来劲了。"像你这样足智多谋，还用得着我来指点工作吗？"你可以这样说："只要能够做出决定就行了，现在是到了知道事情路数的时候了。"

对于社会大众——你要向他们表明，迎接挑战当然不容易，也正是因为这样，所以迎战使人脱颖而出。因此，你要鼓动他们，要表示你对他们的重视，要经常称赞他们获得的奖励和取得的成就；就是对他们跟你说起的工作中的好事，你也要经常挂在嘴边。

你同时还可以向他们表明，你们的职位和形象怎样才能得到提高和改善。“这是个好机会，而不是退缩不前的时候。这儿的每一双眼睛都会看着我们。让我们好好表现一下，我们准能行！”

对于好好先生——你要知道，这类人对变化——任何形式的变化——都表现冷淡。所以，你要努力缓解他们的不情愿心理。要心平气和地跟他们讲清，这问题仅仅是因为地点不当引起的，它不会损害你们的共同事业，你们有能力共同解决它。

而且，你也要多跟他们待在一起，看看这些变化给他们带来的冲击到底有多大。要是问题真的有点严重，那你就应该毫不迟疑地着手解决它。

对于慎思者——这此人往往想更加详细地知道问题或挑战背后的潜在原因。所以，你要尽可能地把你的解释组织得周全、细致，对于你的新工序、新计划，你也要提供充分的材料和说明。

“这就是全部的事实，”你可以这样说，“所以，我们最好是深入理解问题的实质，然后合乎逻辑地提出解决的办法来。”

（6）批评也要因人而异

无论是在工作中，还是在家里，向别人提出提高或改善的要求，这很不容易但却十分必要。关键是采取的方式，不能勾起他们的抵触情绪，而要设法激发他们风格中的积极因素。

你可以这样做：

对于领导型人物——要尽可能地强调预期的结果，让他们把心思调整到解决方案上来。你可以向他们提交进展报告，以促使他们回归正题，比如你可以这样说：“我们的目标是彻底消除账目错误。要说谁能做这事，那就是我们。我们应该来一次大推动，让我们现在就开始。”

对于大众型人物——你不妨严肃一些；对于问题的症结所在，对于解决问题的相关要求，你也不妨直截了当地讲清楚。至于协商后的变更事项，你也可以让他们再重复一遍，以免存在什么误会。“对于我们怎样看这个问题，我们的大老板一直很关注；而且这还严重关系到我们部门的声誉。所以，我希望你能高度重视这项计划。一定要重视！待会儿我会给你一个清单，重要事项都已写在上面。你还有什么不清楚的地方吗？”

对于好好先生——批评要对事，不要对人。因为他们都是些很敏感的人，所以你要向他们解释清楚，他们自己本人并没有什么不对的地方，而且，你还要表现出自己的同情心。“我是多么想成为一名顾客，想跟他们一同承担这些问题。我想你一定能够理解这一点。我们每个人都想使顾客满意，使我们这个集体士气高昂。所以，你务必要帮帮我，以便清除这些故障。”

对于思考型人物——要显得内行一些。要讲清问题症结所在，要提出修正计划，最后还别忘了给出完成期限。在接下来的一两周，还可以再碰碰头，看看怎样落实方案，或者是否有必要做出局部修改。“我知道，这件事情我们不可能一步到位，”你可以这样说，“但是，我们可以先制订一个切实可行的计划，然后我们就可以见机行事。”

（7）自信心和尊重人

渴望自己有成就、有影响力、有威望，这是杰出人物的一个优点，也是人之常情。

如果一个社会，没有一大批人以火热的激情去追求有益于他人的目标，展示自己的才能和影响力，那么，这个社会就不会有文明和进步。但是自己有自信心的同时，还必须学会尊重人。

历史上有些名人的事例很有趣。

探险家哥伦布写信给叶卡捷琳娜二世，申请授予他海军上将兼印度总督官职。因信封上没写“女皇陛下”，叶卡捷琳娜二世接到信后，没拆开来看就把信扔在一边。第二个例子：当一位官太太像母老虎一样闯进白宫时，格兰特总统夫人大声喊叫起来：“没有我的邀请，你敢坐在我主持的会议桌旁！”

这两个事例都说明了尊重别人的必要性。

我们可以在体力、经济上支援我们的朋友和孩子，但很少支持他们自爱。我们给孩子们烤牛肉吃，以增强他们的体力，却没有跟他们说一声“亲爱的”诸如此类亲热的话。而这种尊重将使他们一旦遇到困难的时候，便可增添巨大的力量，并长期留在他们的记忆中，永远受益。

尊重人不是无原则的奉承，赞扬和奉承是根本不同的两回事：赞扬发自内心，没有私心，是真诚的；而奉承话是口是心非，实际上是为自己。前者应受到肯定，后者应受到谴责。

我们在考虑如何处理和别人相关的问题时，通常95%的时间是在考虑自己，如果我们多分出一些时间来忘掉自己，好好地想一想对方的优点，不讲任何无价值的奉承话，真诚地评价对方，由衷地称赞对方。那么，你的话，他将牢记，并会不断地在他生命的长河中重现，一直到永远。

在社会中，是否受人欢迎已成为影响你成功的重要因素。据说日本一些公司在考虑某人作重要职位的候选人时，第一要考虑那个人受过的训练和经验，掌握技术的情况如何。第二要考虑那个人能否与人合作，就是与人相处的能力如何。另一调查显示，一个人成功有25%是靠技能，75%是靠机缘，即机会和人缘。人缘关系好，别人就会对你产生信赖。技能和人缘与其说技能重要，倒不如说更偏向于“人缘”因素，更何况好的人缘不仅有更多的晋升机会，而且生活在一个受人欢迎的环境里也会使你心情舒畅。

下面介绍几种使你到处受到欢迎的方法，我想对你是有帮助的：

（1）真实地欣赏别人的特点

美国哈佛大学的心理学家威廉·詹姆斯指出，人类本性最深的需要是渴望得到别人的欣赏。要成为到处受欢迎的角色，就必须学会表现出诚实地、真心地欣赏不同的人，就有不同的特点足以让人尊重和敬佩。你应该学会找出每个人独特的地方，并欣赏他的特点，且形成一种习惯，否则你可能很难欣赏别人的特点。

我们许多人都喜欢把人分类，诸如公司职员、老板，老年、中年，男人、女人、小孩等等，并认为只有少数人和我们是同一类型的。这样一来就带来了问题，限制了你自己。假如你认为自己喜欢某种人的话，你和其他类型的人相处的时候，一定会觉得非常紧张。而且你可能错过大好机会，去认识不同凡响的人。我有一个教师的朋友，他一直认为只有当教师的人才是崇高的，其他的人不是政客、文痞就是市侩。他这种按职业类型来划分自己喜欢的对象，这就导致他不能让自己面对每一个人真正的面目。其实，每一类型中的人都有各种不同的人，每一个人都有与别人不同的特质。我本来不喜欢我部门新来的小胖子，后来发现他的流行歌曲唱得很好，我们就成为好朋友。假如你将所认识的人视为一个独立的个体，看看他有哪些特点，并欣赏他的特点。自然，你会喜欢他们，他们也会喜欢你。

（2）真诚地关心他人

你若不关心别人，而希望别人关心你，是很难做到的。心理学家亚德路说：“对别人不感兴趣的人，生活中困难最大，对别人的损害也最大。”所有人类中的失败，都在这些人当中发生。美国罗斯福总统到处受到欢迎，一个重要的原因就是对别人发生兴趣，关心别人。他遇到白宫里所有的工役，甚至做杂活的女仆，都呼名问好，并关心她的工作。有些缺乏对他人关心的人，常常由于出错而损害了他人的自尊心。更有甚者，如果有人因他们而沮丧的话，他们还会大表惊奇说：“我只是告诉她该减肥而已，我怎么知道她会小题大作。”因此，要与别人很好地相处，就应学会关心他人。当然，热心助人是要花时间和精力的。比如我们要交朋友，我们有必要记住朋友的生日，并按时致贺，与朋友打招呼或挂电话时，都要表现出热忱。

（3）培养感受别人经验的能力

要学会“体会”别人的感受，这将使你的生活更丰富，和别人的生活有更密切的关系。如果你记得自己的感受，通常还可以体会别人在某个特殊情况下的感觉。譬如，你还记得自己联考落选时的那种感觉，现在，你的朋友的日用化工厂失败，这又是一个难以忍受的时刻。如果你愈了解自己的经验，那你就更能体会他的感觉。如果别人愿意的话，你还可鼓励他们谈谈自己的感觉和生活。尽量记住别人的话，并且尝试体会他们的经验与感受。你愈这样做，就觉得愈容易体会到别人的经验和感受，你就会觉得自己和所有的人愈来愈亲密了。

（4）谈论别人感兴趣的事

聪明的谈话者之所以都谈得十分投机，重要的一点就是在谈话之前通过各种途径了解到对方特别感兴趣的话题。因为达到人心相通的大路，是对他谈论他最得意的事情。

（5）记住别人的名字

美国总统约翰逊，把与人相处的九条原则写在纸上，放在自己的办公桌里。其中第一条是熟练地记住别人的名字。如果做不到，就意味着你对那个人不太关心。许多人往往对自己的事物较有兴趣，尤其是对自己的名字最感兴趣。如果你能记住一个人的名字，并能容易叫出，你即已对他有了巧妙而有效的恭维。

（6）避免讥讽别人

讥讽别人不仅不讨人喜欢，而且是危险的。因为它伤害了一个人的自尊心，并会激起他人的反抗。任何愚人都能讥讽别人，但那只是愚人的做法。如果你能把讥讽变成了解和宽恕，那你便能培养出容忍和同情的伟大品格。

当你了解以上六种方法并能正确地利用它，你便成为一个到处受到欢迎的人。

第四章

方圆做人的 35 条钻石法则

1. 圆通技巧：既不赞成也不反对

现代人最大的苦恼之一是“圆滑和圆通分不清楚”，甚至“将圆通看成圆滑”，以致“看什么都不顺眼”，因为我们最厌恶圆滑的人。

圆通原本是我们十分喜欢的境地，一个人能够修养成为“圆通大王”，那还了得！

可惜圆通和圆滑长得一模一样，表面上看起来，几乎不分轩轾。现代人脑筋逐渐扁平化，缺乏深度，看事情都不能够“入木三分”，所以“凡是圆通都看成圆滑”，丧失对圆通的体认，而扭曲了整个社会的判断标准。

西方人一直拿“二分法”没有办法，始终摆脱不掉“二分法”的陷阱，不得已把它称为“必要的罪恶”。

现代的我们，西化的程度愈深的，愈无可奈何地生活在“二分法”的困境中，动不动就明确地“二选一”，果决地在两者中择取其一。

“请问要喝咖啡，还是红茶？”

“咖啡。”

虽然显得明快而清楚，却显然忘记了我们固有的“二合一”，不敢回答：“随便”或“都可以”。

“二合一”早已摆脱“二分法”的困惑，深深地影响了我们的生活。

我们的基本立场是“既不反对也不赞成”，便是唯恐掉入反对和赞成这种“二分法”的产物所造成的圈套，而难逃被套牢的厄运。谁也不愿意平白地被套牢，不是吗？

方圆做人的正确立场，骗别人却能够好像没有骗一样，已经突破“骗人”“不骗”的“二分法”，把二者合而为一，呈现“二合一”的面貌。

方圆的人的高明立场在“深藏不露”，事实上是站在“不露”的立场来寻求合理的“露”，同样把“不露”和“露”合而为一，不再二选一了。

真正圆通的立场，就是时时认清“二合一”优于“二选一”的事实，体认“真理存在于二者之中”，尽量在两种相反的矛盾因子中，寻求合理的平衡点，做到“相反相成”的地步，把矛盾化解，成为崭新有效的结合体。

我们承认“圆通是高难度的素养”，一般人看不懂也学不精，何况一不小心，就会流于圆滑而遭人唾弃。然而一辈子学不会圆通，毕竟是人生一大憾事，所以“难学，还是要学；难精，必须用心”，大家共勉之。

满脑子“圆滑”的人，看什么事情都觉得相当圆滑，连带看什么人都觉得丑陋、卑鄙。要学“圆通”，第一步必须“以圆通代替圆滑”，从此脑海中只有“圆通”的期待，因为它不是“圆滑”的对立词，却是“圆滑”与“不圆滑”这种“二分法”的“二合一”。圆通会有圆滑的成分，同时也含有不圆滑的成分。先接受“圆通”的概念，再观察“圆通”的事实，分析“圆通”的要素，庶几可以学得“圆通”的精髓。

圆通人士，平日携带妻儿拜访朋友、亲戚，为的是联络感情，建立“二合一”的关系。上司部属为求长期合作，往往也追求“通家之好”。

对于夫妻，我们总是“劝合不劝分”。既然结成夫妻，便是有缘，彼此要多包容，不能轻言离异。

圆通人士心中有数，劝导夫妻不可离婚，结果还是可能离异。至少不出自我的口，将来夫妻反悔，不致两个人一起骂我：“当初根本没有想到离婚，就为了听你那么一句话：既然合不来，长痛不如短痛，干脆分开算了。一时糊涂，听信了你的话，才产生这么悲惨的局面。”

劝导夫妻不可离婚，在夫妻吵架之后握手言欢时，心中落下一块大石，会庆幸没有劝导离异，否则夫妻必然合起来骂：想不到这么好的朋友，居然劝我们离开，真是人心隔肚皮，不知道安的是什么心！岂不冤枉？

再来看看修身，二合一的行为几乎随地可见。

“这件事，你看怎么样？”

“到目前为止，一切都还好，不过后面的演变，实在很难说。”

“王君的操守，到底怎么样？”

“我不太清楚，问了好几个人，都说很难说。”

精明人最常用的字句，好像除了“不一定”之外，便是“很难说”。样样不一定，事事很难讲。

“不一定”和“很难说”，实际上都是“二合一”的表现。一般人以为“不一定”就是不一定，那是“二分法”的受害者，把“不一定”和“一定”相对待，并不是精明人应有的想法。我们的“不一定”，含有相当程度的“一定”成分，所以仍然是“二合一”。至于“很难讲”，同样不应该看作“很好讲”或“很容易说”的相反词，我们的“很难说”包含相当成分的“其实也很好说”。

只要听的人有心听下去，轻轻问一句：“怎么很难说？”保证说“很难说”的人，就会继续把难说的部分轻易地说出来。站在“很难说”的立场来“很容易说”，有如“不一定”之后忽然产生“一定”的观点，既灵活方便，又有安全保障，对不对？

圆滑的人，只推说“很难说”，便不说明事实，甚至乱说一些足以混淆事实的话，对于事实的澄清具有负面的影响，大家的心里都很不以为然。

“请问这一次旅行，要给导游多少小费？”

“很难说，因为给小费是每一个人自己可以决定的事情，旅行社并没有规定，也没有理由做这种决定。”

每一句话都对，听起来很有道理。但是听的人觉得，“你把我当小孩，连这种常识都没有”；“你这样说，未免太见外了吧，要不要说是你的权利，也不必说得这样客套，提防得如此严密”；甚至“我还不知道你最小气，还要说得这样好听”，因而对答话的人相当反感。

圆通的人，当然不会直接说出“应该给多少”、“最好给多少”或者“我打算给多少”这一类的话来。但是，在“我们研究看看”“我们不妨分头打听，看看别人打算怎么给付”等“推、拖、拉”用语之后，可能会说：“一般来说，每人每天给导游两美元，不知道你觉得怎样？我们是不是再过几天，看看情况再来商量？”

“赞成”“反对”是一种“二分法”，表示赞成或反对，即为“二选一”。精明人以“既不反对也不赞成”作为基本立场，便是“二合一”的思考方式。

任何事情，总是不断地演变。往往原本可以赞成的事情，演变到最后，令人不得不反对；而原来应该反对的，也可能愈变愈应该加以赞成。

把一切弄清楚，而且保证不再改变，这时候我们当然会当机立断，果敢地选择赞成或反对的态度。但是，就算如此，警觉性特别高的精明人，也尽量避免公开表态，以免引起保持不同意见的人的指责，甚至仇视。

方圆人士都是圆通人士，不可能单刀直入地问人家赞成或反对，因为对方认为有此必要，自然会主动表示，不必苦苦相逼，而得不到真实的答案。被人家问起赞成或反对时，也不可能直截了当地表示其中之一，却大多兼顾赞成及反对双方面的看法，尽量加以包容。

2. 绝对不跟熟人做生意

方圆的人不跟熟人做生意，可能有人会纳闷儿：都说“熟人多了好办事”，你怎么会害怕熟人呢？

这就是方圆做人的技巧了。

俗话说，生意场上无父子。之所以这句话流传多年，时至今日仍在教诲我辈，就是因为人们很难做到这点。毕竟，中国人的血管里流淌着东方人的亲情之血，在“义”与“利”的冲突中，往往是理智的“利”让位给感情的“义”。但在实际的商战中，以“义”代“利”不仅违背追求最大利润这一商界最高原则，也常常带来事与愿违的隐患。

1997年7月的一天，小张的一个熟人跑来他这儿订一批办公用品。声言他的公司刚成立，贷款没下来，但新开张时费用超支，故先把货拉走，等开张后立即把货款送来。完了，还补上一句：“信不信得过我这朋友？”话说到这份上，小张不答应显然不合适了，但还是让他打了欠条，写明还款日期。

可是时间过去四年，小张熟人的公司早开张了，自行车变成了摩托车，又变成了长安面包车。他也没有上门，更别说还款之事了。其间小张也打电话或直接上门找过他。一提欠款，他不是推说贷款没下来，就是大诉苦经。煞有介事的悲痛状，仿佛他刚从旧社会过来，你不拍屁股走人，再说下去，他就难免追到你家讨口饭吃似的。不到万不得已，小张还不想拉他去对簿公堂。因为是“朋友”，尽管你在法律上能取胜，在舆论上恐怕已经“出师未捷身先死”了。

还有一个故事：

一个熟人带了他的一个熟人来买一台保险柜，因为同介绍人关系挺好，小明亲自选了一台并让出纳按批发价给开了发票。那“二道熟人”当时也没说什么，只说第二天把支票送来。当时天近黄昏，小明便邀请两位到附近的饭店吃了晚饭，其实那顿饭已经超出卖柜子的利润。事过一星期，对方没把支票交来，出纳员便按名片地址找去。结果回来摊着双手说，见到了那位保安器材部的老板，他倒没说什么，只是他手底下的伙计抱怨买贵了。小明担心引起误会，当即赶了去，对那位仁兄坦诚相告：“我不可能靠这笔业务发财，也就没有必要把给你的价高出别的顾客，从而使自己堵上两扇门（还有一位介绍人）。”对方笑笑，竟提出一个大出意料的建议："你干脆在我这里也买点东西吧！"顺着他的视线，小明看见他店里尽是警棍、手铐、警服、警帽，便遗憾地拒绝了。他有些失望，随即说："这样吧，等两天手头松点就给你送去，就两天，行不行？"——"就两天"，便又成了一笔"烂账"。

当然，不要同熟人做生意，并非一成不变。但初涉商海便抱着靠自己的胆子、朋友的路子，一不小心就发了大财的想法却是危险的。最根本的是，既然置身商界，就应该严格遵循为商的原则进行"游戏"。不然我们的商旅生涯就像那首儿歌一样——"迷途的羔羊，寻找老狼的指引……"

3. 给自己留条后路

正因人的自私、不道德的食欲，才使社会更加功利、贪婪，而有类似出售病死猪肉给人吃的情况，不能不给我们留下些思考。

"母猪长得越肥，就越喜欢在泥沼里打滚；公牛长得越肥，就越勇敢地朝屠夫走……"

有一个蜜饯工厂老板的小儿子，到工厂去玩，女工看到可爱的小男孩，就顺手拿了三颗蜜饯给他吃。不料，却被老板看到，老板气急败坏地跑了过来，很生气地打了儿子一巴掌，说："死国仔，跟你说过多少次了，要吃蜜饯，只能吃我们家里妈妈亲手做的，你怎么这么不听话！"

只见小儿子眼泪滴了下来，他哪里知道，爸爸工厂里做的蜜饯，自己人不能吃，因为会添加什么色素、防腐剂，或不够卫生……

当老板，要使生意兴隆、财源滚滚，必须有一套自己独特的经营哲学，才能在同行中立于不败之地，而这样的经营哲学，是依照自己吃过的亏，以及前辈告诫的教训，逐渐累积而成。

一位刚从医学院毕业、服完兵役的年轻医师，在他父母亲前往欧洲旅行时，替父亲看管家中的诊所，也代为行医。

这个医师的父亲懂“方圆”之道，人缘不错，所以病人总是一个个上门，生意应接不暇。

当父亲外出回来以后，问他儿子：“我不在时，医院里有没有发生什么特殊的事情？”

“都还好啦！一切都很顺利！”儿子医师随后得意地告诉父亲，“哦，对了！有一件比较特殊的事，我把你一个患了十年胃病的病患，一次就给他医好了！怎么样，我的医术不错吧？”

父亲一听，满脸不高兴地说：“你觉得自己的医术很棒，是不是？你以为你读七年医学院的学费是怎么来的？”

也有一个修理钟表的学徒，和师父学修表已经有五年了，他天天修理好几个大大小小的钟表，修得又快又准，技术很不错，可是，他师父就是不让他出师。

有一天，这学徒就向师父抱怨：“师父啊，比我晚来的师弟们，都一个个出师到外面去开业了，而我已经跟您学了五年，怎么还不能出师呢？到底我还要学多久啊？”

师父看了看徒弟，叹了一口气说：“你还要继续学呀！等你学会修好顾客指定要修的地方，又能神不知鬼不觉地弄松其他小零件，你就可以出师，自己开业了！”

的确，当老板、当师父，都要有一套不为人知的招数和伎俩，否则怎么和别人竞争？怎么存活？

可是，为什么人会这么自私呢？心理学家皮亚杰认为，“道德”可分为“自律性道德”和“他律性道德”。一个人只要不违反法律，“卖些稍微肮脏的蜜饯”、“故意不立刻医好病人”或“偷偷地弄松手表中的小零件”，都没人知道，也不会被处以重罚，所以，只要能赚钱就可以——这就是“他律性道德”，比较自我中心主义，并着重现实价值。

相反地，“自律性道德”就有比较高标准的自我要求，例如，对客户必须绝对诚实，不能唯利是图，一定要童叟无欺。

以前，北京有一家餐馆，以专门卖兔肉驰名，客人们都慕名而来，等着吃香喷喷的兔肉。

有一天，一桌客人叫了一大盘兔肉，大家都争相抢食。可是其中一个对兔肉颇有研究的客人，吃了几口后，觉得这个兔肉的味道不太对劲，就把餐厅老板叫了过来，请教他：“请问，这是兔子肉吗？”

“是的，这是咱们这儿地道的兔子肉。”老板客气地说。

“可是，怎么吃起来，味道有点酸酸的，好像是马肉的味道？”客人质疑。

“嗯……这个……先生，不瞒您说，最近兔肉缺货，所以是羼杂了一点马肉没错！”老板笑着回答。

“加了一点？”客人又吃了一口，皱着脸说，“我看，恐怕不止‘一点’吧！味道差很多呢！”

“对不起，是多加了一些，先生！”老板不好意思地说。

“那到底是加了多少马肉呢？”

“一半一半啦！大概是一匹马，配上一只兔子啦！”老板说。

从小，我们就听到“奸商”这个名词，老师也说过“无奸不成商”，所以大家对于商人，都有不太好的刻板印象。例如，哄抬物价、以假乱真、标价不实等等。但实际上，并不是所有商人都是奸商或没良心，我们不能以偏概全；真正忠厚老实、正派经营、有良心、有“自律性道德”的商人，也是大有人在。

人是自私的，总会有私欲，但却不能不道德。

所以，俄国作家克雷洛夫说：“不要把痰吐在井里，哪天你口渴的时候，也要到井边来喝水的。”

4. 放下架子，真诚才会赢

现代化商战，说到底是人才的较量。人才就意味着长久的财富。人才流失就是财富在流失，留住人才，就需要你放下架子，真诚恳切，尊重他们。下面这个例子就说明了这个问题。

一天，一位原来在公司担任部门领导职务的有才干的年轻人，忽然辞职走了。李总经理得知他是被聘到一家酒店做经理，于是李总经理亲自找到了那家酒店。原先的老板主动来喝酒，这使那位刚辞职的B君深感意外。但他想躲开已经来不及了，只好笑脸相迎，请李总喝酒，他在一旁陪着。

两个细饮慢说，李总笑容可掬，情绪不错。他与这位过去的手下拉扯起一些一起创业过关斩将的往事，讲得眉飞色舞。随后，才谈到B君的近况，他兴致勃勃地问："很好吧？是不是干得很顺手？"B君当然要把其现状好好描绘一番：很受老板的赏识，当上经理以后，手下协作也不错，初步估算，在年内可以赢利五十万元。一边说一边觉得很畅快。李总淡然一笑，说："四五十万吗？我认为太少了。""就这么个小小的酒店，一年赚这么多已经很不错了……"B君小声地辩解道。

李总一本正经地说："照我看，你的才能一年应该赚几百万，你太不自信了，在这个小地方藏不下你这条蛟龙，所以我看你在这儿是大材小用啊！还是回去跟我干，怎么样？"

B君感到非常意外："李总，你不是开玩笑吧？我刚出来，你还要我回去……"李总慢悠悠地说："我想问题和做事情向来都是认真的。"B君为难地苦笑："我连公司的房子都退了，回去还有位置吗？"

李总道："你错了，我们公司的一贯做法是人走了房子留给他，你在小酒店里太屈才，所以留下这句话：你愿不愿来，我都等着你。"

B君果然返回公司，一年后，经过东拼西杀，为公司获利几百万。

我们都渴望被赏识和赞美，而且会不计一切地去得到它，但是没有人会理会阿谀奉承这种不诚恳的东西，也没有人稀罕那些居高临下的美言。领导者自然不会对下属阿谀，但是居高临下的美言却时常会显现。

要成为人类有效的领导者，卡耐基告诉你一个原则：赞美最细小的进步，而且是赞美每一次进步，要诚恳的认同和慷慨的赞美。

唯有放下架子，真诚恳切，才能做到这些。诚意就是万灵丹，威廉·詹姆斯告诉我们："若与我们的潜能相比，我们只处于半醒状态。我们只利用了我们肉体和心智能源的很少一部分，往大处讲，每个人离他的极限还远得很，他拥有各种能力，但往往习惯性地未能运用它。"

松下幸之助创业两三年，多少也有了一些客户，店员也雇了四五个，记得某个夏天的下午，白天努力做完工作，傍晚就收了工冲凉。但就在当时，突然自己有个感觉："今天做得真不错，自己都感到十分骄傲。"这大概就是一种满足感。这种自我满足的心境，可以说是生活的充足感与生活的真正意义。

自己告诉自己："今天干得很好。"这种自我褒奖自己、安抚自己，我认为是一件很重要的事情。受人褒奖是件荣誉事。可是要达到自己能够褒奖自己的进步，这样工作，才能真正感到生活的充实感及满足感。

40年前，辛苦地工作一天，自己满足于今天一天的工作，在木盆里放水冲洗疲惫的身体，然后吃晚饭，那种心满意足的情景，至今仍清晰地浮现在眼前。那时对松下来说，可以算是一生中最感愉快而惬意的日子。

后来受到各位客户的爱护，事业蒸蒸日上，而有今天。可是对松下而言，个人的满足感、喜乐感，还是以当时最为强烈。

他还说：不论个人或团体，我们常低估了自己的价值。只有先肯定自我，才能完全发挥自己的实力，突破任何困境。

这实际上也是一个心态问题。许多著名的成功人士各有特点，但在拥有良好积极的心态这一点上却有着惊人的一致性。

世界冠军雷顿在奥运会比赛时，在她年轻的运动员生涯中，做了极危险的决策。她在跳跃动作中，得到了完美的十分之后——美国选手在奥运会中，从未达到如此成绩——她竟要求不必要的第二次试跳。她比任何人都更为明白，这个决定有多么危险，她可能会犯点错，滑一跤或表现一丁点的误差，只要一个小失误，在极端严格的规则下，她就会失去她第一个满分，前功尽弃且全盘皆输；然而，她却再一次得到了完美的十分。对她而言，那是她挑战自我、肯定自我的绝对真实的时刻!

假如你要去一家公司上班，所以你同这家公司总裁有约。他坐在桌边，身子前倾着说道：“如果我雇用你，你能给我们带来什么？好的坏的都说给我听了吧！”

你将做何回答？你能说出哪些资格、条件来？

任何公司都要经常盘点，通过检查库存货品，弄清市场动向，自己要卖什么，缺什么，哪些产品过时了。

个人也一样，需要时常检查自己，问问自己有什么特别的才智和技能，是否有能力与同事竞争，是否准备付出成功所需要的时间、思想和精力，自己掌握的东西过时与否。尽可能客观地进行自我检查、评估自己的能力，肯定自我的优势，认清自己的缺点。

5. 不可锋芒太露

想要在事业上一展才华的人，要记得时机没有成熟之前，千万别锋芒太露。

“人不知而不愠，不亦君子乎！”可见人不知我，心里老大不高兴，这是人之常情。尤其是年轻人，总是希望在最短时期内使人家知道你是个不平凡的人。想让全世界都知道，当然不可能，使全国人都知道，还是不可能，使一个地方的人都知道，也仍然不可能，那么至少总要使一个团体的人都知道吧！要使人知道自己，当然先要引起大家的注意，要引起大家的注意，只有从言语行动方面着手，于是便容易露出言语锋芒，行动锋芒。

锋芒是刺激大家的最有效方法，但若细细看看周围的同事，若是处世已有历史，已有经验的同事，他们却与你完全相反。“和光同尘”、毫无棱角，言语发此，行动亦然，个个深藏不露，好像他们都是庸才，谁知他们的才能颇有位于你上者，好像个个都很讷言，谁知其中颇有善辩者，好像个个都无大志，谁知颇有雄才大略而愿久居人下者，但是他们却不肯在言语上露锋芒，在行动上露锋芒，这是什么道理?

因为他们有所顾忌，言语锋芒，便要得罪旁人，被得罪了的旁人便成为你的阻力，成为你的破坏者；行动锋芒，便要惹旁人的妒忌，旁人妒忌也会成为你的阻力，成为你的阻力，便也成为你的破坏者。你的四周，都是你的阻力或你的破坏者，在这种情形下，你的立足点都没有了，哪里还能实现你扬名立身的目的?

年轻人往往树敌太多，与同事不能水乳交融地相处，就是因为言语锋芒的缘故，言语所以锋芒，行动所以锋芒，是急于求知于人的缘故，处世已有历史，已有经验的同事，所以“以缅合欢”，也是因为曾受过了这种教训。

陈先生在年轻时代以兼有三种特长而自负，笔头写得过人，舌头说得过人，拳头打得过人。在学校读书时，已是一员狠将，不怕同学，不怕师长，以为他们都不及他。初入社会，还是这样的骄傲自负，结果得罪了许多人，不过，他觉悟很快，一经好友提醒，便连忙负荆请罪，倒是消除了不少的嫌怨。但是无心之过仍然难免，结果终究还是遭受了挫折。俗语说，久病成良医，他在受足了痛苦的教训后，才知道言行锋芒太露，就是自己为自己前途所安排的荆棘，有人为了避免再犯无心之过，就故意效法金人之三缄其口，即使不得不开口，也要多方审慎，虽然“矫枉者必过其正”，但是要掩盖先天的缺点，就不能不如此。因此若听见旁人说你世故，人情太熟，做事过分小心，不但不要见怪，反而要感到高兴才是。

当然也许有人会说，采用这样的办法不是永远无人知道吗？其实只要一有表现本领的机会，你把握住这个机会，做出过人的成绩来，大家自然就会知道。这种表现本领的机会，不怕没有，只怕把握不牢，只怕做的成绩不能使人特别满意。你已有真实的本领，就要留意表现的机会，没有真实的本领，就要赶快从事预备，《易经》上说：“君子藏器于身，待时而动。”无此器最难，有此器不患无此时。锋芒对于你，只有害处，不会有益处，额上生角，必触伤别人，你自己不把角磨平，别人必将力折你的角，角一旦被折，其伤害更多，而锋芒就是人额头上的角啊！

6. 以毒攻毒，老虎头上能拍苍蝇

太岁头上动土，老虎嘴里拔牙是万万不可取的，但如果太岁和老虎要你的命你还动不动，拔不拔？

杜月笙，旧中国上海滩著名的流氓大亨，十里洋场的“第一号闻人”和“工商界巨子”。其权势之显赫，甚至敢于在“太子”头上动土。

1948年夏，为扭转全国严重的财政经济危机，蒋介石特派儿子蒋经国督导上海地区经济管制，并组成了逮捕不法之徒的“打虎大队”。恰在这时，杜月笙的三儿子杜维屏因私自套汇港币45万元外汇，被蒋经国查获。

蒋介石大为震怒，立即下令逮捕了杜维屏，这在上海滩引起了巨大震动。

对杜月笙来讲，从来只有“损”人，没有被人损过。对于蒋经国的下马威，杜氏门徒建议“老师”给蒋经国点颜色看看，让这位“皇太子”知道上海滩不是新赣南。但杜月笙却不动声色，既不向主管方面求情，也不跟亲朋故旧诉苦，反而一本正经地说：“国法之前，人人平等，杜维屏果若有罪，我不可能也不应该去救他。怕什么，我有八个儿子，缺他一个，又有何妨？”其实，杜月笙暗中却在窥探着反击的机会。

一天，蒋经国把各业巨头约到浦东大楼，准备对杜月笙施加新的压力。杜月笙明知是“皇太子”摆的“鸿门宴”却不便“拒邀”，会议一开始，蒋经国即正色道：“对这次币制改革，上海各界人士热烈赞助者很多，但有少数不明大义的人，投机倒把，囤积居奇，兴风作浪，影响国计民生。本人此次进行经济检查，若囤积物资逾期不放，一经查出，全部没收，并予法办。”

蒋经国的话显然是讲给杜月笙听的。岂料他的话音刚落，杜月笙即起立发言：“我儿子违反国家的规定，是我管教不严，我把他交给蒋先生依法惩办。不过我有一个要求，也可以说是今天到会各位的要求，就是请蒋先生派人到‘扬子公司’的仓库去检查检查。扬子公司在囤积的货色方面尽人皆知是上海首屈一指的。今天我的亲友的物资登记查封，也希望蒋先生能一视同仁，把扬子囤货同样予以查封，这样才服人心。”杜月笙还软中带硬地说：“倘若蒋先生吃不准，我可以陪你检查。闲话一句，我身体有病，不能多坐了。”说完离座而去。杜月笙的发言犹如一颗重磅炸弹，语惊四座。工商界巨头们不禁暗中佩服这位大亨。杜月笙既然敢在老虎头上拍苍蝇，“皇太子”自然也不会示弱，他立即表示“扬子”如有犯法行为，决不宽恕。

顿时，“扬子囤货案”弄得满城风雨，街谈巷议，纷纷嘲讽蒋氏家族的丑闻。扬子公司原是一家“皇亲国戚”公司，孔祥熙的大公子孔令侃是这家公司的董事长兼总经理。孔少爷凭着他是蒋介石的外甥，根本不把“打虎大队”放在眼里。但杜月笙先发制人，蒋经国又不能按兵不动，遂下令查封了“扬子”之仓库。孔令侃立即向小姨妈宋美龄求援，哭诉蒋经国自相残害手足的举止。在调解未果的情况下，又搬出了蒋介石。蒋介石听罢原委后，不禁埋怨起儿子来，认为他毕竟出道不久，怎么假戏真做，打“虎”打到自己家族头上来了，结果，“扬子囤货案”一案不了了之，杜月笙的三公子也早在此事了结之前出了监狱。杜月笙以毒攻毒救子这一手实在是“辣”呀。

7. 能和不喜欢的人相处合作

这世界是个大家庭，不能仅靠一个人的能力去完成，还需要人与人之间的相互帮忙才能办成人生的大事情。

学会和不喜欢的人相处合作做事，是一种方圆技巧。人的某种本能趋势就是与自己喜欢、欣赏的人靠近，同样也就远远地躲开那些自己不喜欢、不愿意打交道的人。然而，生活中没有那么多的随心所欲，由于各种各样的原因，我们经常要与自己不喜欢的人，甚至是与自己相敌对的人打交道，这就需要用到一些技巧，那就是用真诚的态度对待每一个人，包括你不喜欢的人。

当遇到与我们意见不一致的人时，应该怎么做呢？

哈蒙曾被誉为全世界最伟大的矿产工程师，他从著名的耶鲁大学毕业后，又在德国佛来堡攻读了3年。毕业回国后他去找美国西部矿业主哈斯托。哈斯托是个脾气执拗、注重实践的人，他不太信任那些文质彬彬的专讲理论的矿务工程技术人员。

当哈蒙向哈斯托求职时，哈斯托说："我不喜欢你的理由就是因为你在佛来堡做过研究，我想你的脑子里一定装了一大堆傻子一样的理论。因此，我不打算聘用你。"

于是，哈蒙假装胆怯，对哈斯托说道："如果你不告诉我的父亲，我将告诉你一句实话。"哈斯托表示他可以守约。哈蒙便说道："其实在佛来堡时，我一点学问也没有学回来，我尽顾着实地工作，多挣点钱，多积累点实际经验了。"

哈斯托立即哈哈大笑，连忙说："好！这很好！我就需要你这样的人，那么，你明天就来上班吧！"

在有些情况下，别人所争论不休的论点，对自己来讲反而不那么重要。比如，哈蒙从哈斯托口中得来的偏见，这时，我们所需要的不是去斤斤计较，而是尊重他的意见，维护他的"自尊心"而已。

敏锐的人在对付反对意见时常常尽量使自己做些"小让步"。每当一个争执发生的时候，他们总是在心里盘算着：关于这一点能否做一些让步而不损害大局呢？因此，无论在什么时候，应付别人反对的唯一的好方法，就是在小的地方让步，以保证在大的方面取胜。另外，在有些场合，应该将你的意见暂时完全收回一下。

在洛克菲勒的一件逸事说的是，曾有一位不速之客突然闯入他的办公室，直奔他的写字台，并以拳头猛击台面，大发雷霆："洛克菲勒，我恨你！我有绝对的理由恨你！"接着那暴客恣意谩骂他达10分钟之久。办公室所有职员都感到无比气愤，以为洛克菲勒一定会拾起墨水瓶向他掷去，或是吩咐保安将他赶出去。然而，出乎意料的是，洛克菲勒并没有这样做。他停下手中的活，用和善的神气注视着这位攻击者，那人越暴躁，他便显得越和善！

那无理之徒被弄得莫名其妙，他渐渐地平息下来。因为一个人发怒时，遭不到反击，他是坚持不了多久的。于是，他咽了一口气。他是做好了来此与洛克菲勒做斗争的，并想好了洛克菲勒将要怎样回击他，他再用想好的话语去反驳。但是，洛克菲勒就是不开口，所以他不知如何是好了。

末了，他又在洛克菲勒的桌子上敲了几下，仍然得不到回应，只得索然无味地离去。洛克菲勒呢？就像根本没发生任何事一样，重新拿起笔，继续他的工作。

不理睬他人对自己的无礼攻击，便是给他最严厉的迎头痛击！成功者每战必胜的原因，就是当对手急不可耐时，他们依然故我，显得相当冷静与沉着。

当然，如果你真的不幸遇上了非常讨厌的家伙，在涉及原则性的问题上，建议你还是向下文中的林肯总统学习。

有一次，林肯的办公室突然闯进一位来求职的人，这人连日来访已有几个星期了。他来后照样提出了老问题，要求总统给他一个职位。林肯总统说："亲爱的朋友，这是没有用的。我已经说过了，我不能给你那个职位。我想你还不如立刻回去的好。"

那人听了以后变得恼羞成怒，很不客气地大声说："那么，总统先生，我知道你是不肯帮我忙的！"众所皆知，林肯总统的良好修养与忍耐力是著名的，但此时他真的无法再忍受了。他对那人注视良久，然后从容地从椅子上站起来，走到那人的身边，一把揪住他的衣领，拉到门外，然后重重地将门关上。

那人又推开门，大声吼道："把证书还给我！"林肯从桌子上拿了他的文件，走到门口，猛地一掷，再次把门关上，回到原位。对此事的处理，总统在当时以及事后始终没有说一句话。

作为一个极为谦和的一国之首，在必要的时候终于生气了。因为此人确实是个无赖，根本不值得林肯运用其他的策略。但凡领袖人物，无一不精通全盘战略。明枪暗箭、冷嘲热讽，甚至在一定的状态下动武，无所不能。他们知道每个将才在必要的时候应该有自卫的举动，必须挺身而出！我们每个人也一样，不仅要行使我们自己的权利，更要维护自己的尊严。

8. 让聚餐战术成为沟通的桥梁

小娟的工作单位来了一位新的主管，不知是对旧主管还存着一种怀念，还是这位新主管长得不高也不帅，小娟对他始终没有好感。

其实对这位新主管没有好感的并不止小娟一个，包括两位男孩子，几乎整组的同事都“不喜欢”这位新主管。

可是又不可能把他赶走，自己也不可能调职……

怎么办呢？小娟有点担心。

有一天，也就是新主管到任的第二个星期三，新主管宣布请大家吃饭，说是要“大家彼此熟悉熟悉”。

这种餐会是没有理由拒绝的，小娟虽然不太乐意，还是去吃了这顿饭。

席间，这位新主管有说有笑，大家吃得很高兴。

小娟开始觉得，新主管也满可爱的，其他同事也有同样的感觉……

一顿饭，就化解了隔阂，真奇妙！

这位新主管可以说对人性已有相当的了解，所以不费吹灰之力就解决了他的困扰。

虽然是寻常饭局，但从邀请到进行，都包含着许多值得玩味的意义。

① 从同人的是否接受邀请，可以看出同人是否“接纳”他。这种邀请不是命令，但在领导统御及人际互动上，已具有和“命令”差不多的作用，这是任何人都懂的行为语言，因此绝少人会“借故”不去。

② 饭桌是很好的可以彼此拉近距离的场合，这位新主管在饭桌上，放下架子，显露他的亲和力，让同人们认识他真实的一面，并制造出他和同人们

在尊严上的“对等、平行”。这种动作一般来说，有相当良好的效果。

③ 食衣住行，民以食为天，没得吃就没得活，所以人类的历史就是一部“求吃”的生存的历史。上古人类“求吃”以生存，现代人也是如此。固然现代人的行为有超越单纯“吃”的意义，但“吃”还是人一天二十四小时的生活基调。而“吃”是要付代价的，因此对于求生存一说，吃也是一种压力，因此当有人“免费”提供你“吃”，暂时或长期免除你这种压力，享受这免费“吃”的人，就会产生一种被“眷养”的行为制约，因而改变自己对对方的立场和看法。这种情形，说得抽象一点就是远古时代人类对求生存残存的记忆，说得更明白具体一些，就是“吃人嘴软”，而越是吃得丰盛，越有这种效果。当然，并不是说请人吃饭就可达到目的，但对于双方关系的增进，是有其人性的根据的，所以全世界的人都喜欢在餐桌上沟通，有的先吃后说，有的先说后吃，有的则边吃边说。所以有的人说，把对方肠胃搞定，事情已成功了一半。小娟他们就是在这种情形之下，对新来的主管改变印象的。

事实上，一顿饭、一份小礼物，价值也不可能太高，可是吃了、拿了，自己的判断和态度就会产生变化，这并不奇怪：不是“餐食”或“礼物”自身的魔力，而是如哈巴马斯所说，“商谈伦理学”的情感交流，思想会通，人气上升的原因。

9. 谦虚地陈述问题，避免触犯别人

骄傲的人是不受欢迎的，吹嘘自己的人更会令人生厌，谦虚并不等于贬低自己，而是用另一种更好的方式表达自己。

对人的性格颇有研究的富兰克林，在早年的时候曾列过一张表，列举各种他所要达到的美德。经过几年的身体力行，他获得了相当大的成就。但到了后来，他还找出一件极应当达到的美德。他说："我在当初改变自己的表里，曾列举了12种美德。但有一天，一个是教徒的朋友告诉我，说大家都认为我很自傲，原因是我在谈话中一贯坚持自己的主张，而且有轻视别人的样子。我听了他所说的话，立刻着手矫正这一个缺点，并且在我所列的表上，加上了虚心这一条。直到现在，我虽不敢自夸自己在这一点上有何成就，但在表面上我确实改进了不少。我决心处处避免触犯别人的感情，我还决心换掉自己过去经常使用的、带有武断性质的口头语。这样过了一段时间，我发现我陈述问题时所用的谦虚方式很容易被人接受而绝少遭人反对。

"我在矫正的过程中，当然遇到了很大的困难，因为我要克服我自己的本性，但习惯成自然，慢慢地，我也就习惯了。同时，我在改善自己的过程中，处处注意谈话的艺术，我时常压制自己，而让别人做一个擅长雄辩的人。"

富兰克林虽自认成功是虚心所致，但宽容与温和的效力是谁也不能否认的。在谈话中你若使用强硬的态度，我想对方一定会立刻反对你或敌视你，这样一来，你是肯定不能收到好的谈话效果的。

无论你说什么样的话，无论在任何环境之下你的话是有意或是无意，对方是会仔细听并详细分析的，在这种情形之下，是往往会和你的原意大相径庭的。比如，你在叙述一件自以为得意满足的事情，你认为这样可以表现你的胆量，你的机警和长处，但别人是否会有同感呢？也许有，也许没有，这就要看你如何运用你的表情、你的谈吐去影响别人与你有同感了！

这样说，并不是叫你隐藏自己的长处，也不是叫你贬低自己的身价，更不是叫你在谈话中缄口不言。只是想要你这样做：假使是你和一个朋友交谈，你说的话只能占50%左右；如果是三个人交谈，你说的话只能占三分之一左右；如果是十个人一起谈话，你说的话就应该占十分之一左右。总之，你无论在一个什么环境之下，说话要选择一个适度，只有这样，才容易使别人觉得谈话的气氛平等融洽，大家才会感到轻松愉快。

10. 运用弹性语言，留下进退余地

运用模糊语言是社交场合尤其是谈判中经常使用的留有余地的重要手段。因为受到人的思想情绪、谈判内容、周围情境等诸多因素的制约，谈判的过程一般来说总是复杂多变的，节外生枝、出现始料未及的情况是常有的事。因此，谈判的过程中，说话一定要注意分寸，留有余地，不能说“满口话”，要使说话具有一定的弹性，给自己留下可以进退的余地。

模糊语言灵活性高，适应性也强。谈判中对某些复杂的论点或意料之外的事情，不可能一下子做出准确的判断，这时就可以运用模糊语言来避其锋芒，以争取时间做必要的研究和制定对策。

比如在外交会谈中，客人友好地邀请主方去他国访问，主方应按照礼节高兴地答应下来，但往往由于种种原因，不能轻率确定具体日程，这时常以模糊语言作答：“我们将在适当的时候去贵国访问。”这个“适当的时候”可以是一个月、一年、几年之内，甚至更长时间，具有相当的灵活性。这样既不会使对方不快，又不会使自己为难。

又如对某些很难一下子做出回答的要求和问题，可以说：“我们将尽快给你们答复。”“我们再考虑一下。”“最近几天给你们回音。”这里的“尽快”“一下”“最近几天”都具灵活性，留有余地，可使自己避免盲目做出反应而陷入被动局面。

11. 失言了要及时弥补

人有失足，马有漏蹄。失足了可以再站起来，失蹄了可以重新振作，而人失言了可以用妙语去弥补。

作为空姐，朱莉叶小姐常常接受严格的语言训练。尽管这样，她有时还是不免失言。

在那次的航线上，她和往常一样本着顾客至上的服务精神，热情地询问一对年轻的外籍夫妇，是否需要为他们的幼儿预备点早餐。那位男顾客出人意料地用中国话答道："不用了，孩子吃的是人奶。"

没有仔细听这位先生的后半句话，为进一步表示诚意，朱莉叶小姐毫不犹豫地说："那么，如果您孩子需要用餐，请随时通知我好了。"

他先是一愣，随即大笑起来。朱莉叶小姐这才如梦初醒，羞红了脸，为自己的失言窘得不知如何是好。

在人们的交际过程中，无论凡人名人，都免不了发生言语失误。虽然其中原因有别，但它造成的后果却是相似的，或贻笑大方，或纠纷四起，有时甚至不堪收拾。

那么，能不能采取一定的补救措施或者矫正之术，去避免言语失误带来的难堪局面呢？回答是肯定的。具体有以下几种技巧：

历史上和现实中许多能说会道的名人，在失言时仍死守自己的城堡，因而惨败的情形不乏其例。比如1976年10月6日，在美国福特总统和卡特共同参加的，为总统选举而举办的第二次辩论会上，福特对《纽约日报》记者马克斯·佛朗肯关于波兰问题的质问，做了“波兰并未受苏联控制”的回答，并说“苏联强权控制东欧的事实并不存在”。这一发言在辩论会上属明显的失误，当时遭到记者立即反驳。但反驳之初佛朗肯的语气还比较委婉，意图给福特以改正的机会。他说：“问这一件事我觉得不好意思，但是您的意思难道在肯定苏联没有把东欧化为其附庸国？也就是说，苏联没有凭军事力量压制东欧各国？”

福特如果当时明智，就应该承认自己失言并偃旗息鼓，然而他觉得身为一国总统，面对着全国的电视观众认输，绝非善策，于是继续坚持，一错再错，结果为那次即将到手的选举付出了沉重的代价。刊登这次电视辩论会的所有专栏、社论都纷纷对福特的失策做了报道，他们惊问：

“他是真正的傻瓜呢，还是像只驴子一样项固不化？”

卡特也乘机把这个问题再三提出，闹得天翻地覆。

高明的论辩家在被对方击中要害时决不强词夺理，他们或点头微笑，或轻轻鼓掌。如此一来，观众或听众弄不清葫芦里藏的什么药。有的从某方面理解，认为这是他们服从真理的良好风范，有的从另一方面理解，又以为这是他们不谓辩解的豁达胸怀。而究竟他们认输与否尚是个未知的谜。这样的辩论家即使要说也能说得很巧，他们会向对方笑道：“你讲得好极了！”

相比之下，里根就表现得高明许多。

一次，美国总统里根访问巴西，由于旅途疲乏年岁又大，在欢迎宴会上，他脱口说道：

“女士们，先生们！今天，我为能访问玻利维亚而感到非常高兴。”

有人低声提醒他说溜了嘴，里根忙改口道：

“很抱歉，我们不久前访问过玻利维亚。”

尽管他并未去玻国，当那些不明就里的人还来不及反应时，他的口误已经淹没在后来滔滔的大论之中了。这种将说错的地点时间加以掩饰的方法，在一定程度上避免了当面丢丑，不失为补救的有效手段。只是，这里需要的是发现及时、改口巧妙的语言技巧，否则要想化解难堪也是困难的。

在实践中，遇到这种情况，有三个补救办法可供参考：

① 移植法，就是把错话移植到他人头上。如说："这是某些人的观点，我认为正确的说法应该……"这就把自己已出口的某句错误纠正过来了。对方虽有某种感觉，但是无法认定是你说错了。

② 引伸法，迅速将错误言辞引开，避免在错中纠缠。就是接着那句话之后说："然而正确说法应是……"或者说："我刚才那句话还应做如下补充……"这样就可将错话抹掉。

③ 改义法，巧改错误的意义。当意识到自己讲了错话时，干脆重复肯定，将错就错，然后巧妙地改变错话的含义，将明显的错误变成正确的说法。

12. 顾左右而言他

某校某班在一次高考中，数学和外语成绩突出，名列前茅。校长在评功总结会上这样说：

"数学考得好，是老师教得好；外语考得好，是学生基础好。"

在座教师听罢沸沸扬扬，都认为校长说法显得有失公正。一位教师起身反驳：

"同一个班，师生条件基本相同。相同的条件产生了相同的结果，原是很自然的事，不公平的对待，实在令人费解。原有的基础与后来的提高，有相互联系，不能设想学生某一学科基础差而能提高得快，也不能设想学生某一学科基础好而不需要良好的教学就能提高。校长对待教师的劳动不一视同仁，将不利于团结，不能调动广大教师的积极性。”

会场有人轻轻鼓掌，然后是一阵静默。而静默似乎比掌声对校长更有压力和挑战意味。校长没有恼怒，反而“嘿嘿”地笑起来，他说：

“大家都看到了吧，王老师能言善辩，真是好口才。很好，很好！言者无罪，言者无罪。”

尽管别人猜不透校长说这话的真实意思，然而却不得不佩服他的应变能力。他为自己铺了台阶，而且下得又快又好。听了上述回答后，无人再就此问题对校长跟踪追击。

既要撤退，就不宜做任何辩解，辩解无异于作茧自缚，结果无法摆脱。

13. 必要时装糊涂

清代文学家、书画家郑板桥有一句著名的格言：“难得糊涂”。所谓“难得糊涂”实际上是最清楚不过了。正因为他看得太明白、太清楚、太透彻，却又对个中缘由无法解释，倘若解释了，更生烦恼，于是便装起糊涂，或说寻求逃遁之术。

现实人生错综复杂，盘根错节，确实有许多事不能太认真，太较劲。做人太认真，不是扯着胳臂，就是动了筋骨，越搞越复杂，越搅越乱。顺其自然，装一次糊涂，不丧失原则和人格，或为了公众为了长远，哪怕暂时忍一忍，受点委屈，也值得，心中有数（树），就不是荒山。有时候，事情逼到了那个份上，就玩一次智慧，表面上给他个“模糊数学”，让他丈二和尚摸不着头脑，也是“难得糊涂”。评职、晋级时，某候选人向你面授机宜，讨你个“民意”，你明知道他不够格儿，可又不好当面扫他的兴，这时候你该怎么办？不哼不哈，或嘻嘻哈哈，划“0”时再认真，不失原则。人格呢，似乎也不失，当事人问到了，坦诚指出他不够格儿的地方，不问顺其便。“难得糊涂”是既可免去不必要的人事纠纷，又能保持人格纯净的妙方。

“难得糊涂”作为“牢骚气”，原来就是缘由“不公平”而发的。世道不公，人事不公，待遇不公，要想铲除种种不公，又不可能，或自己无能，那就只好祭起这面“糊涂主义”的旗帜，为自己遮盖起心中的不平。假如能像济公那样任人说他疯，笑他癫，而他本人则毫不介意。照样酒肉穿肠过，“哪里有不平哪有我”，专拣达官显贵“开刷”，专替穷苦人、弱者寻公道，我行我素，自得其乐。这种癫狂，半醒半醉，亦醉亦醒，也不失为一种“糊涂”。这种糊涂真正是“参”透、“悟”透了。所以当你面对现实、要学笑容可掬的大肚弥勒佛，“笑天下可笑之人，容天下难容之事”，那就会进入一种超然的境界。

14. 逢人只说三分话

坦率不是告诉你自己不留秘密，而是说话太多往往会惹祸太多，切记：祸从口出。

俗话说，“逢人只说三分话”，还有七分话，不必对人说出，你也许以为大丈夫光明磊落，事无不可对人言，何必只说三分话呢？

老于世故的人，的确只说三分活，你一定认为他们是狡猾，是不诚实。其实说话须看对方是什么人，对方不是可以尽言的人，你说三分真话，已不为少。孔子曰："不得其人而言，谓之失言。"对方倘不是深相知的人，你也畅所欲言，以快一时，对方的反应是如何呢？你说的话，是属于你自己的事，对方愿意听你的吗？彼此关系浅薄，你与之深淡，显出你没有修养；你说的话，是属于对方的，你不是他的诤友，不配与他深谈，忠言逆耳，显出你的冒昧；你说的话，是属于国家的，对方的立场如何，你没有明白，对方的主张如何，你也没有明白，你偏高谈阔论，轻言更易招祸呢！所以逢人只说三分话，不是不可说，而是不必说，不该说，与事无不可对人言并没有冲突。

事无不可对人言，是指你所做的事，并不是必须尽情向别人宣布。老于世故的人，是否事事可以对人言，是另一问题，他的只说三分话，是不必说，不该说的关系，绝不是不诚实，绝不是狡猾。说话本来有三种限制，一是人，二是时，三是地。非其人不必说；非其时，虽得其人，也不必说；得其人，得其是，而非其地，仍是不必说；非其人，你说三分真话，已是太多；得其人，而非其时，你说三分话，正给他一个暗示，看看他的反应；得其人，得其时，而非其地，你说三分话，正可以引起他的注意，如有必要，不妨择地长谈，这叫作通达世故的人。

15. 调侃自己也是获得人缘的技巧

如果我们能够常常以自己可笑的地方，开开玩笑，一定可以赢得许多朋友的友谊。因为你尊重别人，取笑自己，正可以表示你是把自己看作和朋友一样处于同等地位。

美国著名律师曹特是一位善讲自己笑话的人。有一次，哥伦比亚大学校长在他登台演说时，先替他介绍给听众说：“他算得是我国第一位公民！”

曹特似乎很可以立刻抓住这个难得的机会，大模大样地开着玩笑说：“诸位静听，第一位公民要开始演讲了。”但是他如真那样做，他便是一个没人瞧得起的傻瓜了。

那么该如何说呢？他不但要利用这个介绍词幽默一下并且还要从中获得听众的好感。他说：“刚才校长先生说的一个名词，我起初有些听不太懂。第一位公民——是指什么呢？现在我才想到，大概他是指莎士比亚戏剧中常常提到的公民。这位校长先生一定是研究莎氏戏剧极有心得的人，他替我介绍时，一定又在想到他的戏剧了。诸位听众一定知道莎士比亚是常常把许多公民穿插在他的戏剧中，充任无关紧要的角色，如第一个公民，第二个公民之类，这些配角每人所说的话大都只有一两句，而且多半是毫无口才，没有高明见识的人，但他们差不多都是好人，即使把第一第二的地位交换一下，也根本不会显示有何不同之处。”

这真是一篇聪明绝顶、竭尽幽默能事的妙论！他把校长先生替他戴上的高帽子，去给大家去戴，显示自己是与听众站在一样的地位。同时他的言语措辞也是高人一等。如果他改用一种庄重的态度，简括地说：“校长先生说我是第一位公民，大概是在说我是一个舞台上的配角。”结果绝不会那样生动有趣，使得听众笑逐颜开。

16. 事说三次不好听

如果常在言谈中“否定对手”，则会令对方难堪、生气，甚至产生言语和肢体上的冲突。

小慧是我的好朋友，漂亮大方又有人缘，结婚当天贺客满堂，众人认为新郎新娘两人“郎才女貌”，真是天作之合，一定可以永浴爱河，白头偕老，而小慧也非常高兴，找到了如意郎君。在婚礼进行时，小慧透过头纱，偷偷地斜瞄了一下英俊体贴的老公，不禁感到欣喜与满足，心想不久就将展开人生的新旅程。

不料，婚后一个月，小慧开始觉得生活上不尽如人意，也不若婚前想象那么如公主般美好。她过去习惯在上厕后，将卫生纸丢入马桶旁的小垃圾桶，可是老公却坚持可以丢进马桶内冲掉。两人竟会为了这个小问题争得面红耳赤，吵了一个半小时。最让小慧生气的是，每当两人各持己见、互不相让时，老公总是大男子主义地说：“说你错了，你还不承认！？”小慧一肚子气，委屈地跑回娘家住了两天。

虽然小慧觉得老公很健谈，有时说话也带幽默，但是有时却也令她感到很不是滋味。譬如，有一次，老公竟在朋友到家里来聊天时说自己老婆：“别的情侣、夫妻是彼此看对眼，我呀，我是看走眼了！”小慧听了，气得白他一眼，一个人走进厨房生闷气。

尽管事后老公解释说，那些话只是在朋友面前“开开玩笑”而已，但小慧总是觉得很不舒服，为什么每次都是以“否定别人”来开玩笑？而在家里老是一副“只有他是对的”的样子，动不动就说“你看你，这么笨，连这么简单的事都不会”“哎呀，你们女人不会懂得啦！”

人呀，最怕莫名其妙地被人家“否定”。您看这句话——“说你错了，你还不承认”，这不仅是“否定”，还是“双重否定”呢！难怪听者会怒气冲天、恨意满肚。不过这还算好，另外还有更令人无法忍受的“三重否定”——“说你错了，你还不承认，你给我闭嘴！”如果再加上一句“你去死啦！”那就变成“四重否定”了；还有人再加上一句：“你去死啦，死了也没有人帮你哭！”您看，这不是又变成“五重否定”了吗？

其实，有些玩笑语的确是脱口而出，但是“说者无心，听者有意”，玩笑式的“否定”说多了，也会叫人听了很不是滋味。尤其是“双重否定”“三重否定”，真是抹杀对方的基本自尊，引起他人不悦。

我还有一个高中同学，有一天和太太吵架后，一气之下住到宾馆去。沉思反省后觉得有些理亏，就打个电话给太太：

“老婆啊，今天晚上做什么菜等我啊？”

“我啊，我做毒药等你！”

“噢，这样哦，那你做一份自己吃就好了，我不回来了！”

呵，真是有够“毒”的！

批评人的人往往认为自己是对的，被批评的人往往认为自己是错的。那你为什么不做个对的人呢？

美国心理励志大师卡耐基先生多次讲到过这样一个故事：

“在很多年以前，我所办的成人教育班和示范教学会中，多了一个从纽约《太阳报》来的记者。他毫不给我留情面，不断攻击我的工作和我。我当时真是气坏了，认为这是对我极大的侮辱，不能容忍。我马上打电话给《太阳报》执行委员会的主席古斯·季塔雅，特别要求他刊登一篇文章，以说明事实真相，而不能这样嘲弄我。我当时下决心要让犯错的人受到应得的处罚。

“现在我时常为我当时的举动感到惭愧。我现在才了解，买那份报的人大概会有一半人不会看到那篇文章，看到的人里面又有一半会把它只当作一件微不足道的事情来看；而真正注意到这篇文章的人里面，又有一半在几个礼拜后就把这件事情忘得一干二净。”

卡耐基由此得出一个重要的结论：虽然你不能阻止别人对你做任何不公正的批评，但你可以做一件重要的事，你可以决定是否要让自己受到那些不公正批评的干扰。

尽可能做你应该做的事，然后把你的破伞收起来，免得让批评你的雨水顺脖子后边流下去。

美国总统罗斯福的夫人也曾告诉过卡耐基在白宫的行事原则：避免所有批评的唯一方法，就是“只要做你心里认为是对的事——因为你反正是要受到批评的。做也该死，不做也该死”。

任何人好像都有批评你的权利，无论你做任何一件事，你要把握好以下原则：哪些是听都不要听的，哪些是礼节性地应付，哪些是真正有益于你的工作的。

“受人尊重”与“生理”、“安全感”、“爱与被爱”、“自我实现”等，是人的五种“基本需求”，每个人都需要从他人语言认同、肯定、赞美中，来增加“自我价值”与“自我尊严”。

17. 耻笑讥讽万不可

不要以为小节无伤大雅，相反要注意从小处入手，树立自己的形象，全方位地完善自我，最终使自己登上大雅之堂。

台北县萧某一家三口灭门血案，在警方锲而不舍的查缉后，已宣告侦破。凶嫌邓某被捕后，坦承因受经营堆高机生意的萧某“讥讽”而萌生杀机，并在行凶后担心事情败露，而再杀其妻女灭口。

邓某表示：两个月前，死者萧某用话刺激他、耻笑他，并用手指指他胸前，笑他“没什么用”，开堆高机那么久了，仍然是“给人请（聘雇）”，不像他自己开堆高机没多久就当了老板。对这样的“讥讽”，邓某怀恨在心，后来萧某只要与他碰面，就不断嘲笑他，以致使他萌生杀人泄恨之心。

据警方表示，凶嫌邓某心智健全，但因受到对方不断的讥讽和嘲笑而杀人，这成为历年来灭门血案的特殊案例，颇值得社会大众警惕。

古人早有明训：“言语伤人，胜于刀枪。”许多人常以“嘲弄”他人为乐子，也有部分综艺节目的主持人，戏称未能在比赛中过关的来宾“笨”，或嘲笑比赛者的长相“丑”。有些虽然是属玩笑性质，但总让人觉得不妥，毕竟“尖酸刻薄”“有失厚道”的言事批评，会使听者产生不悦；严重的，正如灭门血案的被害人一般，遭到杀身之祸，后悔莫及。因此，古人说：“丧家亡身，言语占八分”，似有其道理，真是叫人不得不谨慎。

其实，言辞起冲突而萌生杀机的情况，不只是咱们这里会发生，其他民族亦有所闻。法国巴黎有一名“美食专栏作家”，经常在文章中特别赞誉某家餐厅，或严词批评某些餐厅的菜肴。有一次，此专栏作家在专栏中对一餐厅的菜色做“像猪食”的评语，以致激怒了餐厅老板。该老板事后特别再请此美食专栏作家去试吃“精致美味的佳肴”，不料美食专家吃完后脸色大变，晕倒在地，送到医院时气绝死去。餐厅老板被警方逮捕收押后，坦承“设毒宴”下毒，他说：“批评我们的美食像猪食的人都该死！”

这真是叫人瞪目结舌，“专栏作家”们下笔时可得小心点，就像你说话一样，若言辞过于尖酸刻薄，批评太过分，可能也会“惹祸上身”。

事实上，不管是男人或女人都一样，只要被一些不中听的话激怒，都可能会因情绪状态失控，而口出狂言，大打出手，最后鼻青脸肿。宜兰县头城镇有两家相邻的家具行，因同行竞争而相忌，又因轿车被刮痕而引起言语冲突，于是两家除了动口怒骂、动手狠捶互殴外，又用口“互咬”。结果，41岁的林先生鼻子被咬落于地，他忍着疼痛拾起半截鼻子，赶至罗东博爱医院求救缝合，另一方是53岁的许先生，也在“口齿互咬大战”中，下巴被咬下一块肉，鲜血溅满脸孔和家具，也痛苦万分地赶赴医院缝了十多针。

上述因说话而遭到杀身之祸或打得鼻青脸肿、咬掉下巴的实例，似乎叫人觉得不可思议，或有些好笑，不过，也让人再次想到丧家之身，言语占八分。

“大礼不辞小让”，做大事的人哪顾得了那些鸡毛蒜皮的小事？错矣！

不拘小节常被人看作大度潇洒的表现：知道吗？大事全部是由不起眼

的小事组成的，唯有把每件小事做好，才有可能做成大事业。更何况，许多生活社交上的所谓小事也许不会给你带来明显的财富收入，但却是一个人修养素质的全部体现，是一个人潜在的形象及人际资源方面的投资。

给我触动很大的是一位同学的话，他说他不会同我们另一位同学合作。我很惊讶：大家都是同学，生意上又可互惠互利，为什么呀？他说：“这么多年了还是一点长进都没有，我听着他嚼口香糖的声音就想吐。还有我拉他去跟人家谈判，出来后我真为有这样的同学而丢人，他的形体语言太夸张了，时而摇头晃脑，时而拍手大笑，让对方觉着我们跟人家不在一个层面上，怎么做生意啊！”

这位同学人不错，也有不少其他优点，但修养、礼仪上的这些小问题竟然给他带来如此大的负面影响真是出乎我的意料。

有的人也许腰缠万贯，但却言辞卑鄙，举手投足好像个下里巴人；有的人口袋里没几个钱，衣着打扮也非名牌，但就是举止大方，气度不凡，让人不敢小瞧。比如说走路这样一个再平常不过的行为，有的人走路时低头驼背，无精打采；有的人则挺胸抬头，气度轩昂；有的人左摇右晃或连蹦带跳；有的人则端庄大方，沉稳干练，等等。同样的道理，站姿、坐姿、吃相、着装等无一不向别人传递着你的修养品味、性格学识等多方面的信息。

18. 说话不能直肠子

说话要学会“绕”，正所谓“曲经通幽”，轮船要善于“绕”，才能避开险滩暗礁，一帆风顺。

陈毅同志当外长时曾主持过一次谈国际形势的记者招待会。会上陈毅谈到了美制U-2型高空侦察机骚扰我领空的事情，并对此表示了极大的愤慨。有个外国记者趁机问道：“外长先生，听说中国打下了这架侦察机，请问是用什么武器打下的？是导弹吗？”只见陈毅用手做了一个用力往上捅的动作，说：“我们是用竹竿子捅下来的。”与会者无不捧腹大笑，那个记者也知趣地不再追问了。

竹竿子能捅下高空侦察机吗？陈毅同志回答得显然有弦外之音，但却妙不可言！试想，除此之外，还有什么更好的回答方式呢？如实相告，就会泄露我国的核心机密，当然不行；但按一般方法说“无可奉告”，会使会议气氛过于板滞、凝重，而“是用竹竿子捅下来的”这句错话，却听起来煞有介事，既维护了国家机密，又造成了幽默轻松的谈话气氛，真是一举两得，一箭双雕，怎能不叫人拍手叫绝！

可见，在特定语言环境中，为了避免不必要的麻烦，将真话变为错话，曲折地说出来，往往能有意想不到的好结果。

生活中常有这样的事，当有人求自己帮忙，但却实在是办不到，此时若直言拒绝，一定会使对方难堪或伤害对方，那么该怎么办呢？

有一次，林肯在某个报纸编辑大会上发言，指出自己不是一个编辑，所以他出席这次会议，是很不相称的。为了说明他最好不出席这次会议的理由，他给大家讲了一个小故事：

“有一次，我在森林中遇到了一个骑马的妇女，我停下来让路，可是她也停了下来，目不转睛地盯着我的面孔看。

“她说：‘我现在才相信你是我见到过的最丑的人！’

“我说：‘你大概讲对了，但是我又有什么办法呢？’

“她说：‘当然你已生就这副丑相是没有办法改变的，但你还是可以待在家里不要出来嘛！’”

大家为林肯幽默的自嘲而哑然失笑。林肯在这里巧妙地运用了自嘲来表达自己的拒绝意图。既没让人难堪，还在愉快的氛围中领悟到林肯的意图。

有时候为了避免直言相告，还可巧妙地寻找借口来为自己解围或是保全他人的面子。

舞会上别人邀你，你内心实在不想跟他跳，可说："我累了，想休息一下。"既达到谢绝目的，又不伤别人的自尊心。

别人与你相约同去参加某一活动，但届时你忘记了；或过后生悔，未去赴约。直说出原因，将会影响别人对自己的信任，也是对他人的不尊重。一般情况下，失约的可能原因有身体不适、家中有事、客人来访等，你可挑选较合情理的一种，作为事后的解释。

为了避免直言，运用各种暗示，以含蓄、隐晦的方法向对方发出某种寓着自己真实想法、态度的信息，以此来影响对方的心理，使对方明白自己的心意，这也不失为一个妙招。

一次，某乡党委为了加强机关干部管理，在工作考勤等方面做了一系列规定。决定由曾在乡属企业担任过多年负责人，不久前刚调到机关任传达工作的一位老同志负责考勤登记。这位老同志认为这项工作易得罪人，不愿意干。说自己过去就是因为做事太认真，得罪了不少人，正在吸取"教训"。

听了他的话，乡党委书记委婉地讲了一个故事：某电影导演，为拍部片子四处寻找合适的演员。一天，发现了一个合适的人选，便通知他准备试镜头。这个人十分高兴，理了发换上新衣，对着镜子左照右看，总感到自己的两颗"大牙"式的牙齿不好看，于是到医院把牙齿拔掉了。后来，当他兴致勃勃地去报到时，导演一见到他就很失望地说："对不起，你身上最珍贵的东西，被你自己当缺陷给毁掉了，我们的影片已不再需要你了。"

故事讲完后，这位老同志懂得了"坚持原则，做事认真"正是自己最好的品质，于是他愉快地接受了任务。

在与人交谈中，慷慨激昂，锋芒外露，固然是一种本事，但细语声声，婉言相告，也是必不可少的一种本事。

19. 说话时不可忽视神态举止

一位心理学家指出：无声语言所显示的意义要比有声语言多得多，而且深刻。

他还对此列出了一个公式：

信息的传递=7%言语+38%语音+55%表情

虽然人们是用语言交谈，用语言传播信息，但语言并不是说话的全部。无论是说话者还是听话者，信息的准确传播和接受，都还得借助双方的表情、姿态、动作等肢体语言。

真正会说话的人，不仅会用嘴说，还会用表情和肢体语言。事实上，肢体语言本来就是人们用来传情达意的一种重要方式，只要通过眼神、表情、手势或姿态等，就能把自己的心意传达给对方。

事实上，一个人的讲与听的过程，是交替使用眼睛和耳朵的过程。

根据美国的语言专家研究，人的感觉印象中，有77%来自眼睛，14%来自耳朵，9%来自其他感官。

因此，当我们与人交往时，必须十分注意自己的言谈举止和表情，是否已经被对方所接受。

有的人一开口就滔滔不绝，但别人却不爱听、听不懂，或者根本不想听。

究其原因，问题很可能就出在他的神态举止上。

神情倨傲，会伤害听者的自尊心；态度冷淡，会令听众失去听的兴趣；举止随便，会使听众对你不够重视；表情卑屈，会使听者产生怀疑；动作慌乱，会动摇听众对你的信任感；面容过于严肃，会使听众感到压抑和拘谨……可见，善于说话的人，其一举手、一投足间，都将影响着信息传播的效果。

20. 坦率道歉可以赢得对方的心

言语失误是难免的，失误了，后悔并不重要，重要的是你如何使失误带来的坏后果达到最低点。

被誉为“小旋风”的流行歌手林志颖，一次有人问及他对“四大天王”的看法和对郭富城的印象，林志颖故作诙谐道：

“四大天王嘛，我不知道；郭富城嘛，他是我爸爸吧？”

一语既出，举座哗然，人们纷纷指责他不知天高地厚。后来，他为补救失误，重塑自我形象，在接受采访时，坦然表示：

“说那样的话我深感遗憾，我愿公开向郭富城道歉。”

至此，那场所谓“林氏名言”的风波才算平息下去。它说明，对待言语失误，有时公开道歉比犹抱琵琶半遮面的掩饰来得高明。

必须指出，“坦率”的目的仅在于把问题讲清楚，这不等于“直率”，解释也必须讲究策略。做错事情之后，大多数人都会自我羞辱一阵，然后去向人低声道歉，接着便灰溜溜地离开。

但许多情况下，仅靠一句“对不起”是不足以获得谅解的。以博拉的事件为例，有一次博拉在同同事谈话时称其上级是“机器人”，结果被上级知悉。于是博拉给上级写了一张条子，约他抽空谈一谈，上级同意了。

“显而易见，我用的那个词绝无其他用意，我现在倍感悔恨。”博拉向上级解释说，“我之所以用‘机器人’之类的字眼，只不过是想开个玩笑，我感到上级对我们有些疏远、麻木。因此，‘机器人’三字只不过是描述我这种感情的一种简短方式。”上级为博拉合情合理的解释和自我批评而深受感动，他甚至当即表态，说要努力善解人意，做个通情达理的人。

把问题讲清楚，通过这种方式，博拉帮助上级做到了平心静气，并顺利地解决了他们之间的感情危机。

诚然，推卸责任是我们找借口辩解的一种方式，然而，问题不在于我们要找借口辩解，而在于我们辩解时不能太直率、太尖锐。

21. 尽量避免自己的话被别人误解

自己认为是一句妙语，可说出来也许令听者很扫兴，其结果当然使自己难以下台阶，为什么会产生其中原因呢？就是说话有歧义。

年轻小伙子阿伟打算为新交的女友小兰买一件生日礼物。他们交往时间不长，小伙子经过仔细考虑，认为送一副手套最恰当不过，浪漫又不显得过分亲昵。

下午，阿伟去百货商店给女友买了一副白色的手套，让女友的妹妹小丽带给她姐姐。小丽给自己买了一条内裤。回家的路上，小丽把两件物品弄颠倒了，结果送给小兰的礼物变成了内裤。

当晚，阿伟一回到家里就接到了小兰的电话：

“你为什么买这样的礼物送我？”

没有听出来对方的怒气，阿伟的情绪很高，他说起话来空前流利，根本容不得小兰插嘴：

“小兰，我之所以选了这件礼物，是因为据我留心观察，你晚上和我出门时总是不用它，我没有给你买长的，因为我注意到，小丽用的是短的，很容易脱下来。它的色调非常浅，不过，卖它的女士让我看她用的同样的，她说已经3个星期没洗了，但一点都不脏。我还让她当场试了试你的，它看上去好看极……”

“神经病！”

等待对方夸奖的阿伟猛然听到这三个字，他当时就蒙了，愣在那里根本说不出话来……

为什么恋爱的双方会造成误会？粗心的小丽固然有一定的责任，但是当事人双方交谈不明确恐怕是主要原因。在电话中，双方都以为自己话中的“礼物”非常明确，所以，都没有说出来，结果闹出了笑话。

社会是由形形色色的人所聚集成的，每个人的立场不同，工作性质也不一样。在这众人聚集的工作场所里，总会发生一些意想不到的误解，甚至是摸不着头绪的纠纷。

当遭人误解时，进行工作就会显得困难重重，夫妻生活也会失去和谐，不但是自己的损失，还会影响到家庭的幸福，甚至团体的利益。

所以，必须具备一套化解误会的说话术。这里首先谈谈造成误解的几种原因。

（1）言辞不足。有的人不管是在表达信息，或者说明某些事情时，常常在言辞上有所缺失，结果弄得只有自己明白，别人一点也搞不清真相，这种人就是缺乏“让对方明白”的意识，以致容易招来对方的误解。比如，英军有一个团买了一头驴子作为吉祥物。不幸的是，没有几天驴子就死了。由于团长出差在外，于是副团长便打了个电报给团长：“驴子不幸逝世。再买一头，还是等你回来？”如果改成“驴子不幸逝世。再买一头驴，还是等你回来再买？”就不会闹笑话了。

（2）过分小心。有的人不管什么事，都顾虑过多，从不发表意见。因此，个人的存在感相当薄弱，变成容易受人误会的对象。

这样的人总希望对方不必听太多说明就能明白，缺乏积极表达自己意见的魄力。对于这种类型的人而言，含蓄并不是美德，这一点要深刻反省。

（3）自以为是。这一种人头脑聪明，任何事都能办得妥当，但是却经常自以为是，我行我素。即使着手一件新工作，也从不和别人知会一声，只管自作主张地干活。这么一来，即使自己把工作圆满完成，上级及周围的人也不会表示欢迎。

（4）外观的印象不好。人对视觉上的感受印象最深刻。虽然大家都明白“不可以貌取人”，但是，实际上双眼所见的形象，往往成为评判个人的标准，这个印象可能是造成误解的原因。如果让周围的人有了不好的印象，且造成误解，若不早点解决，恐怕不好收拾。

（5）欠缺体贴。纵然只是一句玩笑话，但若造成对方的不快，恐怕也会导致意想不到的误解。甚至是一句安慰、犒劳的话，如果对方接受的方式不同，也可能变成误解。因此，在说话之前，一定要先考虑对方的状况以及接受的态度。

那么，怎样才能尽量使自己的话不被别人误解呢？

① 不要随意省略主语。从现代语法看，在一些特殊的语境中，是可以省略主语的。但这必须是在交谈双方都明白的基础上，否则随意省略主语，容易造成误解。一个星期天的上午，在一家商店，一个男青年正在急急忙忙挑帽子，售货员拿了一顶给他，他试了试说：

“大，大。”

售货员一连给他换了四五种型号的帽子，他都嚷着：

“大，大。”

售货员仔细一看，生气了：

“分明是小，你为什么还说大？”

这青年结结巴巴地说：

"头，头，我说的是头大。"

售货员狠狠地瞪了他一眼，旁边的顾客"扑哧"一声笑了。造成这种狼狈结局的原因就是这位年轻人省略了他陈述的主语："头"。

② 要注意同音词的使用。同音词就是语音相同而意义不同的词。在口语表达中脱离了字形，所以同音词用得不当，就很容易产生误解。如"期终考试"就容易误解为"期中考试"，所以在这，不如把"期终"改为"期末"，就不会造成误解。

③ 少用文言词和方言词。在与人交谈中，除非有特殊需要，一般不要用文言词，文言的过多使用，容易造成对方的误解，不利于感情的交流和思想的表达。有这样一件事：有个小伙子，年过三十仍没娶妻，他母亲非常着急。后来别人给他介绍了一位姑娘，几天后，他写信告诉母亲："女方爽约。"母亲非常高兴，认为约会是爽快的，逢人就讲儿子有对象了。一年后，母亲要求见见姑娘，儿子才把"爽约"解释清楚。母亲连连责怪儿子话没说清楚，耽误了时间，小伙子也后悔莫及。如果小伙子当初把"爽"字改为"失"字，或许早就有妻室了。

④ 说话时要注意适当的停顿。书面语要借助标点把句子断开，以便使内容更加具体、准确。在口语中，我们常常借助的是停顿，有效地运用停顿可以使你的话明白、动听，减少误解。有些人说起话来像开机关枪，特别是在激动的时候就不注意停顿了。有一次下班途中，一位青年遇到一群刚看完电视球赛的学生，就问：

"这场比赛谁赢了？"

有一个学生兴奋地说：

"中国队打败日本队获得冠军。"

这位青年迷惑了：到底是中国队打败了日本队，还是日本队获得了冠军呢？他又问了另一位学生，才知道是中国队胜了。所以，我们在与人交谈时，一定要注意语句的停顿，使人明白、轻松地听你谈话。

22. 注意选择话题

语无顾忌的人肯定要吃嘴上亏，只有有选择地去说才能成为方圆做人的高手。

人类大都习惯选择自己喜欢的场所和气氛来招待对方，和对方洽淡公事。其中也有不少人表现出颇具匠心的决窍和高见：

“喝酒的时候，根本不适合讨论公事嘛！”

所谓粗俗的人指的就是这样的人吧！因为高级餐厅、酒吧等消费场所，如果与重要的客户在此商谈，花费了一大笔钞票，而生意却没有谈成的话，那不等于将大笔钞票付之流水了吗？在酒廊洽谈公事妥当与否，我们不能一概而论。不过把对方邀至这种豪华的气氛里洽淡，也是使对方处于一种畏缩的心理状态，而不易说谎的一种手段。

根据商谈的内容而选择场所或气氛是自不待言的，访问对方的家庭也是洽谈公事的方式之一，因为每个人在自己家里，会完全解除了心理上的武装。因此，在家庭内没有让他继续戴着假面具的必要，结果，他也就只有以他的真正面目与别人交往了。

同时，人们一旦被你看穿真面目以后，至少在你面前，也能导致解除心理武装的后果。换句话说，不愿被人所知的内幕被人揭穿时，基于某种意义而言，他心理上的弱点已经落到你的手上，也就等于是处于上风的地位了。

所以，如果想要使会谈顺利进行的话，选择场所、气氛，也是达到目的一种重要手段。

男士们要注意，绝对不可以诽谤女人。

有些男人天生就被女人所厌恶，而他本人对女性也很直率：

“那种女人真讨厌！尖酸刻薄，品味又差……”

“说话那么露骨，毫不保留，真是受不了！”

其实，经常毁谤女人的男人，才会被女人所厌恶。

人类害怕掌握着自己弱点的人，这是男女共同的特性。世上没有任何女人会因为别的男人称赞自己、夸奖自己而感到愤怒或厌恶。

无论哪一种行业，都有女性存在，在工作上如何与女性相处，也是挺重要的一门学问。

“甲先生好棒哦！”

“乙先生最讨厌了，不过最近来的那个男孩子好可爱哦！”

她们在日常的会话中，会透露类似这样的情感，女性所喜欢的男人，即使要她代为倒茶泡咖啡之类的琐事，她们也会欣然接受，但对讨厌的男人就不一样了。

“喂，倒杯茶来。”

“你自己倒茶都不会啊！我又不是为了替你们倒茶才来这上班的！”

像这样，如果不能与她们保持适当的友好关系，连芝麻大的小事，也非得你自己亲自处理才行。

“经常麻烦你真不好意思，下次有空请你吃顿饭吧！”

不要忘了经常对她们表示谢意，如此一来，无论什么事，她们都愿为你代劳，帮你解决。此外，对女人的称呼也很重要。女人都对自己的立场抱有相当的敏感，一旦你刺激了对方的立场，就等于和她们为敌一样，所以对这样的小姐，应该采取尊重的方法才行。如果一不小心冒犯的话，后果真是不堪设想的。

总归一句话，和工作上的女性来往，与其对她们亲切，倒不如轻轻地夸奖她们几句来得有效，这样才是聪明的做法。

但假如超越某种亲密程度的时候，她们也毫不加以隐瞒，反而会加以宣扬。我们也常能耳闻类似的话语：

“喂，你们不觉得科长跟那小姐有点奇怪吗？”

一旦公开化时，这样的关系就会演变成工作上的障碍，同时也可能发展成责任问题，这就是不懂得如何与职业女性相处之道的结果。当心不要使女性反感，以免有害工作的进行；或避免被女性厌恶，以免妨碍晋升的机会等等。这些都是男人需要研究的课题。

夸奖男人的时候，以在背后夺奖再经由第三者传达到当事人耳里的方式，最具效果。但夸奖女人的时候，无论哪种场合，都应面对面毫不考虑地直接称赞，而且要不厌其烦地用各种方式赞美。

23. 不要过分责备别人

有一位李先生，喜欢跟别人争辩，借以卖弄自己的学识，如果你不跟他争辩，他倒也不会来麻烦你，伤害你。

这位李先生，自己是一个很好的人，忠实、不说谎、不伪装，也从来不投机取巧，不做一点亏心事，更不占别人便宜。

像这样一个好人，怎么会不受别人欢迎呢？

原来他过分看重了自己，以为自己是个十全十美的人，以为人人都应该以他为模范，为导师。因此，他就喜欢随时随地地去教训别人，指导别人。看见别人有一点点缺点，就加以批评、指责，像大人管小孩，老师对学生一样，摆出一副道貌岸然、神圣不可侵犯的神态。甚至常常有意地夸大别人的缺点，把别人的一时疏忽或无心的过失，说成是存心不良或者行为不端。

同时他又不能容忍别人对他有什么不恭敬、不忠实之处。如果他吃了别人一点的亏或受了别人一点点欺骗，那他就把对方当作罪大恶极、无耻至极的人，加以攻击、嘲笑、讽刺或漫骂不已。

只要想一下就可以知道这种人是多么地令人可怕，到处都会激起别人的憎恶与反感。

一个人对自己要求严格，不做一点错事，这自然是千该万该、十分正确的事。但不要因此就把自己看得太高，以自己的标准来要求别人，以为别人都是笨蛋，只有自己才是圣人。

对别人的过失与错误，首先要分析他们犯错的原因，可能是受到恶劣环境的影响，可能是因为他们自己认识不清，也可能只是一时疏忽，有时还可能因为求好反而犯了错误，主观上求好，而客观上犯了错误。除了一些真正与人为敌的社会败类，应该群起而攻之外，大多数人所犯的错误都是可以原谅，也都是可以改正的。我们应该抱着与人为善的态度，对别人的错误，在不伤别人自尊心的原则下，诚恳而婉转地加以解释与劝导，安慰他们的苦恼，鼓励他们改正，自己吃了亏，受了骗，只要以后小心提防，不再上当就行了，不必就因此而跟对方结下深仇大恨，应留给对方一个悔改的余地。倘若一个人得罪了你，你不但不跟他计较，不向他报复，反而原谅他、宽恕他，必要时，还去帮助他，在一般的情形之下，他多半会对你怀有十万分的感激，十二万分的惭愧，往往也会因此受了你的感化，痛改前非的。

24. 以理服人很重要

假如你在愤怒之下，对别人发作一阵，你的气也许会随之消失，心中也高兴了。但是别人呢？当你高兴时他能分享到一点吗？

美国总统威尔逊讲过："假如你握紧两只拳头来找我，我想我可以告诉你，我会把拳头握得更紧；但假如你来找我，说道：'让我们坐下来商谈一番，假如我们之间的意见有不同之处，看看原因何在，主要的症结在什么地方？'我们会觉得彼此的意见相去不是十分远。我们的意见不同之点少，相同之点多，并且只须彼此有耐性、诚意和愿望去接近，我们相处并不是十分难的。"

某工程师嫌房租太高了，要求降低一点，但是他晓得房东是一个极固执的人，他说："我写给房东一封信说，等房子合同期满我就不继续住了，但实际上我并不想搬家，假如房租能降低一点我就继续租下去，但恐怕很难，别的住户也曾经交涉过都没成功。许多人对我说房东是一位很难对付的人。可是我自己心中说：'我正在学习如何待人这一课，所以我将要在他身上试一下，看看有无效果。'

"结果，房东接到我的信后，便带着他的租赁契约来找我，我在家亲切地招待他。一开始并不说房租太贵，我先说如何喜欢他的房子，请相信我，我确是'真诚的赞美'。我表示佩服他管理这些房产的本领，并且说我真想再续住一年，但是我负担不起房租。

"他像从来不曾听见过房客对他这样说话，他简直不知道该怎样处置。随后他对我讲了他的难处，以前有一位房客给他写过40封信，有些话简直等于侮辱，又有一位房客恐吓他说，假如他不能让楼上住的一个房客在夜间停止打鼾，就要把房租契约撕碎。他对我说：'有一位像你这样的房客，心里是多么舒服。'继之不等我开口，他就替我减去一点房租。我想能多减点，我说出所能负担的房租数目来，他二话不说就答应了。

"临去的时候，他又转身问我房子有没有应该装修的地方。假如我也用别位房客的方法要求他减房租，我敢说肯定也会像别人一样遭到失败。我之所以胜利，全赖这种友好、同情、赞赏的方法。"

有一段关于风和太阳的神话。风和太阳争执谁的力量大，风说道：我能证明我的力量大，看，地下正走着一个老者身披大衣，我能比你更快地使他把大衣脱掉。

于是太阳躲进乌云里，风使出它的威力狂吹，但是风吹得越大，那老者越用手拉紧他的大衣。

最后风筋疲力尽了，停止了，太阳从云彩里走出来，开始对着那老者和气地笑。不久那老者便用手拭他前额的汗并将大衣脱去。于是太阳对风说："仁慈和友善永远比愤怒和暴力更为有力。"

这是个有趣的寓言，但愿也能给你一些深刻的启示。

25. 烧香看菩萨，说话看对象

同样一句话，你对甲说，甲肯全神贯注地听；你对乙说，乙却顾左右而言他。这时候对甲说，甲乐于接受；那个时候对甲说，甲觉得不耐烦。这除了表示甲乙两个人的生活环境不同，也表示甲前后的心情不一样。

当年赵高要陷害李斯，对李斯申说秦二世的行为不对，劝李斯进谏，并约定秦二世有闲时候，代为通知李斯。有一天李斯应约进宫，二世正与姬取乐，看见李斯进来。心中很不高兴，而李斯却茫然无所知，正言进谏，二世只好当场敷衍一下。等李斯一退出，二世便开始发牢骚，说丞相瞧不起他，什么时候不好说，偏在这个时候来啰唆！

李斯的杀身之祸也就是因为如此。可见你要向对方说话，应该注意什么时候最适宜。对方正在工作紧张的时候，不要去说话；对方正在焦急的时候，不要去说话；对方正在盛怒的时候，不要去说话；对方正在放浪形骸的时候，也不要去说话；对方正在悲伤的时候，更不要去说话。只要有上述几种情形之一，你去说话，一定会碰一鼻子灰，不但说话的目的达不到，而遭冷遇，受申诉也是意料中的事。

你有得意的事，就该与得意的人谈；你有失意的事，应该和失意的人谈。和失意的人谈你得意的事，你不但不知趣，简直是挖苦、讥讽他，他对你的感情，只会更坏，不会变好的。和得意的人谈你失意的事，他至多与你做表面的应付，绝不会表示真实的同情。有时还可能引起误会，以为你是要请他帮助，他会预先防备，使你无法久谈。所以你要诉苦，应找同情形的人去诉，同病自会相怜，不但能得到精神上的安慰，亦可稍叙胸中不平之气。你要谈得意事，应该向得意的人去谈，志同道合。年轻人涵养功夫不够，稍有得意的事，便逢人就说且自鸣得意，结果招人骂你器小易盈，笑你沾沾自喜，无意中还会惹起别人的妒忌。偶有不如意使你觉得满腹牢骚，如有骨鲠在喉，不免逢人就诉，结果惹人讨厌，说你毫无耐性，甚至笑你活该。

总而言之，你要说话，先要看准对象，他是愿意和你说话的人吗？如果所遇非人，还是不说为好；这个时候，你是要说话的时候吗？如果时候不对，还是不说话的好，说话的成功与失败，诚然与你的说话技术有关，而是否得其人得其时，也与你说话的成败有很大的关系。

26. 从对方得意的事情说起

每一个人都有自认为得意的事情，这事情的本身，究竟有多大价值，是另一问题，而在他本人看来，却认为是一件值得终身纪念的事。你如果能预先打听清楚，在有意无意之间，很自然地讲到他得意的事情，只要他对你没有厌恶的情绪，只要他目前没有其他不如意的刺激，在情绪正常的情况下，他一定高兴听你说的。

你在社交处世时，说话做人要注意技巧，表示敬佩，但不要过分推崇，否则反而会引起他的不安。对于这件事情的关键，要慎重提出，加以正反两方面的阐述，使得他认为你是他的知己。到了这种境地，他自会格外高兴，自会亲自演述，你该一面听，一面说几句表示赞赏的话，如此一来，即使他是个冷静的人，也会变得和蔼可亲，你再利用这机会，稍稍暗示你的意思，为试探，作为第二次进攻的基点。这不是你的失败，而是你的初步成功，对于涉世经验不丰富的人，得此成绩，已不算坏，你若想一举成功，除非对方对你素有交情，又正逢高兴的时候，而且你的谈吐又是很容易令人接受的，否则千万不要存此奢望。

不过对方得意的事情要从哪里去探听，那当然要另谋途径，试就你的朋友之中，有否与对方有交往的人，如果有，向他探听当然是最容易的。你如能留心报纸上的新闻，或其他刊物，平日记牢关于对方的得意事情，到时便可以应用。此外随时留心交际场中的谈话，像这些时候谈到对方得意的事情，也是很平常的事。但是必须注意，对方得意的事情，是否曾遭某种打击而消灭，如有这种情形，千万勿再提起，以免引起对方不快，反而对你不利。因为对方在高兴的时候，你的请求，易于接受；对方不高兴的时候，虽是极平常的请求，也会遭到拒绝。比方他新近做成一笔发财生意，你去称赞他目光准，手腕灵，引得他眉飞色舞，乘机稍示来意，也是好机会。诸如此类的例子很多，全在于你随时留心，善于利用。

不过当你提出请求时，第一要看时机是否成熟，第二说话要不亢不卑。过分显出哀求的神情，反而会引起对方藐视你的心理。你的心理尽管十分着急，说话表情，还是要表示大方自然，并且要说出为对方着想的理由来，而不是为你自己打算。

27. 含含糊糊意义大

一切透明化，并不是不好，而是绝对化的结果，势必带来很多不必要的困扰。合理的含含糊糊，实在比绝对不含含糊糊要好得多。

曾经有一位长辈，叮咛过这么一句话："在我们的社会，什么时候把含含糊糊和清清楚楚弄明白了，也就差不多了。"当时年纪轻，实在摸不着底细，不知道其所交代的意思究竟是什么。

40岁以后，逐渐领悟到"清清楚楚的含含糊糊"和"含含糊糊的清清楚楚"各有其说不出来的奥妙，这才恍然大悟：原来含含糊糊是我们清清楚楚的一种明朗态度。我们觉得他含含糊糊，事实上他已经表达得清清楚楚。

最基本的思考点，应该是摆脱"二分法"，不要把"含含糊糊"和"清清楚楚"当作两个对立的名词看待。再采取"二合一"的观点，体认"含含糊糊中含有清清楚楚的部分，而清清楚楚之中，同样包容含含糊糊的概念"。这样一来，含含糊糊和清清楚楚相辅相成，自然融合在一起，而不彼此排斥和抗拒。

"近来如何？"

"马马虎虎。"

就第三者而言，这两个人一问一答，无不含含糊糊，简直就是浪费时间。

然而，站在他们这两人的立场，有问有答，各人获得清清楚楚的讯息，哪里算浪费？第三者看不懂、想不通，那是他们的事，何必为了他们而改变自己的行为？

“吃饱了没？”

“还早得很，像你那么好命！”

听的人更是含含糊糊，而说的人却清清楚楚。

“这一件事，我并不放在心里。不过我十分怀疑，怎么有人弄得这么清楚，显然是我们自己人捣的鬼。可是我们这些人自始至终都聚集在一起，根本没有捣鬼的机会，可见并没有内奸。但是，愈想愈不对劲，到底是什么人搞的鬼？”说来说去，显得含含糊糊，其实相当清楚。

“人死之后，究竟如何？”

“还没有解决生的问题，何必急于了解死后的问题？”这种答案，算是清清楚楚，还是含含糊糊？

总经理把李经理请到办公室，先把门关上，再拿出好几张影印的东西，说：“我对你是绝对信任的，不然我也不会跟你明说。我知道你的信用没有问题，但是想不到还是有人告你，而且不止一次。我是不会相信的，所以拿给你，你自己看一看，到底写的是什么事情？看完之后，不必交还给我，把它烧掉算了！”

如果你是李经理，会认为总经理说得清清楚楚呢，还是含含糊糊？究竟他是相信，不是不相信？

社交上的对话，经常出现“说了老半天，不知道在说些什么”，以便配合必要时“我说是说得不少，但是我真的没有说什么”的推托之词。对精明人而言，学习说得含含糊糊，好像是一门必修的课程。

但是身为精明人，必须明辨，“含含糊糊”绝对不是“糊糊涂涂”。

“差不多先生”其实有两种：一种是含含糊糊型的，凡事差不多，究竟差多少却心里有数。另一种则是糊糊涂涂型的，凡事差不多，根本不知道到底差多少。前者大家颇为喜爱，后者却众人皆厌恶。

一句“差不多先生”，就要概括所有精明人，这种人应该明白，自己就是属于糊糊涂涂的差不多先生，哪里有资格嘲笑其他的精明人？

听见“差不多”，马上警觉是真的差不多，还是客气的、给人面子的差不多。这种人大概不至于随便嘲笑差不多先生，是属于喜欢含含糊糊的君子。

为什么含含糊糊却可以称为方圆做人呢？

首先，应该确立含含糊糊的基本原则，那就是“不应该含含糊糊的时候，绝对不能含含糊糊”。任何时刻都要“站在不含含糊糊的立场来含含糊糊”，而不是随时随地都随意含含糊糊。

“这件工作需要多少时间才能够完成？”

“差不多二十天。”这时候我们不知道“差不多”的意思是含含糊糊还是糊糊涂涂？必须等到二十天之后，从结果上面来分辨。二十天果真完成，证明属于含含糊糊型；二十天还没有完成，当然是糊糊涂涂型。

结果呈现出来的时候，才能够断定真假。时间一去永不回头，可能造成无可弥补的悔感。

回答“差不多二十天”的人，如果一向信用良好，我们信得过他，可以相信他只是答得含含糊糊，内心却清楚得很，二十天必定能够完成。若是过去的信用欠佳，我们就会怀疑，他可能是位糊糊涂涂的差不多先生。对于初次接触的人，我们实在不容易判断差不多到什么程度。

不管什么情况，我们对于“差不多二十天”的说法，总是相当费猜疑，特别是现代工商社会，大家更不愿意承受这种多余的压力。

然而，这并不表示一定不能说“差不多二十天”这样的话。不过它的真正用意，应该是“二十天左右，还可以商量”。

“这件工作需要多少时间才能够完成？”

“差不多二十天。”

“十二天可不可以？”

“没有办法，最少要十五天。”

“那么，就十五天如何？”

“好，没有问题。”结果不是十分清楚吗？

差不多二十天，目的在替自己留下一些余地，不要每一件事都计算得那么精准，把自己逼得透不过气来。

听得懂的人，自然知道进一步讨价还价，把所需要的时间确定下来，既不必埋怨对方含含糊糊，也不必因为厌恶对方的语气而懊恼。

再说，应该明白含含糊糊的运用技巧，那就是“先含含糊糊地抵挡一番，赶快去追究真相，务求弄清楚，才能罢手”。抵挡一番，暂时保留自己的面子；不赶快去弄清真相，终究会没有面子。

“那件事进行得怎么样？”

“我并不清楚。”说得肯定而明白，也够诚实。但是听的人感受如何？不是觉得“不负责任”，便是认为“迷迷糊糊”。

“那件事进行得怎么样？”

“我并不清楚，我去问问看。”同样明白而诚实，加上一些补救的动作，如果在场没有外人，当然勉强可以接受，若是当着外人的面，请问如何交代？

“那件事进行得怎么样？”

“已经快要完成了。”含含糊糊地抵挡一番，保住大家的面子，事后赶快查明，并且具体地提出数据，才会长久地有面子。事后自己认为反正已经抵挡成功，一直含含糊糊下去，就会变成糊糊涂涂，不再是含含糊糊了。

人要面子乃是常情，有了面子，应该设法保持，以免失去面子。

还有，应该掌握含含糊糊的真实诚意，那就是“为了更大的和谐，把伤害减轻到最低限度”。

“听说小李的父亲拿商人的回扣，有没有这回事？”

“我不太清楚。”明明知道得十分清楚，只是不愿意一传再传，对当事人及其家人造成多次伤害，这是慎言积德，并不是糊糊涂涂。

“老王那一天大发脾气，要把他的儿子送到派出所去关起来。”说话的人其实不清楚事件的真相，只想借此套出内情。

“事情差不多就是这样。”含含糊糊的答语，就不会活活被套进去，成为是非的传播者。

“不是这样。是他的儿子偷窃邻居的钱，邻居把前次被偷的珠宝也算在他身上。老王一气之下，才把他儿子送到派出所，控告邻居诬赖。”若是清清楚楚地陈述事实而对老王造成伤害，就必须考虑有否必要。

在某些场合，把事实说清楚，可能助长某些人的扭曲力量，清楚的陈述容易为有心人所利用，不如含含糊糊来得妥当。

懂方圆之道的人喜欢含含糊糊，因为正当而合理地运用，时常产生意想不到的良好效果。

在我们的经验当中，有很多事情根本讲不清楚，也有很多事情愈讲得清楚，问题愈多。

我们的倾向好像是：大家含含糊糊，自己吃一点小亏也就算了。如果要说清楚，那就要说得清清楚楚，丝毫都不肯让步。

28. 人话“鬼话”都要说得潇洒

“见人说人话，见鬼说鬼话”这句话，一般是用来批评别人的油滑、投机、不诚恳的，可以说是一句骂人的坏话。

方圆之人要你重新看待这句话。

“见人说人话”，就可以和“人”沟通。

“见鬼说鬼话”，就可以和“鬼”沟通。

见人说鬼话，见鬼说人话，那么就不通了。

所以，“见人说人话，见鬼说鬼话”是“沟通”的秘诀，也是和人相处、交朋友、给人好印象、了解对方的秘诀，这是一种技巧、一种艺术，不能说是油滑、投机、不诚恳！

这句话也就是说：和对方交谈时，应尽量使用对方能够认同的语言，并说对方熟习、关心的话题！

比如说，和台湾南部的欧吉桑说话，最好用台语；和客家人说话，最好用客家语……说得不地道没关系，只要你说了，便能获得他们对你的认同。在话题方面，比如你和有小孩的女性说话，可说说孩子教育和柴米油盐酱醋茶；和贸易公司职员说话，可说说景气问题……说得不深入没关系，只要你开口了，他们便会不由自主地告诉你很多关于他自己和工作上的事情，如果你还善于引导，他恐怕连心事都要掏出来了。

“见人说人话，见鬼说鬼话”在人际关系上是很有用的一招，它的厉害在于抓住了人常以自我为中心的弱点，在言语上让对方的自我获得满足，对方的防卫意识便会松软下来，并且把你对他的客套、亲切，当成你对他的关心，于是就对你产生好感。结果是，你了解他已有三四分，他对你却还一无所知。

“见人说人话，见鬼说鬼话”，虽不一定会和对方建立亲密的关系，但绝对是接近对方，和对方建立初步关系的好方法，如果你能这么做，那么保证你受益无穷。

不过，“人话、鬼话”是需要学习训练的，也就是说，你要：

训练自己和人交往时，多谈“您”，而少谈“我”；如果你喜欢谈“我”，那么你就很容易把别人对你的客套当成关心。

多了解各种行业的特色和动态，学习不同族群的语言，了解多了，自然能够“见人说人话，见鬼说鬼话”，什么人都可以交往了。

29. 方圆做人的真经：少说多听常点头

要“多听少说常点头”并不容易，其实这并不抵触自己的原则，只有这种处世的柔软才不易断，才能持久，才能存在。

一位少年只身离家，要到外面打天下，临行前，他的父亲告诉他：“多听少说常点头。”

这位父亲真是个尝过人性滋味的人，“多听少说常点头”，真是一颗金丹。

事实上，这句话相当浅白，不用解释也懂，但为何要如此做，可不是人人能懂。

“多听”，就是多听别人说，听别人的做事经验，听别人的人际恩怨，听别人话语透露出来的有关周围环境的讯息……你多听，别人就会因为你“多听”而多说，他说得越多，你知道得越多。

“少说”，能多听，自然就会少说。少说不但可以“导引”对方多说，还可以避免流露自己的内心秘密，更可以避免说错话，得罪别人。少说，你就成为一个冷静的旁观者，一切的一切，都在你的掌握之中。

“常点头”，这并不是要你做个没有主见的应声虫，而是避免在群体中成为别人眼里“不合时宜”的人，也就是说，听别人说话时，多点头，表示你的专注和附和，如果有不同意见，也要先点头再提出。无关紧要的事，不必坚持己见，多点头迎合，并且配合，这样子人人会当你是好朋友，你就没有走不通的道路。

“多听少说常点头”的原理就在于顺着客观环境，避免突出自己，为的就是降低别人对你的可能伤害。

“多听少说常点头”这个原则适合于人一生中任何一个阶段。初入社会“多听少说常点头”是学习；中年时期，事业呈现往上的态势，“多听少说常点头”则可减少阻力；到了老年，事实上，老年人还有什么好说的呢？不如缄默养气，并且多“点头”，鼓励年轻人，否则就无法获得别人的敬重，成为人人讨厌的老贼了。

30. 避讳尊重很重要

避讳能够在交际中适应他人，理解别人，尊重别人，尽量避免给别人带来不愉快。

清代的康熙皇帝，青年时励精图治，做过不少大事，到了晚年时，年纪大了，头发也花白了，牙齿已松动脱落。这本是人生的自然规律，但他人老心不服老，听到人说他“老”就不高兴，所以左右的臣子深知他的心理，特别忌讳说“老”一类的字眼，从不在皇上面前触这个霉头。康熙皇帝为了显示自己还年轻有活力，常常率领皇后、妃子们去猎苑猎取野兽，在池上钓鱼取乐。

有一次，他率领一群皇妃去湖上垂钓，不一会儿，鱼竿一动，康熙皇帝连忙举起鱼竿，只见钩上钓着一只老鳖，心中好不喜欢。谁知刚刚拉出水面，只听“扑通”一声，鳖却脱钩掉到水里跑掉了，康熙长吁短叹连叫可惜。在康熙左边身旁陪同的皇后见状连忙安慰说：“看光景这只鳖是老得没有门牙了，所以衔不住钩子了。”

这时，在一旁观看的一个年轻妃子见状忍不住大笑起来，而且笑个不止，简直直不起腰来。康熙见了不由得龙颜大怒，他认为皇后说的是言者无心，而那妃子则是笑者有意，是含沙射影，笑他没有牙齿，老而无用了。回宫之后，康熙下了一道谕旨，将那妃子打入冷宫，终身不得复出。到了这个时候，那个年轻的妃子才深深感到后悔了，她叹息着说："因为我不慎笑了一笑，却害了自己守寡一生，这都是我自己不检点带来的恶果啊。"

为什么皇后在说话时明显说到"老"字而康熙皇帝没有怪罪她，而妃子只是笑了一笑，而康熙皇帝却怪罪她呢？首先是康熙的忌讳心理，他不认老，忌讳别人说他老，这种心理实际是反映了老年人的一种普遍的心理状态，由于上了年纪，在体力和精力上都有所下降，但又不肯承认这个现实，而且也希望人们在客观上否认这个现实，故而一旦有人涉及这个话题心理上就承受不了。再是由于皇后与妃子同康熙皇帝的感情距离不同。皇后说的话，仔细推敲一下，有显义和隐义的两个意义，显义是字面上的意义，因为康熙皇帝与皇后的感情距离较近，他产生的是积极联想，所以他只是从字面上去理解，知道皇后是一片好心的安慰。妃子虽然没有说话，只是笑了一笑，但她是在皇后说话的基础上笑的，她与康熙皇帝的感情距离比较远，所以让康熙皇帝产生了消极联想，其隐义是：那老鳖老掉牙衔不住钩子，就像你康熙皇帝一样老而无用，连钓起的老鳖也让它逃跑了。这下子深深地伤害了康熙的自尊心。

自然康熙因妃子笑话他而给这样的重罚暴露出封建帝王的冷酷，但如果是一个通常的人，别人这样笑话你的缺憾，你也不会高兴的。人总是有自尊心的，总希望受到别人的尊重，总不希望人们一见面就提自己不愉快的事。因此人人都不愿意人家触及自己的憾事、缺点、隐私和使自己感到难堪的事，这也是一般人所共有的心理。因此在现实的交际生活中，一定要注意尊重别人，交谈时千万不要涉及别人所忌讳的问题，不然就会使人际关系恶化，导致交际的失误。在生活中这样的失误真是不少。一位胖顾客到服装店里买衣服，她对一件大花和横向条纹的上衣感兴趣，售货员劝道：“这种大花带横条的衣服适合瘦人穿，你这么胖，再穿上这种衣服，那不难看死了。”售货员是一片好心，但她触及顾客的忌讳，女顾客气得一句话都没说，就走了。有一位从小双臂残疾，他靠自己的努力练出用脚指头夹笔写字作画的本领，他的画被选送到国外展出。一位记者采访他时竟唐突地问：“你是靠脚指头成名的，那么我问你，是脚有用还是手有用？”这一问使得那个画家十分恼怒，反问：“维纳斯雕像是以断臂出名的，你说她是有胳膊美还是没胳膊美？”问得那记者瞠目结舌，采访也随之失败了。俗话说得好：“矮子面前莫说矮”，别人有生理上的缺陷，或者家庭不幸，或者自己在为人处世方面有短处，心里已经够痛苦的了，不能再雪上加霜了。碰上这些情况都应该加以避讳，不能“哪壶不开提哪壶”，不然伤害了别人不说，别人也不会轻易放过你的，到头来只能是两败俱伤而已。

自然，生活是复杂的，由于种种原因，有时说话还非要涉及别人忌讳的话题不可，在这种情况下，做人就要讲究语言技巧了。要尽量把话说得委婉、含蓄些，在遣词造句时，要避免那些带有直接刺激感官的字眼，这样就有可能取得比较好的效果。例如同是一位较胖的女顾客去布店买花布做衬衫，在选择大花图案还是几何图案上拿不定主意，女售货员根据顾客的特点，帮她选择了几何图案的花布，并且介绍说：“这种大花图案带有扩张感，适合瘦人穿，你穿不太合适。这种几何图案花布艺术大方，颜色也好，一尺才五角二分，你买七尺就够了，花钱不多做件衬衫穿，能使人显得年轻，瘦溜。”女胖顾客听了就很舒服。

“为尊者讳”是传统的铁则，但却不是今日的律令，因而不必效法，相反，多提倡“民主”才能使“方圆”获得新的“生气”。

31. 话中有话透方圆

1956年在苏联共产党第二十次代表大会上，赫鲁晓夫做了“秘密报告”，揭露、批评了斯大林肃反扩大化等一系列错误，引起苏联人及全世界各国的强烈反响，大家议论纷纷。

由于赫鲁晓夫曾经是斯大林非常信任和器重的人，很多苏联人都怀有疑问：既然你早就认识到了斯大林的错误，那么你为什么早先从来没有提出过不同意见？你当时干什么去了？你有没有参与这些错误行动？

有一次，在党的代表大会上，赫鲁晓夫再次批判斯大林的错误，这时，有人从听众席上递来一张条子。赫鲁晓夫打开一看，上面写着：“那时候你在哪里？”

这是一个非常尖锐的问题，赫鲁晓夫很难做出回答。但他又不能回避这个问题，更无法隐瞒这个条子，这样会使他失去威信，让人觉得他没有勇气面对现实。他也知道，许多人有着同样的问题。更何况，这会儿台下成千双眼睛已盯着他手里的那张纸条，等着他念出来。

赫鲁晓夫沉思了片刻，拿起条子，通过扩音器大声念了一遍条子的内容。然后望着台下，大声喊道：

“谁写的这张条子，请你马上从座位上站起来，走上台。”

没有人站起来，所有的人心怦怦地跳，不知赫鲁晓夫要干什么。写条子的人更是忐忑不安，心里后悔刚才的举动，想着一旦被查出来会有什么结局。

赫鲁晓夫又重复了一遍他的话，请写条子的人站出来。

全场仍死一般的沉寂，大家都等着赫鲁晓夫的爆发。

几分钟过去了，林鲁晓夫平静地说："好吧，我告诉你，我当时就坐在你现在的那个地方。"

面对着当众提出的尖锐问题，赫鲁晓夫不能不讲真话。但是，如果他直接承认："当时我没有胆量批评斯大林"，势必会大大伤了自己的面子，也不符合一个有权威的领导人身份。于是赫鲁晓夫巧妙地即席创造出一个场面，借这个众人皆知其含义的场景来婉转、含蓄地隐喻出自己的答案。这种回答既不失自己的威望，也不让听众觉得他在文过饰非。同时赫鲁晓夫创造的这个场景还让所有在场者感到他是那么幽默风趣，平易近人。

32. 诚于嘉奖，宽于称道

夸奖一个人比批评一个人更容易被对方接受，以个人本身来讲，亦是乐于被称道，反感别人的评议和责备。如此，还是严于律己、宽以待人为妙。

在谈夸奖之前，让我们先从批评说起。人类处世的天性，做错事的只会责备别人而绝不责备自己，即使良心发现，也会尽力掩盖。这时候，你突然脱口而出批评指责之言，揭发他的错，那个我们要矫正及谴责的人，每每要为他自己辩护，而反过来谴责我们。即使是我们出于关心爱护朋友之心，批评朋友，除非识人知性，否则不如不说。林肯应付人很成功，他最喜欢的格言是："不要评议人，免得为人所评议。"林肯不轻易批评别人，即使他有批评别人的充分理由。

批评有时是无用的，因为它使人表现为取夺势，并常使他竭力为自己辩护，反唇回击批评者的弱点。中国有句古话："各人自扫门前雪，勿管他人瓦上霜。"适当地借用过来，说明人在批评别人的时候要慎重，自己是不完善的，应从严于律己做起，无须咄咄逼人，挑人家的刺。批评是会伤害一个人的宝贵的自尊心，伤害他的情感，并且使他灰心，必然激起他的反抗。

如果你要使别人做你想要他做的事，那么请"诚于嘉奖，宽以称道"。因为人人喜欢恭维，不喜欢指责。"人性中至深的本质就是渴求被人所重视。"人们对自重感的渴求远胜于食物和金钱。谁有能力满足这种内心饥饿的人的需要，谁就可以将他握在掌心，任你驱使。寻求自重感的欲望是人与动物的主要区别，如果我们的祖先没有这种自重感的冲动，早就不存在文化了。假如没有自重感的渴求，历史上就不会出现那么伟大的或显赫的人物。这个欲望激励林肯研读法律，当上美国总统；这个欲望激励狄更斯写出他不朽的小说；也是这个欲望使洛克菲勒赚到了他一辈子也花不完的钱。自重感激励许多人成名，而名人仍为自重感挣扎着。历史上布满了这样有趣的例证：华盛顿更愿意被称为"至高无上的美国总统"；哥伦布请求得到"海洋大将印度总督"的头衔；恺撒琳拒绝拆阅没有称她"女皇陛下"的信件。更有甚者以癫狂为乐，他们在他们自创的梦境中，找到了他们深切向往的自重感，这是个极端的现象。对于以上种种现象，试想，在人还未达癫狂之前给他真诚的赞许和鼓励，你我将成就什么奇迹呢?

在卡耐基"成功之路"的书中推崇过两个人：斯瓦伯和爱默逊。这二人都善于赞许和鼓励别人。斯瓦伯在钢铁制造业取得成功，他说："世界上最易抹杀一个人志向的，就是他上司的批评。我向来不批评任何人，我急于称赞，迟于找错。在我一生的广泛交往中，我还没找到一个人，无论如何伟大，地位如何高，在被赞许的情况下，比在被批评的情况下做得更好、更努力。”如果你想支配一个小孩，那么你就称他是“自立的男子汉”，在他拒绝吃早点时，你就鼓励他自己动手做一顿早饭，保准让他吃得津津有味。

爱默逊说：“凡我所遇见的人，都在若干地方胜过我。在那若干地方，我跟他学。”这正应了中国的一句古语：“三人行，必有我师焉。”看一个人，要“横看成岭侧成峰”，不要从一个方面去评价或抓住一点不放，这样我们会从每个人身上发现优点或值得学习的东西。我们对这些优点予以真诚的赞许和称道，以使我们的赞赏与谄媚截然分开。

33. 赞美也要拐弯抹角

说实在的，当我们在赞扬一个人的时候，最担心的是对方的反应，因此，内心里难免有那么一点儿的不自在。如果漫不经心地去称赞人，很可能招来“哼！这个马屁精”之灾。

假如身边再有他人在的话，就更叫人感觉到难为情了，实在不敢大大方方地去称赞一个人。

然而话又说回来了，顾虑太多实在不像一个男人。逢到必要的场合，你是应该大声而堂堂正正地去赞扬对方的成就、长处以及善行的。

只是不宜盲目地去赞扬人，不然，你就会看起来像一个十足的马屁精了。要赞扬一个人时，必须一本正经，打从心里头，抱持着信念的形态去赞扬。

我仅仅有过一次那种经历，或者，我希望此生能干一次那档子事，或者说，阁下是我最憧憬的……如果不能心平气和地说出这些话，那你实在太过迂腐了，一点也不够幽默！

当然啦！这里所说的“接受礼赞”并非是意味着问人要那一份“礼”。而是说，必须视不同的场合，有时可以接受，有时则不接受为宜。但是，这并不是很重要的。

当你对别人亲切，或者做了一桩小善事，而别人对你说出一些感谢话时，你总是会感到难为情，不过，既然是一位男士，你就必须忍受着尴尬之情，接受下来。

尤其是照顾老太婆之时，老人家总喜欢在众人面前，不断夸奖你，并不停地道谢。说实在的，这是叫人不敢领教的一件事。但是，你仍然要耐心地承受。

当你亲切地为别人做了一些事，而对他说“这件小事不值得挂齿”时，乍听之下，似乎是表示你的谦虚，然而进一步分析的话，可说是一种不逊之语。还是堂堂正正地接受对方的谢意，比较富有男人味。

英语有一句“谢谢您，对我说谢谢”（Thank you for thanking me）。这一句包含有“你高兴我为你做事，我也感觉到高兴”之意。因此，我奉劝大家多利用。

当别人对你说谢谢，而你绷着一张脸时，你势将给予对方“这样已经行了吧！”的印象，而使受惠者看到了你人格的局限。

如果你对别人施惠，而对方向你道谢的话，你不妨巧妙的如此回答：

“那么，今后你可以多多地依赖我。”

这么一说，不但能够表示出你的宽宏大量，而且，你也会感觉到非常愉快。

当一位少女的纤纤玉手差点就被车门夹住的时候，一个青年快速如电把门支撑住，使该少女的玉手得以伸出来。到她说谢谢时，他怜情万分地抚摸着她的手，然后，得意非凡地说：

“哇！我占到便宜了！”

某一位男士丢了钱包，感觉到动弹不得之时，一个青年给了他二三十元买车票，及时救了燃眉之急。当对方频频地道谢之时，该青年以绝伦的口吻说：

“哪里，这不算是大不了的一件事。只要我回到了家里，要多少就有多少。瞧！我家在开银行呢！”

一个少女没有书写用具而感觉到尴尬之时，一个青年竟给了她一支圆珠笔。她用罢，刚欲谢并还笔之时，他如此说：

“噢！不必物归原主了，你留着使用吧！如果我再给你一支的话，你会说出更悦耳的莺声燕语吧？”

（就这样，他俩走进了一家吃茶店。）

一个接受道谢的男子向对方说：

“说谢倒不必，不过下次再生气的话，千万不要乱骂一通了……”

又如，阁下喜欢装腔作势的话，不妨照莎士比亚笔下的人物李尔王那样大声疾呼地说：

“风啊！你吹吧！你尽情地刮吧！反正你是不会比不知恩情的人，更为不亲切的……”

一名等待看精神病医生的病人，感激涕零地对该医生说：“大夫，您真是一位再世华佗，我看过的所有医生中，没有一位比您更棒的。”听了这一句赞颂的话，该精神科医生堆满了笑容说：“真谢谢您的夸奖。不过，请你告诉我理由好吗？”

这么一来，精神病患者自以为“是”地说：

“您跟其他的大夫不一样，倒是跟我不分轩轾，好像是一个模子印出来似的！”

一位太太问：“像你这样身体健全无病无痛的人，为什么要当伸手将军呢？”

乞丐：“三百六十行里，没有比这一行更妙的职业了。你想想看，一个男人不经过介绍，就可以面对着貌美如花的女郎闲话家常，这不是非常的美妙吗？”

一位窈窕可人的女办事员戴着一条新项链上班。公司里面的一个年轻男职员，对他嗫嚅说："哦！我好生羡慕它！"

女职员问："咦？你羡慕什么？"

"我就是羡慕那条项链。"

"我好嫉妒它哦！因为它能够环绕在美人儿的玉颈上面——"

（"哇！好漂亮的一条首饰"如此称赞的人，往往给人一种敷衍虚饰的感觉。只要兜一个圈子夸奖一番"色、香、味"就会增进不少。）

一名热烈地爱上了某女郎的青年说："梦中情人，我愿意我所有的财产放置于你的脚下。"女郎问："你没有多少的财产啊！"青年："你说得不错！但是比起你小而玲珑的玉足来，它们就显得不小了！"

到了这个地步，你该知道什么是最上乘的夸奖手法了吧？

对方无论是男性、女性、前辈或者是同事，甚至后辈，最上乘的夸奖法为——"我知道夸奖对你不会发生作用。可是……"

有位男士请一位小姐到高级餐馆去吃饭，但这位小姐却不小心在楼梯上摔倒，掉了一只鞋子，同时也把自己的裙子弄破了。

她对自己的大意愧不可当，立刻脸色苍白地垂头丧气。但是当她回过头来时，却看到他裤子的拉链也没拉上。她立刻涨红了脸——当然这是他亲切的一面，在她不注意的一两秒内故意也使自己难堪，让她不致于下不了台。

新婚夫妻招待几位客人到自己家里吃饭。太太使出浑身解数大做料理。丈夫在客人面前不断地称赞："太好吃了，太好吃了。"

于是后来新娘子又特地为丈夫做了同样的料理，但丈夫却没有丝毫夸奖的意思。

"上一次你那么夸奖我，为什么今天晚上你一句话都不说呢？"

丈夫用一种非常优雅的神情道："太太，我现在用不着虚情假意地夸奖你了呀！"

34. 自我解嘲以化解尴尬

1915年，丘吉尔还是英国的海军大臣。不知他是心血来潮，还是什么原因，突然要学开飞机。于是，他命令海军航空兵的那些特级飞行员教他开飞机，军官们只好遵命。

丘吉尔还真有股韧劲，刻苦用功，拼命学习，把全部的业余时间都搭上了，负责训练他的军官都快累坏了。丘吉尔虽称得上是杰出的政治家，但操纵战斗机跟政治是没什么必然联系的。也可能是隔行如隔山吧，总之，丘吉尔虽然刻苦用功，但就是对那么多的仪表搞不明白。

有一次，在飞行途中，天气突然变坏，一段16英里的航程竟然花了3个小时才抵达目的地。

着陆后，丘吉尔刚从机舱里跳出来，那架飞机竟然再次腾空，一头撞到海里去了。旁边的军官们都吓得怔在那里，一动不动。

原来，匆忙之中的丘吉尔忘了操作规程，在慌乱之中又把引擎发动起来了，望着眼前这一切，丘吉尔也不知所措，好在，他并没有惊慌，装作茫然不知似的，自我解嘲道：

“怎么搞的，这架飞机这么不够意思。刚刚离开我，就又急着去和大海约会了。”

一句话，缓解了紧张的气氛，也让丘吉尔摆脱了尴尬。

在有些尴尬的场合，运用自嘲能使自尊心通过自我排解的方式受到保护。而且还能体现出说话者宽广大度的胸怀。

丘吉尔有个习惯，一天之中无论什么时候只要一停止工作，他就爬进热气腾腾的浴缸中去泡一泡，然后就光着身子在浴室里来回地踱步，一边思考问题，一边让身体放松放松，有时甚至会入迷。

有一次，丘吉尔率领英国代表团到美国去进行国事访问，他们受到热情款待。为了方便两国领导人的交流、沟通，组织者专门让丘吉尔下榻在白宫，与美国总统罗斯福离得很近。

一天，丘吉尔又像往常一样泡在浴缸里，而后光着身子在浴室里踱步。当时，世界反法西斯战争进行得如火如荼。丘吉尔在思考着战场上的形势，以及如何同美国联手对付德国法西斯。想着，想着，他已经忘了自己在什么地方，而且还是光着身子。

碰巧，这时罗斯福有事来找丘吉尔，发现屋里没人。罗斯福刚欲转身离去，听见浴室里有水响，便走过来敲浴室的门。

丘吉尔正在聚精会神地考虑问题，听见有人敲门，本能地说了一句："进来吧，进来吧。"

门打开了，美国总统罗斯福出现在门口。罗斯福看到丘吉尔一丝不挂，十分地尴尬，进也不是，退也不是，索性一言不发地站在门口。

此时，丘吉尔也清醒了。他看了看自己，又看了看罗斯福，急中生智地说道：

"进来吧！总统先生。大不列颠的首相是没有什么东西可对美国的总统隐瞒的！"

说罢，这两位世界知名人物都不约而同地哈哈大笑。

爱因斯坦是举世闻名的科学家，但他从不注重自己的着装。

一次，爱因斯坦第一次来到纽约。不料，在大街上还真遇到了一位老朋友。这位朋友见爱因斯坦衣服破旧，便说：

"你看你的大衣，又破又旧，换件新的吧。怎么说你也是知名人物呀！"

爱因斯坦笑了笑：

"没关系，没关系。我刚来到纽约，这儿没有人认识我。"

几年后，爱因斯坦和他的相对论都已名声大震。巧的是爱因斯坦又和他的那位朋友在街上相遇了，更巧的是爱因斯坦还是穿着那件"又脏又破"的大衣。这一次，爱因斯坦不等朋友开口，便解嘲道："这次更不用买新大衣了，全纽约的人都已经认识我了。"

尴尬场合，运用自嘲可以平添许多风采。当然，自嘲要避免采取玩世不恭的态度。具有积极因素的自嘲包含着自嘲者强烈的自尊、自爱。自嘲实质上是当事人采取的一种貌似消极，实为积极的促使交谈向好的方向转化的手段而已。

此外，运用自嘲还要审时度势，相机而用，比如对话答辩、座谈讨论、调查访问等！就不宜使用。

35. 把斩钉截铁的话隐藏

我们进行说服工作时，最容易犯的错误之一，是当我们发现对方犯错时，就会说："那是不对的，像这种事，任何人只要想一想，都可明白的！"以这种批评对方无知的态度，打击对方的自尊心。对方的自尊心受损之后，就像刚才所说的一样，不是一言不发，就是故意在言辞上挑毛病，拒绝说服者的要求。

因此，我们必须在不会刺伤对方自尊心的原则下，进行说服工作，换句话说，当对方犯了明显的错误时，切忌立即指出或批评，应顾左右而言他，回避此一问题，来说服对方。美国著名的政治家富兰克林年轻时，常喜欢在公共场所大放厥词，高谈阔论，是属于彻底打击对方的典型。因为他的言辞到处伤人，时日一久，就没有人愿意倾听他的高论了，当他发觉众人都在回避自己时，立即检讨错误的症结，改变说话的语气。

后来，他将自己的意见，改用疑问的口气来叙述，如此一来，他的语锋不再锐利刺人了，大家也能平心静气地接受他的议论。从此，他在政坛上平步青云，这是众所周知的事。

因此，我们不可以“我认为绝对是这样”等斩钉截铁的口气和态度，来威压对方，而应改用“是不是这样呢？”等委婉的态度，和对方接触，这也是攻心说服术之一。

不过，说服者若不小心刺伤对方的自尊心，而对方已经采取强硬的防卫态度，也就是显露拒绝的态度时，应该如何处理呢？这时，说服者应暂且回避此一问题，或避重就轻地带过，待对方的感情稍微平静之后，再继续进行。

因为，此时若深入地讨论此一问题，不仅会激使对方潜藏于深层心理的自尊心，露出意识面，而勃然大怒，并且还会将对方逼至死角，当对方做困兽之斗时，说服工作当然会无疾而终。像这种情形，有时，对方在心里的某一角落里，会承认说服者的道理，说服者若能洞悉其心理，并算出对方的“感情冷却期间”，等待对方自主的判断，那么，对方有时也会出乎意料地表现出软化的态度。

第五章

高人一筹的 30 条做事之道

1. 决不优柔寡断

优柔寡断就是浪费做事的机会，成功就会与其擦肩而过。

不要追求尽善。“金无足赤，人无完人”，只要不违背大原则，就可以决定取舍。

遇事优柔寡断，拿不定主意，这是做事中常见的现象。有人上街要买台彩色电视机，由于价钱较高，又都不是名牌，往往反复比较，反复动摇。结果跑了许多家商店，去了许多次，就是决定不下来。心理学家认为，人在做事时所表现的这种拿不定主意、优柔寡断的心理现象是意志薄弱的表现。

为什么有些人做事易反反复复、优柔寡断？这主要是因为：

（1）心理学认为，对问题的本质缺乏清晰的认识是使人做事拿不定主意，并产生心理冲突的原因。只要留心观察，就不难发现优柔寡断多发生在青年人身上，这是因为青年人涉世未深，对一些事物缺乏必要的知识和经验的缘故。

（2）俗话说：“一朝被蛇咬，十年怕井绳。”一旦遇到类似的情境，便产生消极的条件反射，踌躇不已。

（3）一般说来，优柔寡断者大都具有如下性格特征：缺乏自信，感情脆弱，易受暗示，在集体中随大溜，过分小心谨慎等等。

（4）这种人从小就在备受溺爱的家庭中长大，过着“衣来伸手，饭来张口”的现成生活，父母、兄弟姐妹是其拐杖。这种人一旦独自走上社会，做事易出现优柔寡断现象。

另一种情况是家庭从小管束太严，这种教育方式教出来的人只能循规蹈矩，不敢越雷池一步。一旦情况发生变化，他们就担心不合要求，在动机上左右徘徊，拿不定主意。

怎样克服这种做事拿不定主意、优柔寡断的毛病呢？

（1）培养自信、自主、自强、自立的勇气和信心，培养自己性格、意志独立的良好品质。

（2）心理学认为，人的决策水平与其所具有的知识经验有很大的关系。一个人的知识经验越丰富，其决策水平就越高；反之则越低。这也就是俗话所说的“有胆有识，有识有胆”。

（3）“凡事预则立，不预则废。”平时经常开动脑筋、勤学多思是关键时刻有主见的前提和基础。

（4）排除外界干扰和暗示，稳定情绪，由此及彼、由表及里仔细分析，亦有助于培养果断的意志。

犹豫如果有，你便会被挤到没有机会的死水中。

其实，凡世间众人皆有犹豫，但并非所有情况都会在同时发生，它甚至根本就不会发生，因为犹豫是来自自己的想象，只要有坚强的意志力便能将之克服。若能了解这些，接下来的就只有如何去克服问题。如果你能再达成下列几种心理建设，则剩下来的问题也将烟消云散。

每当面临一个新的机会，在斟酌得失之间，犹豫便会在你的内心里悄然出现，阻挠你制胜的决心。这虽然是每个人都有的心理变化，但若不趁早加以克服，便将慢慢累积扩大，当它爬满你的心，且进而侵蚀你的骨髓时，就难以救治。如果你正保持着维持现状的观念，即应早日医治，阻止病菌继续蔓延，并从而将残留在体内的病源完全根除，以免到头来后悔不已！

消除犹豫的方法，只有从正面迎击，别无他法。因为犹豫一旦被姑息，便会常留在你的身边，把机会从你身旁逼走。因此，为能获得机会，就必须先消除犹豫。完成这个步骤，接下来忙不完的工作会迎面而来，多得使你不得不从中选择机会，会让你没有时间去考虑害怕的问题。

请牢记，对自己绝不可放纵，你应正视自己的问题，从正面去尝试解决。譬如你害怕在大庭广众前发表意见，就应在大庭广众前与人交谈；如果你为了加薪问题想找上司谈判，但因心生胆怯，事情一拖再拖，一直无法获得解决。建议你不妨一鼓作气走到上司面前，开门见山地要求加薪，相信结果一定比你想象的还好。

如果你现在心里有尚未完成而需要完成的事，切勿迟疑，赶快开始行动吧。

2. 做事懂得自信的重要

拿破仑·希尔曾说："信心就是'不可能'这毒素的解药。"海伦·凯勒的一生，就阐明了这话的真理。

自我创富的奠基人拿破仑·希尔博士在其《心理创富》一书中提出：财富=想象力+信念。

信念就是信心、爱心和恒心的统一。信念是一种指导原则和信仰，让我们明白了人生的意义和方向。一个没有信念的人，就像缺少了发动机的汽车，不能行进一步。所以在人生中，必须要有信念的引导，它会帮助你向着目标，不断地追求，创造你想要的人生，使你在人生中办任何事都成功。可以说，这种信心的力量是惊人的，它能改变恶劣的现状，创造美好的未来。充满信心的人永远击不倒，他们是事情的主办者。信心是做事成功的秘诀。

信心对于做事成功者具有重要意义，成功的欲望是创造和拥有财富的源泉。人一旦有了这种欲望，并经由自我暗示和潜意识的激发后形成了一种自信心，这是一种相信自己能获得成功的信念。这种信心转化成一种“积极的感情”，它能帮助人们释放出无穷的热情、智慧和精力，进而帮助人们获得财富与事业上的巨大成就。

海伦·凯勒是著名的残障人士，她的一生，就是“信心”的写照。她在导师安妮·苏利文女士的悉心培养下，克服了多重残障，学会了阅读、写作与说话，在麻省的莱奇夫大学以优异成绩获得学位，并取得一系列的荣誉。她的毅力震撼了世上所有的人。海伦19个月大的时候，得了一场疾病，变成了一个又瞎又聋的小哑巴。疾病使小海伦性情变得孤僻而暴躁，她的双亲绝望之余，聘请了一位教师照顾她，谁也没想到，这位安妮·苏利文女士成了海伦的光明天使。

苏利文仅用一个月的时间，就和完全生活在黑暗中、绝对沉默不语的海伦取得了沟通。她教给海伦的是：自我成功与重塑命运的工具——信心与爱心。关于这件事，在海伦·凯勒所著的《我的一生》中有感人肺腑的深刻描写：一个年轻的复明者（苏利文曾在14岁时差一点失明，后被医院治好），没有什么“教学经验”，全凭无比的爱心与惊人的信心，灌注到一个全聋全盲全哑的小女孩的身上——光靠着身体的接触，为大家的心灵架上一道桥，可通过心灵互相沟通。海伦在自传中描述一个既瞎又聋且哑的少女，初次领略到语言的喜悦时，她写道：“在我初次领悟到语言存在的那天晚上，我躺在床上，兴奋不已。那是我第一次希望赶快天亮——我想有其他人可以感受到我的喜悦吧。”仍然是失聪、耳聋、瞎眼的海伦，凭着触觉学会了与外界沟通。她10岁多就名扬全美国，成为残障人士的模范。

海伦并不因为引起国内的关注而自满，她继续孜孜不倦地接受教育。在20岁那年，终于进入大学就读，苏利文教师和她同行。这时，她已经可以通过盲人触摸点字的方法“看”书，能够写字和说话，接着，她又学会了用打字机著书和写稿。海伦克服了许多残障，她对生命充满信心，充满热忱，她喜欢游泳、划船、下棋、编织、用扑克牌算命以及在森林中骑马。大学毕业后，她的演讲、著书和公众活动频繁，推动保障肢体残障者的福利工作。海伦虽然是位盲人，但她读过的书却比视力正常的人还多得多。而且，她还写了7本书。她的耳朵全聋，但她却比正常人更懂得鉴赏音乐。有9年时间，她完全不会说话，后来，她却能巡回全国各州发表演讲，甚至有4年时间致力于戏剧的演出。

海伦的一生，是成功者的一生。她用信心和毅力克服了肢体残障，创造了心灵的财富。

3. 充分挖掘自己的潜能

玉不琢，不成器，人的潜能也一样，不去挖掘就如一潭死水，日久便会发臭。

人的潜能到底有多大？这个问题恐怕是谁也无法回答的。因为按照科学家的说法，人的一生只能用去其脑力的1%，也就是说，每个人都有99%的潜能有待挖掘。

我们不知道自己的潜能是因为人都有惰性，如果可以依赖，如果可以不动脑筋，那么就没有人刻意地发挥出自己的潜能来，这个现象在女性身上最为明显。也许是因为社会的浮躁，也许是因为“男权”社会的余波，女人在社会中总是扮演依附性的角色（当然并不代表所有的女性都是依附于男性的）。可是如果一旦失去男性的依靠，女人往往会爆发出惊人的力量，比如离婚的女人，因为有过失败的婚姻，对男性的信任度也下降，因此她们更多地需要靠自己创造生活。而事实上，很多女性已经用自己的行动证明女人的潜能是无限的，原来她们离开男人会生活得更好！

这就是潜能的力量。但是很可惜，并不是每个人都有机会释放出自己的潜能。所以我们更应该在日常做事中就学着逼迫自己，对自己要求得更高一些，去办那些你认为自己做不来的事，也许你就会发现，很多能力都是要靠自己深挖掘才能表现出来的。优秀的人就是懂得如何充分挖掘自己的潜能的人。

下面来看网上读到的一个故事。

一个名叫杜彬的小伙子，长得一表人才，是一小康家庭的独子。他自幼便表现出过人的智商，考试成绩总是名列前茅，观察力极强，对于处理自己的生活更是井井有条。

杜彬读高中时，有位老师对他说："以你的成绩及读书天分，你大可以转到任何一间名校就读，那将来你考进全国最高学府的机会更大。"杜彬听了，马上摇头，然后说："名校不是我这种庸才读得上的。"一番好意的老师不禁为之惋惜。

参加美国大学的入学考试时，杜彬的成绩好得他自己也不敢相信。他原本有资格申请就读麻省理工学院，可是他却选择了去一间三流的学校。他还是相信名校不是他"这种人"可以读的。

大学毕业后，他的同学都进了大公司工作，因为他们希望有较大的发展。可是，杜彬却选了一间小规模的公司，他的理由是："人少的公司学习的机会多些，竞争也没有那么大。"

可是世事的安排却似乎与杜彬作对，他服务的那间小公司因为业绩不断的进步，进行了一连串的扩张，而在水涨船高的原理之下，杜彬的职位也愈升愈高。

每一次升级，杜彬的情绪总要低落一阵子，他总是说："这次必死无疑，我哪里有能力担任这个职位呢？这简直是要了我的命！"

由于杜彬对自己的潜能毫无认识，因此他对自己的能力一点信心也没有。他变得愈来愈紧张，而随着这种情绪而来的是他的工作表现显著地退步，他犯错的次数也日益增加，他不能处理分内的工作，最后他的精神终于崩溃了。

后来杜彬不得不在疗养院中痴痴呆呆地过日子。若是有人在他面前轻声说一声“工作”两字，就可以把他吓得半死，看来他至少还需要恢复好长一段时间。

杜彬是个不了解和不接受自己潜能的特殊例子。可是在现实生活中也有很多对自己潜能不充分了解而因此自限的人。假如这些人能够充分了解及利用自己的潜能，那他们岂不是可以为自己创造更丰富更美好的人生？所以，只有不断地发掘、了解、利用自己的潜能，才能将自己的成就推上一个又一个的高峰。

了解及利用潜能的宗旨在于去办好那些你真正喜欢做的事情。

有一个人自小就非常喜欢绘画，他的作品时常被老师选出来贴堂，因此有一段时期，他常梦想自己将来会成为出色的画家。可是这个人的父母看见他对绘画的兴趣及天分却吓了一跳，因为他们认为以绘画为生是一件很不稳定的工作，于是他们千方百计地去劝阻孩子发展绘画的潜能。

他们告诉孩子：“你完全没有绘画天分。”他们对孩子所画的图画不但不欣赏，还诸多批评。渐渐地，孩子开始相信自己对绘画真的没有天分，他对这个曾一度喜爱的嗜好失去兴趣，他放下了画笔。再过一段时期，他发觉自己根本不懂得作画。不久，他甚至一提到绘画便露出憎恶的神色。

孩子的父母终于达到了他们的目的。孩子长大以后，做了一名中学的数学教师，这份工作他也算称职，但他总是提不起劲投入工作，不到30岁，他已经意志消沉得想完全放弃工作，不过基于对父母及自己家庭的责任感，他咬着牙一直干下去。

在一个偶然的机会中，他被邀请替一本教科书画几张插图，他一拿起画笔便再也不能放下。这次，他的妻子企图劝阻他，可是他对她说：“我的父母已经尝试过强迫我放弃心爱的嗜好，我错误地听从了他们，而因此浪费了我的潜能，现在我决不能重复这个错误了。”

不久，他辞去了教书的工作，专职替人绘画各式各样的插图。有空的时候，他不停地绘画，他希望不久可以举行个人画展。他说：“现在我才觉得在真正地生活。”

尝试问问自己：我有什么特别的地方？我有什么素质是其他人没有的？我做什么事情时觉得最舒服？我做什么事情做得特别好？我有什么嗜好？我有什么与生俱来的才能？有什么事情我做得特别自然？空闲的时候我会去做什么事情？这样就可以找到你的兴趣所在，只有在这些有兴趣的领域你才可能发挥出自己的潜能。

许多时候，父母、老师及其他长者，会为了我们将来有安定的生活，而替我们选择一条安稳有保障的路。可是当他们这样做的时候，往往忽略了我们的潜能，造成很大的浪费。

因此当我们生活得不如意，觉得未能发挥潜能时，不妨问问自己：“父母为我们所创造的自我形象是否有问题？”如果你觉得确有问题的话，那就表示你的生活方式未能将你的潜能带出来，你需要改变。

还有一种情况，当别人说“你最在行的是做……”，“这件事找到你办就确保无误”，“我早知道你对此事的反应会如此了”，“你别的可能不行，这个一定行”等话时，将这些话详细地用笔记录下来。如此做了数星期之后，有系统地分析你的笔记。你会发觉你的行为有一定的模式，原来你一直在人前显露自己某方面的兴趣及才华。这些兴趣及才华很可能是你自己以前从未意识到的，不过如果你相信“旁观者清，当局者迷”这句话，你不会对这些发现掉以轻心，因为它们会带领你发掘自己真正的潜能所在。

4. 做事要懂得自我克制

忍耐是一种本领，特别是当你处于劣势的时候。我们的祖先早就总结出一句至理名言：小不忍则乱大谋。懂得自我克制，就是懂得了“人在屋檐下，不得不低头”。

人活于世，做人做事若能“率性而为”，那人生就没什么可遗憾的了。问题是，你不是天地间唯一的存在，不是你想办什么就可以办成什么，而别人也不可能因为你而存在，对你一切都言听计从。人的一生中，总会遇到许多人际关系和事业上的不如意，这些不如意需要以智慧和耐心去解决，而不是靠你一时的喜恶和脾气。

“忍人之所不能忍，方能为人之所不能为。”

汉初名将韩信年轻时家境贫穷，他本人既不会溜须拍马，做官从政，又不会投机取巧，买卖经商。整天只顾研读兵书，最后，连一天两顿饭都没有着落，他只好背上家传宝剑，沿街讨饭。

在市集上，有三个当地的无赖，他们看不起韩信这副寒酸迂腐的书生相，故意当众奚落他说：“你虽然长得人高马大，又好佩刀带剑，但只不过是个胆小鬼罢了。如果你肯服我们三个人，就从我们的裤裆底下钻过去，我们就不再为难你了。不然的话，就别怪我们不客气！”说罢他们双腿架开，立了个马步。众人一哄围上，且看韩信怎么办。

韩信认真地打量着这三个无赖，想了一想，竟然弯腰趴下，从无赖的裤裆下面钻了过去。街上的人顿时哄然大笑，都说韩信是个胆小鬼。

韩信忍气吞声，闭门苦读。几年后，各地爆发反抗秦王朝统治的起义，韩信闻风而起，仗剑从军，争夺天下，威名四扬。

韩信忍胯下之辱而成就盖世功业，成为千秋佳话。假如，他当初争一时之气，一剑刺死羞辱他的无赖们，按法律处置，则无异于以盖世将才之名抵偿无知狂徒之身。假如，他当初徒一时之快，与凌辱他的无赖斗殴拼命，也无异于弃鸿鹄之志而与燕雀论争。韩信深明此理，宁愿忍辱负重，也不愿争一时之短长而毁弃自己长远的前程。

这样的忍耐，不是屈服，而是退让中另谋进取；不是逆来顺受、甘为人奴，而是委曲求全，不因小失大。一旦时机到了，他就能如同水底潜龙冲腾而起，施展才干，创建功业。

韩信甘受胯下之辱，成就功业的故事表现了他的一种大智慧，你想一想你自己在做事中的自我克制能力如何，是否懂得多加忍耐？

5. 毅力是做事成功的支撑

毅力的强弱，足以影响一个人的前途。毅力是应付办事困难的工具，毅力强，则你的智力、能力即使较差，也能克服困难，而使你达到成功之途。古人曾说：“人一能之，己百之，人十能之，己千之。”又说：“勉强而行之。”无非是表示毅力能够坚强，就能达到“虽愚必明，虽柔必强”的境界。毅力坚强就是至诚，能至诚必能息息，“不息则久，久则征，征则悠远，悠远则博厚，博厚则高明”。征是毅力坚强的第一结果，博厚是毅力坚强的第二结果，高明是毅力坚强的第三结果。征是成功的第一步，博厚是第二步，高明是第三步，总而言之，有毅力总会成功的。成功可分三步，也就是说毅力的强度可分三等。你希望能得到多少成功，就看你有多少毅力。中庸的精要点，完全在于阐发毅力的重要性，并就哲理的根据，保证你的毅力，绝不会白白花费掉。毅力是从哪里产生力量的呢？就在遇到困难的时候。对于困难的演化，《中庸》分析得十分清楚："诚则形，形则著，著则明，明则动，动则变，变则化。"形著明动变化是困难演变的六步演化，也就是向你保证。只要花一分毅力，就能得到一分成果，绝不是最后的毅力才有成果，以前的毅力却是无用的。

毅力坚强的人，最易引起别人的同情与敬佩。某公司，常利用休息日，组织职员参加爬山运动，来锻炼个人的体格。年轻同事，当然高兴报名参加，但中年以上的人，多数已无此兴趣，而某乙却毅然决然参加了。因为年龄的关系，体力已差，某乙便落到年轻人的后面。而在年轻人当中，有的早已捷足先登，有的却在中途就折回去了，但某乙还是努力地向上爬，虽然累得汗流浃背，气喘如牛，而终于爬到了山顶。其上司，非常赞许某乙的毅力，有一天，便亲自到某乙家去访问他，闲谈之余，更觉某乙的精神令人钦佩，于是就让某乙担任他的秘书。某乙办事，也如他的爬山一般百折不挠，工作成绩自然也就胜人一筹了。

所以你不必问前途困难有多少，只要问你的毅力是否始终不断就够了。比如炸山开路，你不停地炸，再回头看看已炸成的路，证明你的用力，丝毫没有白费，却不必估计未炸的石壁还有多厚，几日炸不完，就花上几个月的工夫，几个月炸不完，就用几年的时间去炸。前面的石壁，越炸越薄，而你的毅力却取之不尽，用之不竭，以不尽不竭的毅力来对越炸越薄的石壁，则胜券在握，哪里还会气馁，哪里还会失败，哪里还会有办不成的事！

6. 把握好做事的灵感

1947年的冬天，在密歇根州的卡索波里斯，爱德华·洛厄正帮着他的父亲做木屑生意。这时，有一位邻居跑进来，想向他们要一些木屑，因为她的猫房里的沙给冻住了，她想换一些木屑铺上去。当时，年轻的洛厄就从一只旧箱子里拿出一袋风干了的黏土颗粒，建议对方试试这玩意儿。因为这种材料的吸附能力特别强，当年他父亲卖木屑的时候，就是采用这种材料清除油渍的。这样一来，那位邻居的燃眉之急就给解除了。

几天以后，这位邻居又来了，她想再要一些这样的黏土颗粒。这时灵光闪动，洛厄突然意识到自己的机会来了。他马上又弄了一些黏土颗粒，分五磅一装，总共装了十袋。他把自己的新产品命名为“猫房铺”，打算以每份65美分的价格卖出去。但是，大家都笑话他，因为一般铺猫房用的沙子才多少钱一磅呀？

但出人意料的是，洛厄的十袋黏土很快就卖了。而且，当这十个用户再次找上门来，指名道姓要买“猫房铺”的时候，这一下可该轮到洛厄发笑了。一笔生意，一种品牌，一种使命，就这样创始了。

采用黏土颗粒作为猫房铺，反倒促使这种小动物变成更受人欢迎的宠物了，同时，洛厄也因此而变得富有了。仅仅在1995年洛厄去世前的两三年时间内，“猫房铺”的销售价值就达到了两亿美元。也许可以说，正是洛厄的发明所带来的生存条件的改善，最终使猫取代狗成为在美国最受欢迎的宠物。

办好一件事似乎很简单，只要你抓住一时的灵感，有些事情就会迎刃而解，与此同时也许还会给你带来很多的财富。

7. 检讨错误，尽快补救

当你不小心犯了某种大的错误，最好的办法是坦率地承认和检讨，并尽可能快地对事情进行补救。只要处理得当，你甚至可以立于不败之地。

格里·克洛纳里斯现在北卡罗来纳州夏恪特当货物经纪人。在他给西尔公司做采购员时，他发现自己犯下了一个很大的估计上的错误。有一条对零售采购商至关重要的规则是不可以超支你所开账户上的存款数额。如果你的账户上不再有钱，你就不能购进新的商品，直到你重新把账户填满——而这通常要等到下一次采购季节。

那次正常的采购完毕之后，一位日本商贩向格里展示了一款极其漂亮的新式手提包。可这时格里的账户已经告急。他知道他应该在早些时候就备下一笔应急款，好抓住这种叫人始料未及的机会。此时他知道自己只有两种选择：要么放弃这笔交易，而这笔交易对西尔公司来说肯定会有利可图；要么向公司主管承认自己所犯的错误，并请求追加拨款。正当格里坐在办公室里苦思冥想时，公司主管碰巧顺路来访。格里当即对他说："我遇到麻烦了，我犯了个大错。"他接着解释了所发生的一切。

尽管公司主管不是个喜欢大手大脚地花钱的人，但他深为格里的坦诚所感动，很快设法给格里拨来所需款项，手提包一上市，果然深受顾客欢迎，卖得十分火爆。而格里也从超支账户款一事汲取了教训。并且更为重要的是，他意识到这样一点：当你一旦发现了自己陷入事业上的某种误区，怎样爬出来比如何跌进去最终会显得更加重要。

8. 舍得丢掉没有用的东西

人一定要懂得随时清扫，淘汰不必要的东西，日后才不会变成沉重的负担。

你一定有过年关前大扫除的经验，当你一箱又一箱地打包，你是不是很惊讶自己在过去短短几年内，竟然累积了那么多的东西？你很懊恼，埋怨自己为何没能在事前花些时间整理，淘汰一些不需要的东西？否则，今天就不会光是为了清理这些箱子，就压得你连背脊都直不起来！

人生做事又何尝不是如此？在办事的过程中，每个人不都是不断地在累积经验和知识？其中也包括你的名誉、地位、财富、亲情、人际、健康、知识等等；另外，当然也包括了烦恼、郁闷、挫折、沮丧、压力等等。在这些累积的过程当中，有的早该丢弃而未丢弃，有的则是早该储存而未储存。

问自己一个问题："我是不是每天忙忙碌碌地过日子，把自己弄得疲累不堪，以致总是没能好好静下来，替自己做'清扫'？"心灵扫除的意义，就好像是生意人的"盘点库存"，你总要了解仓库里还有什么。某些货物如果不能在限期内销售出去，最后很可能因为积压过多的资金而拖垮你的生意。

很多人都喜欢房子清扫过后焕然一新的感觉，当你拭掉门窗上的尘埃与地面上的污垢，把一切整理就绪之后，整个人好像突然得到一种释放。

其实，在人生诸多关口上，我们几乎随时随地都得做"清扫"，念书、出国、就业、结婚、离婚、生子、换工作、退休……每一次的转折，都迫使我们不得不丢开旧的你，把自己重新“扫”一遍。

多年来，朱怡始终坚持一个习惯：每个礼拜六早上，利用别人不上班的时间，把自己的办公室彻底清理干净，连一张纸都不留。平常下班回到家后，她也会在梳妆台前花一点时间，反省一天中发生的事，顺便计划明天该做的事。

朱怡很喜欢这种“向过去说拜拜”的清扫方式，把从前的自己做一个了结，然后，迎接一个全新的开始。

朱怡自行创业以来，每年的业绩都是维持高增长。通常，人一旦站在高峰，总是很容易得意忘形。朱怡不是，她总是告诉自己：“一定要让自己随时放空，重要的不是回头看，而是往前看，接下来的路该怎么走？”她知道，有一天假使荣景不再，过去所有的辉煌都会一笔勾销。

几年前，朱怡有过一次深刻的搬家经验。由这次搬家，她真正体验出人要随时懂得“舍”。譬如，有些当初爱不释手的摆饰，等换了新房子之后，却和新环境格格不入，甚至变成最碍眼的累赘，连味道、风格通通都走样了！

这个体验让朱怡产生很大的警惕：原来，人是会变的。以前认为不能丢弃的东西，并不保证自己会珍爱一辈子，不论是过去的收藏、衣服、品味、嗜好、成就、地位、财富，最后都可能不再属于你。

朱怡常常被人问及：“你事业做得那么好，如果在事业与家庭之间做一个选择，你要选择哪一样？”她总是毫不考虑地回答：“除了家庭以外，我什么都可以放弃。”

对朱怡而言，“回家”就是最适合进行心灵大扫除的场所。她很反对一些人，下了班之后到处找乐子，找party狂欢，好像非得把所有的精力耗尽才罢休。她很怀疑，这样的人没有足够的休息，疲累没有得到充分的纾解，将如何面对明天？

外人看朱怡，生活井然有序，而且总是神清气爽。她说，这得归功于自己每天勤于做“内在清扫”，所以，已经没有留下什么值得烦恼的事了！

不过，有时候某些因素也会阻碍我们进行扫除。譬如，太忙、太累，或者，担心扫完之后，必须面对一个未知的开始，而你又不确定那些是不是你想要的结果，万一现在丢掉的，将来又捡不回来，怎么办？

的确，心灵清扫原本就是一种挣扎与奋斗的过程。不过，你可以告诉自己：这一次的清扫，并不表示是最后一次的清扫。而且，没有人规定你必须一次扫干净，你可以每次扫一点，但至少在目前，你必须立刻丢弃那些会拖累你的东西。

9. 办事勿急，稳中求胜算

在日常办事中，有的人好急功近利，为了一时的眼前利益，可以不择手段。但急功只能近小利，心急是吃不了热豆腐的。同样，有经验的钓鱼者也知道，放短线只能钓到小鱼，要想钓到大鱼，必须放长线，只有放长线，耐心地等待才能钓到大鱼。经商做生意，也要放长线钓大鱼，立足现实，着眼未来，从长计议，这是商家的制胜之道。

第二次世界大战结束后，米耶已是美国公民了，他再回法国就等于做客了。他把根扎在美洲这片使人激动的大陆。

从1950年起，米耶在加拉尔的公寓已经成了法国政界要员的一个社交场所。许多财经官员常常在他家欢聚，有的甚至在他家过夜。纽约最有名的金融家列文兄弟也是他家的常客，此时在财经界，米耶已是华尔街所熟知的人物。

兰博特公司的主持兰博特也是一个善于交际的人。有一天，他去拜访米耶，说在得州有一个80万英亩的牧场，正在等着出卖。要知道，得州最大的牧场——王家牧场也不过是90万英亩。这个叫作马达多的牧场如能收购过来，肯定会有巨大的价值。得州的石油等矿藏十分丰富，如果投资探采石油，一定会发大财。于是米耶一口应承下来。他马上邀请了两家公司共同购买。这两家公司是，列文兄弟和罗兰公司。

1950年12月，收购谈判开始。当时的马达多公司股票在伦敦股票市场上的市价是7元，米耶则以23.7元的价格全部收购。这个牧场后来又分为16个牧场，收购于1951年8月成交。

直到1959年的圣诞节，米耶才以1800万元的价格出售了这块牧场，共赚了1500万元。这笔交易十分奇怪，用了近十年的时间，才赚到这么一笔钱，对于金融投资家来说，是不能叫人感到满足的。许多人认为，用这样漫长的时间，才赚到这么一点钱，是发不了大财的。

实际上，在这笔交易中，米耶有着自己的打算。他做惯了风险大，速战速决的生意，现在他也需要留一手。在大起大落的生活中，要保有一个稳定的方面，以做长远的打算。

无论怎么干，米耶所渴望的仅仅是金钱而已。

在商场上，大智若愚的商家为了最终取胜，也经常使用小恩小惠的战略，就是运用人性的弱点，以攻其不备的策略。这种软性战略的效果，往往胜过正面攻坚。

大部分的人都喜欢贪小便宜，但也不会平白无故地接受他人的好处。所以，一旦接受了，无形中产生一种愿义务帮忙的潜意识，以回馈对方的好意。也许是义务宣传你的好处，或在谈判中降低对抗意识，这都是略施小惠的基本策略。

略施小惠是以一丁点、一丁点的恩惠，用在同一个人身上，并且依不同时间给予好处。等累积到一定程度时，再运用“流水的启示”，也就是利用当水涨到溢满的程度时，会冲出一条新沟道来的原理，让对方依我们的意志而主动配合，以达到预设的目的。一次又一次地施与对方小小好处，当有需求时，对方通常是不会，也无法拒绝的。

略施小惠是一种平常要准备的工作，如果一下子给予对方很大的好处，对方一定会疑惧你可能要求更大的回报而回避。所以施小惠时，要尽量顺其自然，使对方可以大方地接受。久而久之，略施小惠的影响力便可发挥出来。

略施小惠，也可借着谈判的最佳时机，展现最大的力量，亦即平时做好准备，战时重点攻击，攻无不克。

曾经有一个很挑剔装潢的客户，每次参观房屋，总有好几个理由，嫌屋况不适合。但经纪人依然不厌其烦，一次又一次地接、送、带、看，而且每次用餐时，都是经纪人抢着付账请客。

有一天，董事长找经纪人，对他说：

“有一位客户，看上本公司所销售的某一栋房屋，并指名业务员一定非你不可，否则不愿继续进行交易。”

这时，不但公司对他热诚服务客户的精神有所肯定，实质上，他也得到略施小惠的回报。

略施小惠，不只限于金钱的施惠，许多种方法亦可适用。如热诚的服务，不就是略施小惠的方法之一吗？

运用“略施小惠”的策略时，在技巧上要特别注意一点：态度要自然，不要让人感觉到做作。否则，不但讨人厌，说不定还会得罪人。天下最愚蠢的事，就是让“资产”在无形中变成“负债”。如能做到“运用之妙，存乎一心”时，略施小惠，将会使人难以抗拒。

10. 直不行就绕个弯

曲则全，枉则直，只有拐个弯才能达到目的，并且达到得更快更好，那又何必不做呢？要知“宁向直中取，不向曲中求”可是一个天大的错误。

汉武帝有个奶妈，他自小是由她带大的。历史上皇帝的奶妈经常出毛病，问题大得很。因为皇帝是她的干儿子，这奶妈的无形权势，当然很高，因此，“尝于外犯事”，常常在外面做些犯法的事情。“帝欲申宪”，汉武帝也知道了，准备把她依法严办。皇帝真发脾气了，就是奶妈也无可奈何，只好求救于东方朔，东方朔在汉武帝面前，是有名的可以调皮耍赖的人。

汉武帝与秦始皇不同，至少有两个人他很喜欢，一个是东方朔，经常与他幽默滑稽、说笑话，把汉武帝弄得啼笑皆非。但是汉武帝很喜欢他，因为他说的做的都很有道理。另一个是汲黯，他人品道德好，经常在汉武帝面前顶撞他，他讲直话，使汉武帝下不了台。由此看来，这位皇帝独对这两个人能够容纳重用，虽然官做得并不很大，但非常亲近，对他自己经常有中和的作用。所以，东方朔在汉武帝面前，有这么大关系。

奶妈想了半天，不能不求人家。皇帝要依法办理，实在不能通融，只好来求东方朔想办法。东方朔听了奶妈的话后，说道：此非唇舌所争，奶妈，注意啊！这件事情，只凭嘴巴来讲，是没有用的。因此，他教导奶妈说：“而必望济者，将去时，但当屡顾帝，慎勿言此，或可万一冀耳！”

你要我真救你，又有希望帮得上忙的话，等皇帝下命令要办你的时候，叫人把你拉下去，你被拉走的时候，什么都不要说，皇帝要你滚只好滚了，但你走两步，便回头看看皇帝，走两步，又回头看看皇帝，千万不可要求说："皇帝！我是你的奶妈，请原谅我吧！"否则，你的头将会落地。你什么都不要讲，喂皇帝吃奶的事更不要提。或者还有万分之一的希望，可以保全你。

东方朔对奶妈这样吩咐好了，等到汉武帝叫奶妈来问："你在外面做了这许多坏事，太可恶了！"叫左右拉下去法办。奶妈听了，就照着东方朔的吩咐，走一两步，就回头看看皇帝，鼻涕眼泪直流。东方朔站在旁边说："你这个老太婆神经嘛！皇帝已经长大了，还要靠你喂奶吃吗？你就快滚吧！"东方朔这么一讲，汉武帝听了很难过，心想自己自小在她的手中长大，现在要把她绑去砍头，或者坐牢，心里也着实难过，又听到东方朔这样一骂，便想算了，免了你这一次的罪吧！以后不可再犯错了。"帝凄然，即敕免罪。"

像这一类的事，看起来，是历史上的一件小事，但由小可以概大。此所以东方朔的滑稽，不是乱来的。他是以滑稽的方式，运用了"曲则全"的艺术，救了汉武帝的奶妈的命，也免了汉武帝后来的内疚于心。

假如东方朔跑去跟汉武帝说："皇帝！她好或不好，总是你的奶妈，免了她的罪吧！"那皇帝就更会火大了。也许说：奶妈又怎么样，奶妈就有三个头吗？而且关你什么事，你为什么替她说情？可能她犯的罪，都是你的坏主意吧！同时把你的讲话家伙也一起砍下来。那就吃不消了。他这样一来，一方面替皇帝发了脾气，你老太婆神经病，如此一骂，皇帝难过了，也不需要再替她求情，皇帝自己后悔了，也不能怪东方朔，因为东方朔并没有请皇帝放她，是皇帝自己放了她，恩惠还是出在皇帝身上，这就是"曲则全"。

三国时代，刘备在四川当皇帝，碰上天旱——夏天长久不下雨，为了求雨，乃下令不准私人家里酿酒，就如现在政府命令，不准屠宰相类同。

因为酿酒，也会浪费米粮和水，就下令不准酿酒。命令下达，执行命令的官吏，在执法上就发生了偏差，有的在老百姓家中搜出做酒的器具来，也要处罚。老百姓虽然没有酿酒，而且只搜出以前用过的一些做酒工具，怎么可算是犯法呢？但是执行的坏官吏，一得机会，便“乘时而驾”，花样百出，不但可以邀功求赏，而且可以借故向老百姓敲诈勒索。报上去说：某人家中，搜到酿酒的工具，必须要加以处罚，轻则罚金，重则坐牢。虽然刘备的命令，并没有说搜到酿酒的工具要处罚，可是天高皇帝远，老百姓有苦无处诉，弄得民怨处处，可能会酝酿出乱子来。简雍是刘备的妻舅。有一天，简雍与刘备两郎舅一起出游，顺便视察，两人同坐在一辆车子上，正向前走，简雍一眼看到前面有一个男人与一个女人在一起走路，机会来了，他就对刘备说：“这两个人，准备奸淫，应该把他俩捉起来，按奸淫罪法办。”刘备说：“你怎么知道他们两人欲行奸淫？又没有证据，怎可乱办呢！”简雍说：“他们两人身上，都有奸淫的工具啊！”刘备听了哈哈大笑说：“我懂了，快把那些有酿酒器具的人放了吧。”这又是“曲则全”的一幕闹剧。

当一个人发怒的时候，所谓“怒不可遏，恶不可长”。尤其是古代帝王专制政体的时代，皇上一发脾气，如果把他的脾气堵住，那就糟了，他的脾气反而发得更大，不能堵的，只能顺其势——“曲则全”——转个弯，把它化掉就好了。这是说身为大臣，做人家的干部，尤其是做高级干部，必须要善于运用的道理。

周朝，春秋时代的齐景公，在齐桓公之后，也是历史上的一位明主。他拥有历史上第一流政治家晏子当宰相。当时有一个人得罪了齐景公，齐景公乃大发脾气，抓来绑在殿下，要把这人一节节地砍掉。古代的“肢解”，是手脚四肢、头脑胴体，一节节地分开，非常残酷。同时齐景公还下命令，谁都不可以谏阻这件事，如果有人要谏阻，便同样要被肢解。皇帝所讲的话，就是法律。晏子听了以后，把袖子一卷，装得很凶的样了，拿起刀来，把那人的头发揪住，一边在鞋底下磨刀，一边做出一副要亲自动手杀掉此人为皇帝泄怒的样子。然后慢慢地仰起头来，向坐在上面发脾气的景公问道："报告皇上，我看了半天，很难下手，好像历史上记载尧、舜、禹、汤、文王等这些明王圣主，在肢解杀人时，没有说明应该先砍哪一部分才对？请问皇上，对此人应该先从哪里砍起才能做到像尧舜一样地杀得好？"齐景公听了晏子的话，立刻警觉，自己如果要做一个明王圣主，又怎么可以用如此残酷的方法杀人呢！所以对晏子说："好了！放掉他，我错了！"这又是"曲则全"的另一章。

晏子当时为什么不跪下来求情说："皇上！这个人做的事对君国大计没有关系，只是犯了一点小罪，使你万岁爷生气，这不是公罪，私罪只打二百下屁股就好了，何必杀他呢！"如果晏子是这样地为他求情，那就糟了，可能火上加油，此人非死不可。他为什么抢先拿刀，要亲自充当刽子手的呢？因为怕景公左右，有些莫名其妙的人，听到主上要杀人，拿起刀来就砍，这个人就没命了。他身为大臣，抢先一步，把刀拿着，头发揪着，表演了半天，然后回头问景公，从前那些圣明皇帝要杀人，先向哪个部位下手？我不知道，请主上指教是否是一刀刀地砍？意思就是说，你怎么会是这样的君主，会下这样的命令呢？但他当时不能那么直谏，直话直说，反使景公下不了台阶，弄得更糟。所以他便用上"曲则全"的谏劝艺术了！

11. 深藏不露办事才威风

西方教育者重"表现"，主张"有能力就要表现出来"，否则和没有能力没有什么两样。

他们不但到处表现，还要随时告诉别人自己表现了些什么东西，甚至随身携带证明的文物，以资佐证。

我们做事当然也明白“表现”的道理，知道“老虎不发威，很容易被当作病猫”。不过我们更了解“虎落平阳被犬欺”的惨痛苦境，在表现之前，先做好“到达车站，先打听一下当地的情况，再做打算”的准备工作。

我们做事的观点，仍然是“表现不表现不成问题，怎样表现才是问题”。

姑且拿钱财为例，西方人通用信用卡，还要把金卡拿在手上亮相，便是“表现”的教育成果。

只要站在商店门口，看见玛丽持卡购物，便知道她身上有信用卡。财不露白，如此怎么能够不露白呢？歹徒尾随玛丽，喝令她交出信用卡，然后把她打昏过去，便可以持卡购物。就算玛丽有信用卡保险，若是歹徒不过分心狠，只是小额采购，也很难被逮到。

即使歹徒被捕判刑，玛丽也已经受到惊吓，甚至皮肉受伤，抓到歹徒又能如何？

我们中国人身上口袋特别多，又懂得把钞票分开来放。每次抽出一两张，谁知道用完了没有？歹徒站在商店门口，亲眼看见我们把钞票从口袋里拿出来，有谁能够判定他口袋里还有没有钞票？万一尾随老半天，他口袋里只剩下一些零钱，岂不是倒霉到极点？可见财不露白，精明人想做便能做到，并非空口说白话。

我们习惯在家乡使用钞票，到国外持卡购物，除了入境随俗、旅行时方便携带和使用之外，恐怕和财不露白有一些关系。

“我身上现金不够，请你先支付一下好吗？”

“你不是有金卡吗？签个名不就行了，怕什么？”吃亏的毕竟是身上有卡的人，不是吗？

“请问一共需要多少钱？我看看现金够不够？”没有信用卡的人，才能够以此来考虑划不划得来？

若是身上有卡而这样说：“要多少钱？说出来让我考虑考虑。”对人对己，总不如前面那种说辞来得有面子、有弹性。

书法好的人假装字写不好，才可以躲掉写大字的公差；拳术好的人装成手无缚鸡之力，紧急时才能够出乎意料地打败入侵者。

一些人表而看起来鬼鬼祟祟，实际上不过是躲躲藏藏，不必要时不显露，人家不能接受时不要急着表现。换句话说，有能力终究是要露的，但是时间、空间、人事如果有一样不合适，那就不要乱露，以免招来不必要的困扰，徒然增加自己的苦恼。具有这种观点的人，才能够了解下述案例中的情节，却不致恼羞成怒地发混账气。

“有能力一定要表现”不过是一种比较肤浅的思考方式，往往“不表现则已，一表现便成为众矢之的”，逃也逃不掉，徒呼奈何？

初来乍到陌生的地方，就摆下地摊，准备卖艺兼卖药，不料侵占了当地恶势力的地盘，触怒了当地的老大，不但卖艺不成，反而被打伤。这种惨痛的经验，养成了方圆的人“到达车站，先打听打听”的习惯。就算有实力，也要先行深藏不露，观望一阵子，看看情况再做定夺。

信用卡比钞票卫生、方便，这是事实，但是安全方面，那就不一定。“美国人拿人家的信用卡去购物，居然会签上自己的名字”“美国人就算看见信用卡背后的签名，也学不像”“只要店员一怀疑，美国人就容易露出马脚，被识出信用卡是别人的”种种近乎天真的现象，在我们社会颇难见到。

我们中的聪明人拿人家的卡购物，当然记住事先看清楚背后的字样，多加练习，有把握才出手。店员再怎么怀疑，也要装出一副“本人”的样子，除非卡上有照片，而且没有动过手脚，否则很容易蒙混过去。

有些人身上有信用卡，却不显露出来，就算被人家看到，有时也会诉苦“太忙了，信用卡过期都没有去办”，或者说“新的寄来了，不知道放到那里去，这张还是旧的”。反正乱说一通，为的是“深藏不露”，在信用卡大做“财不露白”的功夫。

我们精明人身上不但口袋多，而且还有暗袋，就算遇到高明的扒手，把身上的财物扒光，也可以依靠暗袋里仅存的那么一点钱，维持眼前的急用之需，可见“深藏不露”在钱财方面的运用，对我们有很大的帮助。

书法好的人常常被请去写一些壁报、门联，有时不如主人的意，还要被嫌弃。拳术好的人若是公开表现出来，得罪人时，就会被请来的高手打伤，因为有多少实力，对方已经摸得一清二楚，当然受制于人。

现代人知识水准普遍提高，然而，为什么还有那么多“现代人”受骗呢？按理说，有知识的人不容易吃亏上当才对，但是，实际情况显示，有许多人一下子就可以被骗，甚至被骗好多钱，这究竟是什么道理？

答案似乎是，现代人太自信，认为自己真的知道，而且不知道（也许是不屑于）保留余地，马上就说出来。时时把自己暴露在亮处，让人家看得清清楚楚，当然很容易受骗。存心骗人的骗子，一定设法摸清对方的底细，看清楚对方的弱点，才能够下手而顺利完成诈欺的勾当。问题是现代人普遍警觉性偏低，又喜欢表现，所以骗子的机会特别多，成功的概率也特别高。

当部属的，若不是准备和主管翻脸，想来不致直接问道：“什么时候可以调薪？”就算是承办人员，也会委婉地问：“大概什么时候调薪比较妥当？”这种事情，时机成熟的时候主管自然会说出来，用不着部属操心。

聪明的部属，即使知道什么时候调薪，也会机警地假装不知道。这种大家都想知道的讯息，不要剥夺上司发表的权利，对自己比较有利。

有人问起时，部属可以说：“最好问我们的主管，他比较清楚。”相信主管听了，都会对这样的部属另眼相看。若是有问必答，一下子就说出答案，请问置主管于何地？深藏不露，并非完全是上级的修养，基层承办人员也应该随时练习，以增进自己的功力。

现代人盲目舍弃“深藏不露”的道理，有多少露多少，以致处处可见“丢尽颜面仍不自觉”的可怜人。

不开口大家还不知道他有多大学问，一开口便使自己的寡陋浅薄表露无遗。现代社会，多得是抓住麦克风不放却不知道在讲什么东西的人，多得是猛打广告荣登销售排行榜却不知道在写些什么东西的书报杂志。不但浪费别人的宝贵时间，而且替自己造孽还不自觉！

12. 在做事之前多进行感情投资

讲究情义是人性的一大弱点，中国人尤其如此。“生当陨首，死当结草”“女为悦己者容，士为知己者死”，无一不是“感情效应”的结果。为官者大都深知其中的奥妙，不失时机地付出廉价的感情投资，对于拉拢和控制部下往往能收到异乎寻常的效果。

韩非子在讲到驭臣之术时，只说到赏罚两个方面，这自然是最主要的手段，但却很不够，有时两句动情的话语、几滴伤心的眼泪往往比高官厚禄更能打动人。因此，感情投资，可谓一本万利，是一种最为高明的统治术。

有许多身居高位的大人物，会记得只见过一两次面的下属的名字，在电梯上或门口遇见时，点头微笑之余，叫出下属的名字，会令下属受宠若惊。

富有人情味的上司必能获得下属的衷心拥戴。

有人说：“世界上没有无缘无故的爱”，掌权者对部下的一切感情投资，都应作如是观。

日本著名的企业家松下幸之助就是一个注重感情投资的人，他曾说过：“最失败的领导，就是那种员工一看见你，就像鱼一样没命地逃开的领导。”他每次看见辛勤工作的员工，都要亲自上前为其沏上一杯茶，并充满感激地说：“太感谢了，你辛苦了，请喝杯茶吧！”正因为在这些小事上，松下幸之助都不忘记表达出对下级的爱和关怀，所以他获得了员工们一致的拥戴，他们都心甘情愿地为他效力。

公元742年，唐玄宗连下三道诏书，征召大名鼎鼎的诗人李白入京。李白这一年43岁，他毕生都向往着建功立业，以为这一回总可以大展鸿图了，于是，意气风发地来到了长安。唐玄宗在大明宫召见了他。

封建时代，皇帝召见大臣，气派是十分尊严的，他端坐御座之上，居高临下，而臣下则要一路小跑至他的膝下，行三跪九叩大礼，俯首称臣。而唐玄宗这一次召见李白，这一切森严的礼仪全都免除，他亲自坐着步辇（一种由人抬的代步工具）前来迎接。当李白到来时，他从步辇上下来，大步迎了上去。迎入大殿之后，又以镶嵌着各种名贵宝石的食案盛了各种珍馐佳肴来招待李白，大约是怕所上的一道汤太热，会烫着李白，唐玄宗竟然御手亲自以汤匙调羹，赐给李白，并对他说：“卿是一个普通读书人，可你的大名居然传到我的耳中，若不是你有着超凡的诗才，怎么能做到这一点？”

接着又赐他一匹天马驹，宫中的宴会，鸾驾的巡游，都让李白陪侍左右。

一个普通的诗人，无官无职，能够得到皇帝的召见，赐宴，已是非常的礼遇了，而降辇步迎，御手调羹，更是旷古的隆恩。虽然李白这一次来长安，在仕途上并没有多大发展，最后还被客客气气地赶出了长安，但唐玄宗的这一次接见，却在李白心中留下了永不磨灭的印象，使他终身引以为豪，至死都念念不忘。

民国年间，身为一世枭雄的“北洋之父”袁世凯在统御部下方面也很注重感情投资。

早在小站练兵时期，他就从天津武备学堂物色了一批军事人才。其中最著名的有三个人：段祺瑞、冯国璋、王士珍。后来都成了北洋系统中叱咤风云的人物。袁世凯为了让他们对自己感恩戴德，供其利用，可谓煞费苦心。

袁世凯在创办新军时，相继成立了三个协（旅），在选任协统时，他宣布采用考试的办法，每次只取一人。

第一次，王士珍考取。

第二次，冯国璋考取。

从柏林深造回国的段祺瑞，自认为学问不凡，却连续两次没有考取，对段来说，只有最后一次机会了。第三次考试前，他十分紧张，担心再考不上，就要屈居人下，心中十分不快。

第三次考试前一天的晚上，正当段祺瑞闷闷不乐地坐着发呆时，忽然传令官来找他说是袁大人叫他去。段祺瑞不敢怠慢，立即前往帅府，晋见袁世凯。袁世凯令他坐下，东拉西扯，说了些不着边际的话。临走，袁世凯塞给段祺瑞一张纸条，段祺瑞心中纳闷儿，这纸条是什么呢？又不敢当面拆开看。急忙回到家中，打开一看，不觉大喜，原来是这次考试的试题。

段祺瑞连夜准备，第二天考试时，胸有成竹，考试结果一出来，果然高中第一名，当了第三协的协统。

段祺瑞深感袁世凯是个伯乐，对自己有知遇之恩，决心终身相报。

后来，段祺瑞、冯国璋、王士珍都成了北洋军阀政府的要人。段祺瑞谈起当年袁世凯帮他渡过难关的事，仍感恩不尽，谁知冯国璋、王土珍听了，不觉大笑，原来王、冯二人考试时也得到过袁世凯给的这样的纸条。

袁世凯这种办法，可谓妙不可言，既可以使提拔的将土报恩，又能使没升官的将士心服口服，便于统率，还给被提拔者创造了很高的声誉。由此可见，袁世凯在要弄权术上是个高手。

与袁世凯一样，蒋介石在用人统御方面也很有政治家的手腕，恩感并济，收买人心。

蒋介石有一个小本子，里面记载着国民党师以上官长的字号、籍贯、亲缘及一般人不大注意的细节。凡是少将以上的官长，他都要请到家里吃饭，每次都是四菜一汤，简朴至极，作陪的往往只有蒋经国。采用这种不请别人陪客的家宴方式显得更加亲热。同时，简单的饭菜给他的部下留下清廉的印象。

蒋介石请部属吃饭后，总要合一张影。他与孙中山有一张合影相片，孙中山先生坐着，他站在孙先生背后，他与部属合影也摆这个模式，其中的用意不讲自明。他常对部属说：

“叫我校长吧！你们都是我的学生。”

如果不是黄埔生，他也很慷慨：“哦，予以下期登记吧！”这样就提高了部属的身价，起到了收买拉拢的作用。

蒋介石给部属写信，除了一律称兄道弟外，还用字号，以示亲上加亲，可以说他很懂人情世故。

蒋介石不仅熟记部属的名号、生辰、籍贯，而且对其父母的生日也用心记得很准。有时，他与某将领谈话，往往是在他提起某将领父母的生日时，使该将领受宠若惊，十分激动，深为委员长的关切所震撼。

第十二兵团司令官雷万霆调任他职时，蒋介石召见了他，蒋介石说：“令堂大人比我小两岁，快过甲子华诞了吧！”

雷万霆一听，眼泪都快出来了，激动得声调颤抖着说：“总统日理万机，还记着家母生日！”

蒋介石说：“你放心去吧！到时我会去看望她老人家，为她老人家添福增寿。”

雷万霆自然死心塌地成了蒋的心腹。

当杜聿明在徐州为蒋介石打仗卖命时，蒋介石从小本子上查到杜母的生日，他立即命令刘峙在徐州举行为杜母祝寿的仪式，同时又令蒋经国亲赴上海，为杜母送去10万元金圆的寿礼，并且在上海举行隆重的祝寿仪式。这个消息传到徐州，杜聿明十分吃惊，这不仅是因为蒋介石记得其母的生日并亲自派人祝寿，而且还因为陈诚去台湾疗养，蒋介石才批了5万元。

蒋介石如此厚待杜聿明无非是让杜为他拼命死战。

蒋介石对部属很能具体对待，爱官的给官，爱钱的给钱，爱地盘的给地盘。像陈布雷这不爱官、不爱钱的旧知识分子，他又区别对待，在陈布雷50岁生日时，为陈亲手书写一条幅，上写“宁静致远，淡泊明志”八个字。蒋介石这一招正投陈布雷所好，收到很好的效果。平平淡淡八个字，使陈布雷认为蒋介石对他“知其最深”。

士为知己者死，这是古代知识分子的人生追求。陈布雷奉行这一信条，兢兢业业为蒋效力，在蒋家王朝日落西山时，陈布雷以自杀表示了他对蒋的忠诚。

古代传话，现代权术（像袁世凯、蒋介石）在今日并不足取，然而从历史中也可以看出，即使独夫、民贼，也不敢忤逆维系社会伦常“情”的理性指向，反倒可以启发我们更上一层楼：不必玩权术，亦浓一世情。

13. 做事时机要巧把握

做事要善于把握时机，但并不是每一个人都可得心应手。

林肯是一位勤勉好学的人，他通过自学，领得了律师营业执照。他在法庭上的机智是有口皆碑的，有一次，竟一言不发击败了原告律师。

在法庭上，原告律师先发言，把一个简单的论据翻来覆去讲了两个小时，讲得听众都不耐烦了。台下一片嗡嗡声，有人竟打起瞌睡。接着是林肯上台替被告辩护。只见他走上讲台，一言不发。台下嗡嗡声没了，大家感到很奇怪。林肯等了一会儿，先把外衣脱下，放在桌上，然后拿起玻璃杯喝一口水，然后把玻璃杯放下，重新穿上外衣。然后又把外衣脱下，又喝水，这样循环了五六次。屋里的听众被林肯的哑剧逗笑了，有的竟笑得死去活来。而林肯竟始终一言不发，在一片笑声中走下讲台，他的对手就这样被笑输了。

作为律师，一言不发打赢官司是十分罕见的。原告律师已经把听众搞得不耐烦了，林肯如果再长篇大论，效果是可想而知的。他的高明之处，即在于以哑剧的方式攻击对手的弱点。

“此时无声胜有声。”沉默也能战胜飞扬拔扈。

埋怨和指责是生活中最不和谐的噪声，哪怕你的矛头只是在指向自己，哪怕你的遭遇如同祥林嫂，但一味地抱怨只会让人对你敬而远之。

“都是月亮惹的祸”“都是你的错”。在流行歌里这么唱可以，可有人在生活中却真的这么说：“我到公司这么多年了，按理说，没有功劳也有苦劳，为什么却一直升不上去？一定是有人看我不顺眼，故意算计我！”

“小马到公司不到三年，可是升官发财都有他的分，唉！比起逢迎拍马，我是一点也不如他！”

“真不知道老天是怎么想的，像我这种人才，在这个行业里待了这么多年，居然从来没有出人头地的时候。老天真是太不公平了！”

你一定常常听到或者干脆自己也有这种牢骚吧！每天轮流把炮火指向生活空间的每一个角落里，埋怨这个，批评那个，而且，从上（老天）到下，无一幸免。独自怨言，看谁都不顺眼，好像全天下的人都做了对不起他的事。不但如此，他们还喋喋不休地到处煽风点火，找人咬耳朵，拼命把自己的怨气往别人身上倒，自己不开心也就罢了，老想把别人一起拖下水。

人们在遭遇挫折与不当待遇之时，难免会发出不平之声，并且希望引起别人的注意与同情。不过，当一个人不断地把抱怨和指责的矛头对准别人时，反而很容易让人滋生反感，产生负面效果。管理专家观察，爱发牢骚，喜欢怨天尤人的人习惯怪罪别人，认为别人应该对自己的问题负责，然而，他们忘了，光是发牢骚并不能改变事实。不停地抱怨与批评，受伤最大的还是自己。

不管多么优秀多么良好的环境或者组织，都有不尽如人意的事，完全看个人的处理心态。有些人会尽量往好处想，日子照样过得安稳太平。但有些人就是喜欢往牛角尖里钻，存心自找麻烦。心理学家皮瑞拉博士说过："有很多困境，其实都是自己造成的。"皮瑞拉博士分析，怨天尤人一族往往忙于对别人的批评，对环境、运气的抱怨，以至没有多余的时间精力来改正自己。而如果光是批评，不图改进，就足以证明这种人是专找别人过失来掩饰自己缺点的人。同时，怨天尤人的人，通常都是嘴上发飘，真要他们拿出解决办法，总是一筹莫展。

14. 从点滴做起不贪快

成事不足，败事有余，形容那些眼高手低，自以为是的人再恰当不过了，因为没有人会随随便便成功，成功是通过点滴积累而成的。

在2000年的亚洲杯足球赛上，中国队杀进四强，半决赛中同日本队相遇。赛前许多队员都表示：我们不怕日本队。比赛时教练的战术安排没什么错误，队员们拼劲也十足，但最终还是以2：3输掉了这场比赛。应当说，中国队较以往有进步，场面也不难看，但日本队明显技高一筹，尤其下半场完全控制了场上的主动，基本上是在压着中国队打。

我们这里不是在评球，而是要说评论员黄健翔对本场球赛所说的两段话：

要说速度和身体条件，日本队好像不如我们，他们前锋速度并没有我们的快。可在全场的节奏上，却好像每个日本队员都能比我们快两步，这样整个日本队就比中国队快了两步……国队引进外援时多引进前锋，能进球见效快，日本队职业联赛中引进的却是济科等一些宝刀已老的中场大牌明星。这些球星年龄大了，也不可能多进球，但却给日本队员带来良好的战术意识、先进的足球理念、一流的中场组织……

我们再来看经济学家茅于轼的一段话：对于中国人来讲，不用打气的自行车轮胎，不用换的电灯泡，不漏水的水龙头等等，几乎是不可想象的，我们已经习惯了各种各样的低质量日常用品，并在更换、修补中去耗费大量的时间精力，而在美国，这已是一个基本的质量标准和要求……

日本足球队也好，美国日用品也好，能给我们个人一种什么样的启示呢？那就是：许多时候，我们会有很好的目标和方法，也会去努力学习先进者、成功者的经验、技术，但往往只是大处着眼，而忽略了细节之处，把一些最基本的东西置于脑后而去建筑美丽的空中楼阁。

日本队员单拿出来与我们队员拼体能，也许不是我们的对手，可人家在场上每时每刻每个人都始终比我们多跑两步、快了两步；东亚球队都在学习世界强队的战术，可日本队除了这些宏观的东西，每个人的脚下都细致了许多；美国等世界科技强国在高科技等领域绝不含糊，但在低级产品上也绝对是一流水平。说白了，就是每个岗位、每道工艺、每个环节上的人都兢兢业业地做好自己的事，无论高科技、低科技，无论是否为重要工程、国家项目，认真、敬业已是一种骨子里的习惯，每一道细流汇聚起来，就聚成一股领先的潮流。

一个国家也好，一个球队也好，一个人也好，成功的经验有千条万条，但都离不开这一点，大处着眼，小处做起，切实加强自身的修养和素质，克服自身的各种惰性和小毛病。唯有如此，才能具备成功者的基本素质，可以征服各式各样的困难。

不能够正确认识自我的人是虚伪的，他们事事宽容自己，即使自己做错了什么，往往成事不足，败事有余。

我们时常想："平时可以放松一点，到了关键的时刻再发挥好一点不就行了？"我们对自己说："等到真正比赛的时候，我一定会怎样怎样，我一定会如何如何！"

你见过以往中国男子足球队的训练吗？曾经有外籍教练这样评价当时的中国队："这是一支对自己不负责任的队伍。"因为中国国家队的队员在平时训练的时候非常懒散，往往是练一会儿就休息半天。不认真听教练的指导，一个人摆些花架子，尽练些不实用的技术，这种平时懒散的作风已经在队伍里蔚然成风。即使是打一些教学比赛，也总是看到国家队的队员无精打采地在场上"走动"，一旦有一个球稍微传得大了一点，就懒得去追。当教练责怪他们的时候，他们常说一句话："这又不是真正的比赛，干吗那么正式呢？"

不错，这确实不是正式的比赛，但是平时的训练就不重要了吗？养兵千日，用兵一时，如果没有平时兢兢业业的千锤百炼，上了战场怎么能够对抗实力强大的敌人。反观其他足球发达国家的训练，都是高强度，高对抗，尽量能够使每场训练和比赛都符合真实比赛中的状况。

我们私底下的每一次训练和准备都是为我们的成功做准备，成功并非垂手可得，需要我们在成功的过程中抛头颅，洒热血，只有努力努力再努力才能够获得成功。那些轻视平时比赛，轻视平时训练的人，在比赛真正来临的时候只能是"心比天高，命比纸薄"。

那些在平时训练和准备过程中认真对待的人则相反，由于一直接受了高强度的模拟训练，他们更容易在关键的比赛中在关键的时刻表现出镇定的姿态，因为，在他们心中这无异于平时的一场简单的比赛和训练。

平时懒散惯了的人，重要场合让他紧张十分钟他就会难以忍受。相反，如果平时就已经很严格地要求自己，那么在一些紧要关头，他会比平时更认真。

15. 做事不惧权威

一个12岁的孩童向中国历史上最暴戾的皇帝秦始皇说“不”，却获得了赏识。历史传说小小甘罗12岁拜上卿，秦始皇对他的评价是“孺子之智，大于其身”。这些都或许源自一次他跟秦始皇关于“公鸡下蛋”的辩论。

秦始皇听信方士吃公鸡蛋能长生的话，便命令甘罗的爷爷前去寻找。

“爷爷，您有什么心事吗？”甘罗看到愁眉不展的爷爷在房间里走来走去，便上前问道。

“唉，皇上听信了方士的话，要吃公鸡蛋以求长生。现在命令我去找，要是三天之内找不到，就得受罚。”

甘罗一听，也着急起来。不过他灵机一动，有了主意。“爷爷，你不用再为此事操心，三天后我替你上朝去，我有办法应付皇上。”听了甘罗的话，一向信任他的爷爷也就放下心来。

期限已到，甘罗不慌不忙地随着一班大人走进宫殿。

秦始皇认识他，暗想一个小孩跑进宫殿来简直是无礼，便生气地问：“你来干什么？是不是你爷爷找不到鸡蛋不敢来了？”

“启禀陛下，我爷爷来不了啦。”甘罗冷静地说，“他在家生孩子呢，所以只有我替他来上朝了。”

“胡说！”一句话把秦始皇逗乐了，“你这孩子，男人怎么会生孩子？”

“既然公鸡能下蛋，为什么男人就不会生孩子呢？”甘罗反问道。

秦始皇一听，自然知道自己错了。同时也看出了甘罗不简单，便对他破格录用。

小甘罗利用归谬法使秦始皇发现自己的观点自相矛盾，他再狠也是一个明理人，当然不会拒绝甘罗的“不”。

16. 做任何事情都不浮躁

世界上有无数的人才能平平却靠着他们良好的态度，能做到处事顺利、事业有成，一个粗俗不堪或态度恶劣的人，必然会给人留下很不好的印象。种下什么才能收获什么，种了瓜是不会收获豆的。

世间没有什么能比困扰与自以为是更愚蠢的了。适当的固执可能对事业有好处，一旦固执过了头，就变得心胸狭窄，敏感多疑，要办好事那是有点不可能。

那两个现已去世的兄弟，一个是画家，另一个是医生。那位画家自以为是个天才，他骄傲而且暴躁，浮夸自负。他瞧不起自己的哥哥，认为他是个市侩和感情用事的人。不过他自己却一点钱也赚不到，要是没有哥哥周济他，他早饿死了。

奇怪的是：尽管他外表笨拙粗野，却画了很多的画，举行个人画展，每次都只能卖掉两幅，从未超过此数。

最后医生终于明白他弟弟根本不是个天才，只不过是个二流画匠罢了。在他为弟弟做出种种牺牲之后，才发现这对他来说是难受的，但他把这一切藏在心里，秘而不宣。后来，医生去世了，他把自己的一切留下来给他弟弟。那画家在医生的家里发现了25年来被无名主顾买去的全部油画，最初他无法理解，经过一番考虑之后，他做出了如此解释：那狡猾的家伙想做一本万利的投资呢？

在老家的县城，有一位年轻英俊的清洁工，他每天早晨拉着垃圾车经过我家楼下时，都会晃动他手上的摇铃。当我提着垃圾袋走向他时，他总是微笑着，在垃圾车旁，优雅地做个“请”的姿势，就像在说“欢迎光临”。

他总是打扮得很整洁，甚至时髦，干干净净的，像是在做一件很体面、荣耀、骄傲的事。有一次，我还看见他用扫帚对准了地上的一个烟蒂，摆出打高尔夫球的姿势，一杆把烟蒂挥入距离二三步远的畚箕内，还顽皮地对我扮了个鬼脸……

我不知道他的名字，只知道他正值青春年华。原先他在省城一家宾馆里当迎宾先生，后来因为老父病重，便回老家照顾病人，同时兼做了一名清洁工。

在与垃圾打交道中，他总能抱着一颗感激的心，因为有事做是最重要的。被他优雅、自信、有礼的言行所感动，每次倒垃圾时，我都不忘说声“谢谢”。对此，他很激动。他说他水远不会看轻自己，但仍然在乎别人的尊重与肯定。

他把“劳动”两个字演绎得尊贵无比。

一天见他一次，真是三生有幸。因为，他不仅帮我们带走了生活垃圾，也净化了我们日渐蒙尘的内心。

17. 不随意模仿别人

如果每一个人做事时都能把自己的独特才能发挥到极点，就会使自己既显得与众不同，又具有说服力。

我们对有些演说家非常羡慕。他们能在讲演中嵌入表演术，能够毫无惧色地表达自己的观点，能够灵活自如地用非常独特的、个性化的、富于幻想的方式道出听众们想听的话。

第一次世界大战结束后不久，罗斯·史密斯和凯恩·史密斯两兄弟刚刚驾机完成了伦敦至澳洲的首次飞行，并赢得了澳洲政府颁发的五万澳元奖金。这一创举在大英帝国上下引起了轰动，并且兄弟俩荣幸地赢得了英皇颁赐的爵位。

在他们这一飞行的壮举中，有一位知名的风景摄影家胡雷上尉，曾伴他们飞行过一段路程，并为他们拍摄了许多场景。为了扩大这一飞行的影响，英国政府专门安排他们在伦敦的“爱乐厅”进行专场演讲。摄影家则十分荣幸地协助他们通过画面来解说这次行程的经历，重点是训练他们如何表达。

他们俩在伦敦的“爱乐厅”每日演讲两场，早、晚每人各一场，这一活动共持续了四个月之久。

令人不可思议的是，这兄弟俩尽管有着完全相同的经验，因为他俩曾并肩飞行绕过了半个世界，而且他们的演说词也几乎逐句逐字是相同的，可是听众听起来感觉的差异是如此之大！

要使讲话成功，除了用于表达词句以外，尚有其他的重要因素，那就是在词句表达时所采取的特有风味，也就是演说时的态度。说什么和怎么说是两码事，切不可混为一谈。

在一次公开演奏会上，一位年轻小姐听得很入神。当著名钢琴家潘德列夫斯基弹奏肖邦的一首马祖卡舞曲时，她也对着曲谱在看。从她的面部表情来看，她感到很困惑，因为她无法理解：她与这位钢琴家曾弹奏过同一首舞曲，而且所敲击的音符也完全一样，然而，他们俩的表现力却有天壤之别，她的表现极为普通，而这位钢琴家则表现得如此吸引人。他能将此曲子弹得引人入胜，其关键并不在于是否弹对了音符，而在于他所弹奏的方式！这位钢琴家之所以能将同一首曲子弹奏得如此感人，主要是因为在弹奏时加进了自己的感觉，体现了自己的艺术才能和鲜明的个性。正是这一切，构成了凡人与天才之间的差别。

一次，俄国大画家布鲁洛夫对一名学生的习作进行了些微的修改。当学生看到修改了的图画后非常惊奇，竟情不自禁地大叫道："呀！你才动了那么一点点，整幅画给人的感觉就完全不一样了呀！"布鲁洛夫答曰："艺术不就是开始于那么一点点吗！"

以上演奏和绘画的例子，向我们讲述了"功夫在外"的道理。同样的道理也适用于人们在说话时的表现。在英国国会里流传着一句老话，说是一切事情的结果听凭讲演的方式而定，而不是根据事情本身而定。

"所有的福特轿车从性能到款式完全相同，"它们的制造商曾经这样说过，"但是，对于它的使用者来说，我们却找不出完全一样的两个人。每一个人都是一条新生命，他们都是沐浴在太阳下面的一种有血有肉的存在。在他或她诞生之日起，他或她就是上帝的一种前无古人后无来者的创造。年轻人应该培养出这种观念，他应当寻求独特的个性，使他自己与众不同，并且挖掘出他自己的价值。社会及学校可能企图改造他，它们习惯于把每个个体放在同一模式中，但我们不会让每个人内心所潜藏的那点充满个性的火花消失。这是你作为一个人之所以具有重要性的唯一而且真实的凭证。"

对演说而言，上面这段话更是正确无比。在这个世界上，你是找不出另外一个人与你相同的。是的，数以亿计的人确实都有两只眼睛、一个鼻子和一张嘴，但他们之中是没有一个人与你完全相同的，从他们之中也找不出一个人具有和你完全相同的思想及想法，也很少有人以与你完全相同的方式来谈话及表达自己的意见。换句话说，你所表达的观点完全是个人化的，是十分独特的。身为一名演说者，这种独特性就是你最宝贵的财产。抓住它！珍惜它！发挥它！正是这点火花将使你的演说产生无穷的力量，并表达出对听众无比的真诚。这是你个人具有重要性的唯一而且真实的凭证。拜托了，各位，我恳请你们，千万别把自己装入某个被人设计的模子里，而使自己失去了个性。

罗杰爵士的演说之所以表现得与众不同，是因为他自己就是与众不同的人物。他说话的态度，就是他个人特点的基本组成部分，就如同他的胡子与秃头是他的独特“商标”一样。相反，我们设想一下，如果他企图模仿劳伊德·乔治，那么他的表现将是虚假的，他也将注定失败。

美国有史以来最著名的一场辩论发生在1858年，地点是伊利诺伊大草原的一个镇上，辩论的双方分别是道格拉斯参议员和林肯。林肯个子高而笨拙，他的对手道格拉斯则矮而优雅。这两个人不但在外表上迥然不同，他们在个性、思想、立场和见解上也完全不一样。

道格拉斯身处上流社会，林肯则有“劈柴者”的绰号，他常常穿着短袜子就走到大门口去接见民众；道格拉斯的姿态十分优雅，林肯则显得比较笨拙；但道格拉斯完全没有幽默感，而林肯则是有史以来最伟大的讲故事专家；道格拉斯不苟言笑，林肯则经常引用事实及例子来打动听众；道格拉斯骄傲自大，林肯则十分谦逊且宽宏大量；另外，道格拉斯的思考速度很快，林肯的思想过程则是慢条斯理的；道格拉斯说起话来犹如狂风暴雨，林肯则显得比较平静，而且表达思想时非常深入，且十分从容不迫。

“发挥自己的长处。”这句话说起来很容易，但是否容易遵循呢？很不容易。正如福熙元帅在分析战术时所表明的：“概念极为简单，遗憾的是，执行起来却很复杂、很困难。”

18. 不要在乎眼前亏

有人老把眼前的利益看得很重，结果是失去了永远的利益，真正的精明人是宁吃眼前亏，而换来人生的大胜利。

在幸福与灾祸这对矛盾关系上，我国的古人就已发现了它们的辩证关系，“塞翁失马，焉知非福”就是最好的例证。

古时有一老翁，姓塞。由于他不小心丢了一匹马，邻居们都认为是件坏事，替他惋惜。塞翁却说：“你们怎么知道这不是件好事呢？”众人听了之后大笑，认为塞翁丢马后急疯了。几天以后，塞翁丢的马又自己跑了回来，而且还带回来一群马。邻居们看了，都十分羡慕，纷纷前来祝贺这件从天而降的大好事。寒翁却板着脸说：“你们怎么知道这不是件坏事呢？”大伙听了，哈哈大笑，都认为老翁是被好事乐疯了，连好事坏事都分不出来。果然不出所料，过了几天，塞翁的儿子骑新来的马玩，一不小心把腿摔断了。众人都劝塞翁不要太难过，塞翁却笑着说：“你们怎么知道这不是件好事呢？”邻居们都糊涂了，不知塞翁是什么意思。事过不久，发生战争，所有身体好的年轻人都被拉去当了兵，派到最危险的第一线去打仗。而塞翁的儿子因为腿摔断了未被征用，他在家乡大后方安全幸福地生活。这就是老子的《道德经》所宣扬的一种辩证思想。正是基于这种辩证关系，你就可以明白，即使是看起来很坏的“吃亏”，也能为你带来想不到的好处。

美国亨利食品加工工业公司总经理亨利·霍金士先生突然从化验室的报告单上发现，他们生产食品的配方中，起保险作用的防腐剂有毒，虽然毒性不大，但长期服用对身体有害。如果不用防腐剂，则又会影响食品的鲜度。

亨利·霍金士考虑了一下，他认为应以诚对待顾客，毅然把这一有损销量的事情告诉每位顾客，于是他当即向社会宣布，防腐剂有毒，对身体有害。

这一下，霍金士面对了很大的压力，食品销路锐减不说，所有从事食品加工的老板都联合了起来，用一切手段向他反扑，指责他别有用心，打击别人，抬高自己，他们一起抵制亨利公司的产品。亨利公司一下子跌到了濒临倒闭的边缘。

苦苦挣扎了4年之后，亨利·霍金士已经倾家荡产，但他的名声却家喻户晓。这时候，政府站出来支持霍金士了。亨利公司的产品又成了人们放心满意的热门货。

亨利公司在很短时间里便恢复了元气，规模扩大了两倍。亨利·霍金士一举登上了美国食品加工业的头把椅子。

生活中总是有一些聪明的人，能从吃亏当中学到智慧，“吃亏是福”也是一种哲学的思路，其前提有两个，一个是“知足”，另一个就是“安分”。“知足”则会对一切都感到满意，对所得到的一切，内心充满感激之情；“安分”则使人从来不奢望那些根本就不可能得到的或者根本就不存在的东西。没有妄想，也就不会有邪念。所以，表面上看来“吃亏是福”以及“知足”、“安分”会给人以不思进取之嫌，但是，这些思想也是在教导人们能成为对自己有清醒认识的人。

人非圣贤，谁都无法抛开七情六欲，但是，要成就大业，就得分清轻重缓急，该舍的就得忍痛割爱，该忍的就得从长计议。我国历史上刘邦与项羽在称雄争霸、建立功业上，就表现出了不同的态度，最终也得到了不同的结果。苏东坡在评判楚汉之争时就说，项羽之所以会败，就因为他不能忍，不愿意吃亏，白白浪费自己百战百胜的勇猛；汉高祖刘邦之所以能胜就在于他能忍，懂得吃亏，养精蓄锐，等待时机，直攻项羽弊端，最后夺取胜利。

两王平日的为人处世之不同自不待说，楚汉战争中，刘邦的实力远不如项羽，当项羽听说刘邦已先入关，怒火冲天，决心要将刘邦的兵力消灭。当时项羽40万兵马驻扎在鸿门，刘邦10万兵马驻扎在灞上，双方只隔40里，兵力悬殊，刘邦危在旦夕。在这种情况下，刘邦先是请张良陪同去见项羽的叔叔项伯，再三表白自己没有反对项羽的意思，并与之结成儿女亲家，请项伯在项羽面前说句好话。然后，第二天一清早，又带着随从，拿着礼物到鸿门去拜见项羽，低声下气地赔礼道歉，化解了项羽的怨气，缓和了他们之间的关系。表面上看，刘邦忍气吞声，项羽挣足了面子，实际上刘邦以小忍换来自己和军队的安全，赢得了发展和壮大力量的时间。刘邦对不利条件的隐忍，对暂时失利的坚韧，反映了他对敌斗争的谋略，也体现了他巨大的心理承受能力。

刘邦正是靠着吃一些眼前亏、吃小亏的技巧赢得了最后的胜利。有人说刘邦是一忍得天下，相信这种智慧不是有勇无谋的人可以修炼到的本领。对于今天的现实生活，我们不一定还会遇到这样敌我的关系，但无论在怎样的条件下，都要记得勇气不是一味地冲锋陷阵，而是有勇有谋，忍让、吃亏都是勇气的表现。

19. 办事要有胜算：不做没把握的事

《孙子》中说：“多算胜，少算不胜，由此观之，胜负见矣。”这里的“算”是指“胜算”，也就是制胜的把握。胜算较大的一方多半会获胜，而胜算较小的一方则难免见负，又何况是毫无胜算的战争更不可能获胜了。

战术要依情势的变化而定，整个战争的大局，必须要有事先充分的计划，战前的胜算多，才会获胜，胜算小则不易胜利，这是显而易见的道理。如果没有胜算就与敌人作战，那简直是失策。因此，若居于劣势，则不妨先行撤退，待敌人有可乘之机时再做打算。无视对手的实力强行进攻，无异于自取灭亡。

《孙子》在此处所表达的意思，是凡事不要太过乐观，一旦大意轻敌，将陷入无法收拾的可悲境地。

这种倾向在其现代企业经营策略之中亦极明显。的确，从某个角度来看，这种积极果敢的经营形态是造就日本经济繁荣的因素之一。但是这种做法虽然适用于基础的建立，却难以持续发展下去。没有把握的战争不可能一直侥幸获胜，终究会碰到难以克服的障碍。因此，当我们要开创事业，或者拓展业务时，最好还是有制胜的把握再动手。

在任何时代任何国家，有资格被尊为“名将”的人，都有个大原则，即不勉强应战，或者发动毫无胜算的战争。如三国时的曹操便是一例。他的作战方式被誉为“军无幸胜”，所谓的幸胜便是侥幸获胜。实际上，曹操的制胜手段绝非如此，而是确实掌握相当的胜算，依照作战计划一步一步地进行，稳稳当当地获取胜利。

在国际方面类似曹操的人，日本的武田信玄是一个。他所统率的武田军团在第二次世界大战中所向披靡，理由之一便是他不打没有胜算的战争。此外，中国历史上的诸葛亮和世界历史上的恺撒大帝等人，均是善于运筹帷幄，才建立了不朽的功勋。

虽说把握胜算，然而经济活动是人与人之间的战争，所以不可能有完全的胜算。因为其中包含着许多人为的因素，诸如情感因素在内，所以不可能有完全的胜算，无法确实地掌握。不过，至少要有七成以上的胜算，才可进行计划。

而要做到有把握，就必须知彼知己。孙子说：“不知彼而知己，一胜一负；不知彼，不知己，每战必败。”

无论做何种事均应做好事前的调查工作，确实客观地认清双方的具体情况，才能获胜。

20. 认认真真，兢兢业业

每一个成功人士都是认认真真、兢兢业业的。尽量追求精确与完美，是成功者的个性品质。

法国作家大仲马有一个朋友，他向出版社投稿经常被拒绝。这位朋友就来向大仲马求教。大仲马的建议很简单：请一个职业抄写人把他的稿子干干净净重写一遍，再把题目做些修改。这位朋友听从了大仲马的建议，结果他的文章就被一个以前拒绝过他的出版商看中了。——再好的文章，如果书写太潦草，谁会有耐心去拜读呢？

旧金山一位商人给一个萨克拉门托的商人发电报报价："1万吨大麦，每吨400美元。价格高不高？买不买？"萨克拉门托的那个商人原意是要说"不，太高"，可是电报里却漏了一个句号，就成了"不太高"。结果这一下就使他损失了上千美元。中国也有这样因粗心大意而造成巨大损失的事例。一家皮货商订购一批羊皮，在合同中写道："每张大于4平方尺、有疤痕的不要。"注意，其中的顿号本应是句号。结果供货商钻空子，发来的羊皮都是小于4平方尺的，使订货者哑巴吃黄连——有苦说不出，损失惨重。

"粗心""懒散""草率"，这样一些评价送给生活中成千上万的失败者毫不为过。有多少人，包括职员、出纳、教士、编辑，甚至大学教授，就是因为粗心马虎而丢了他们的工作。马马虎虎、敷衍了事的毛病，可以使一个百万富翁很快倾家荡产。

相反，做事认真，则能帮助一个人获得成功。

21. 凡事要分轻重缓急

我们可以每天早上制订一个先后表，然后再加上一个进度表，就会更有利于我们向自己的目标前进了。

根据你的人生目标，你就可以把所要做的事情制订一个顺序。有助你实现目标的，你就把它放在前面，依次为之，把所有的事情都排一个顺序，并把它记在一张纸上，就成了事情表。养成这样一个良好习惯，会使你每做一件事，就向你的目标靠近一步。

美国的卡耐基在教授别人期间，有一位公司的老板去拜访他，看到卡耐基干净整洁的办公桌感到很惊讶。他问卡耐基说："卡耐基先生，你没处理的信件放在哪儿呢？"

卡耐基说："我所有的信件都处理完了。"

"那你今天没干的事情又推给谁了呢？"老板紧接着问。

"我所有的事情都处理完了。"卡耐基微笑着回答。看到这位公司老板困惑的神态，卡耐基解释说："原因很简单，我知道我所需要处理的事情很多，但我的精力有限，一次只能处理一件事情，于是我就按照所要处理的事情的重要性，列一个顺序表，然后就一件一件地处理。结果，完了。"说到这儿，卡耐基双手一摊，耸了耸肩。

"噢，我明白了，谢谢你，卡耐基先生。"几周以后，这位公司的老板请卡耐基参观其宽敞的办公室，对卡耐基说："卡耐基先生，感谢你教给了我处理事务的方法。过去，在我这宽大的办公室里，我要处理的文件、信件等等，都是堆得和小山一样，一张桌子不够，就用三张桌子。自从用了你说的法子以后，情况好多了，瞧，再也没有没处理完的事情了。”

这位公司的老板，就这样找到了处事的办法，几年以后，成为美国社会成功人士中的佼佼者。我们为了个人事业的发展，也一定要根据事情的轻重缓急，制出一个事情表来。人的时间和精力是有限的，不制订一个顺序表，你会对突然涌来的大量事务手足无措。

22. 行事往往要打破常规

美国杰出的发明家保尔·麦克里迪曾讲述过这样一个故事：这是几年前的一件事。我告诉我儿子，水的表面张力能使针浮在水面上，他那时才10岁。我接着提出一个问题，要求他将一根很大的针投放到水面上，但不得沉下去。我自己年轻时做过这个实验，所以我提示他要利用一些方法，譬如采用小钩子或者磁铁等等。他却不假思索地说：“先把水冻成冰，把针放在冰面上，再把冰慢慢化开不就得了吗？”

这个答案真是令人拍案叫绝！它是否行得通倒无关紧要，关键一点是：我即使绞尽脑汁冥思上几天也不会想到这上面来。经验把我限制住了，思维僵化了，这小伙子倒不落窠臼。

我设计的“轻灵信天翁”号飞机首次以人力驱动飞越英吉利海峡，并因此赢得了21.4万美元的亨利·克雷默大奖，但在投针一事之前，我并没有真正明白我的小组何以能在这场历时18年的竞赛中获胜。要知道其他小组无论从财力上还是从技术力量上来说，实力远比我们雄厚。但到头来，他们的进展甚微，我们独占鳌头。

投针的事情使我豁然醒悟：尽管每一个对手技术水平都很高，但他们的设计都是常规的。而我的秘密武器是：虽然缺乏机翼结构的设计经验，但我很熟悉悬挂式滑翔以及那些小巧玲珑的飞机模型。我的“轻灵信天翁”号只有70磅重，却有90英尺宽的巨大机翼，用优质绳做张索。我们的对手们当然也知道悬挂式滑翔，他们的失败正在于懂得的标准技术太多了。

一次在莫斯科物理学讨论会上，一群物理学家正在为他们的实验结果出乎意料而大伤脑筋，难道实验设备出了莫名其妙的毛病？难道实验设计犯了荒唐可笑的错误？须知，按照公认的理论，结果只能是那样，这样的话……

这时，只有玛尔科夫院士不动声色地坐在旁边，因为此时，他想到了法国著名物理学家约里奥·居里的名言：“实验结果离理论越远，那就离诺贝尔奖金越近。”

23. 先下手为强

生活中往往有这样的事情：做了全部的努力，但胜负却尚未可知，因为决定权不在自己的手里。

2002年9月底，正在联邦德国考察的天津市技术改造办公室的同志从一位来访的德国朋友那里得知，有家“能达普”摩托车厂倒闭了。我方立即向该厂表示：我们准备买下这个厂，但需回国后研究确定，一周之内，必有回言。与此同时，印度、伊朗等几个国家的商人也准备购买该厂。

回国后，天津市政府领导拍板决定全部购买“能达普”厂的设备和技术，并立即通知德方。随即组成专家团，准备赴德进行全面技术考察，商谈购买事宜。就在这时，联系人从联邦德国发来急电：伊朗人抢先一步，已签署了购买“能达普”的合同，合同上规定付款期限为10月24日，如果24日下午3时，伊朗汇款不到，合同便告失效。

事情有点猝不及防。天津市领导分析了整个情况后认为，国际贸易竞争中也存在偶然因素，虽然伊朗商人在签订合同方面抢先，但能否付款尚属悬案。如果伊朗方面逾期付款，我方还有争取主动的机会。10月22日上午10时，天津市做出决定，立即派团出国，从伊朗人手中抢回这条生产线。代表团用了11个小时办完了要办15天的出国手续，10月23日，飞到了慕尼黑。他们立即与德方联系。10月24日下午3时，当打听到伊朗方面款项尚未到的消息时，中国代表成员立即奔赴“能达普”摩托车厂。中国人的突然出现，德方人员甚感吃惊。慕尼黑市债权委员会主管倒闭企业事务的米勒先生面带笑容地接待了中国代表团。他说：“伊朗商人因来不及筹款已提出延期合同的要求。如果你们要购买，请现在就谈判签订合同。”原来，债权委员会已规定，“能达普”的财产必须于10月30日前出售完毕，以保证债权人的利益。如果逾期，将被迫拍卖，就是把全部固定资产拆散零卖，不仅使厂方蒙受巨大经济损失，而且使这个有67年历史的、生产名牌产品的厂化为乌有。我方意识到对方急于出卖的迫切心理，但又不能干闭着眼睛买外国设备的蠢事。经过几个回合的交涉，终于达成了中国专家先进行全面技术考察后再谈判的协议。

25日早晨，中国专家来到“能达普”摩托车厂，对全厂的设备、机械性能、工艺流程进行全面考察，最终结论是：该厂设备先进，买下全部设备非常合算。25日下午2时整，合同谈判在中国专家驻地正式举行。经过紧张的讨价还价，在次日凌晨签订了合同。天津专家团以1600万马克（合500多万美元）的价格，买下了“能达普”摩托车厂的2229台设备和全套技术软件。后来得知，这个价格比伊朗商人所要支付的价格低200万马克，比另一些竞争对手准备支付的价格低500万马克。

24. 稳中求胜，胜在把握

没有把握的事不要乱办，一旦有了把握也不能耽误时间。

因FP-148货车质量的严重争议，日本S公司代表应中国外贸代表之邀，飞抵北京会谈。会谈要点有二：一、直接经济损失争议，中方认为已达9.5亿日元，日方认为只有5.8亿日元；二、间接经济损失争议，中方认为不低于76亿日元，日方代表认为不高于30亿日元。看法相左，争议甚大，双方代表商定先共同取证。

开谈，中方主谈首先发言，介绍FP-148货车的异常损坏情况，简述中国各地用户的反映，但却只字不提索赔金额，把直接经济损失的“首先认定”留给了日方。日方主谈本是久经沙场的老手，但对中方主谈引而不发的特殊切入方式实感陌生，不由刮目相看，于是故作爽快地说：“我们承认FP-148货车出现损坏，有的轮胎、挡风玻璃裂碎，有的电路故障、铆钉震断，有的车架偶出裂纹，对此我方表示深深的遗憾。”态度似乎诚恳，用词却十分谨慎，在“有的”“偶出”一类模糊语汇下金蝉脱壳，对谁该承担损失却半句不说。

中方代表事先料到日方会避重就轻，但没有想到对手如此推敲谈判用语，更没有预计日方竟然在谈判伊始就狡猾地推卸责任。事已如此，必须打断对方的思路，改变其思维方式，更换其思维节奏，迅速让他们陷入快速接收、认知、分辨信息刺激的疲劳。于是，中方主谈突然气势连贯地说：

“三位代表到过现场，看过实物，目睹了商检部门的鉴定，完全知道铆钉不是‘震断’而是剪痕！车架不是‘裂纹’而是裂缝，断裂。所有这些，不是用‘有的’‘偶出’可以解释的，应该并且必须用精确的数据、严格的专业术语做准确、科学的表述。”

中方代表突如其来的谈判气度，一气呵成的谈话内容，顿使日方代表聚精会神倾听，竭尽全力理解分析，快速构想应对语言。

为避免无谓纠缠，中方主谈抽出一份文件，笑容可掬地说：“这是商检证书，我还带来厂商检机关的检验录像，贵方如有疑……”

“不，不，本公司对商检结论没有异议，只是希望贵国适当做出让步。”日方领队知道老路不通，索性主动承认事实、承揽直接经济损失，以求换得中方的好感，使中方在索赔金额上不致过分严苛。

第二轮谈判如期开谈，议题是直接经济损失的计算。行罢各种礼仪，中方主谈不紧不慢地发问：“请问S公司对每辆坏车支付多少修理费用？总计金额是多少？”

“每辆10万日元，总计5.84亿日元。请教贵国报价多少？”日方主谈胸有成竹地防守反击。

“每辆16万日元，总计9.5亿日元。”中方主谈斩钉截铁地说。

日方主谈淡然一笑，与助手耳语几句之后追向：“请问贵国报价的依据何在？”

精通测算、擅长统计的中方助谈随即取出一沓表格，报出每辆货车的损坏部位，以及需维修、加固的工时与单价。中方助谈强调道：“我方的报价是不高的。贵公司若认为不合算，可以把坏车运回日本修理，也可以派员来中国修理加固，只是所需费用将是我方报价的几倍。”

对于金额数以亿计的索赔谈判，中方代表竟要从每一个细小零件的价钱算起，完全出乎S公司代表的意料，简直无法理解。他们手头虽有损坏细目的清单，却从未算过，况且一天的休谈时间，想算也算不过来。心烦意乱的日方主谈不想再受烦琐数字的折磨，急切而又一语双关地问道：“贵国能否将报价降低一些？”

为不使谈判陷入僵局，中方领队语气和缓地发言了：“我们是有诚意的，可以接受你们的请求，但也希望你们出个合理的价格。”

“每辆12万日元。”日方主谈想尽快拍板。

“13.4万日元如何？”中方主谈大度地压下自己的开盘。

“行！”日方领队当机立断，认为支付7.76亿日元，卸掉直接经济损失的重负是值得的，于是相约3天后再谈间接经济损失。

日方代表认为前两轮谈判尽管费心费力，依然处处被动，连连失利，假若第三轮谈判还不能出奇制胜，可真是满盘皆输！而且第三轮谈判实在输不起，动辄几十亿日元啊。最后决定“以子之矛攻子之盾”，用中方的计价方式对付中方的报价。

第三轮谈判一开始，日方主谈不待中方代表开口，便流利地报出每项间接经济损失的统计数据。他逐条细算，在间歇中不忘扫视中方代表的神色，以示每笔金额不容置疑。报完细账之后，他提高嗓音说：“本公司同意支付30亿日元。”

中方领队不露声色，认真倾听，助谈迅速记录，主谈仔细掂摸。一待日方报账完毕便侃侃而谈，先说S公司计算间接经济损失的方式，再说中国的计算办法，在比较之中指出：只有采用国际通行的做法，才能弥合双方分歧。讲罢道理，中方助谈又麻利地报出各国精确价格以及中方的参考系数，然后把总价开出：“间接损失金额应为70亿日元。”

4天以后，谈判重开。各方坚守报价，不肯越雷池一步。谈判厅的气氛从白热化骤然降到了冰点。中方领队只得再次松动谈判局势：“如果贵公司有协商的诚意，让我们双方共同做出让步。”

“本公司同意支付40亿日元，这是最高限额。”日方代表说。

“我们希望贵公司最低赔偿60亿日元。”中方代表答道。

第三回合的谈判已失去了火药味，全在客气、礼貌的软拖硬磨中行进。S公司代表抱定宗旨，只待时间过去大半之后再做让步，报价45亿日元，等待中方报罢让步报盘后，再做第四回合的打算。孰料中方领队不想无谓地周旋下去，决计要按预定计划发起突击，干脆利落地结束谈判。中方主谈转对日方代表说："连日谈判很是辛苦，我想提一个双方都能接受的方案，结束谈判。我们何不把彼此的报价相加除2，取个平均数呢？"

日方主谈屈指一算，50亿日元，恰好是双方下一回合的报价。于是领队立即拍板："本公司同意赔偿间接经济损失费用50亿日元。"

中方代表伸手相握，祝贺双方达成协议。

25. 找准自己的位置，在位置上得到肯定

认识自己很重要，不管是在平淡的工作中，还是在有职有地位的岗位上，我们都离不开"认真"二字，成大事者，都是从点点滴滴的事情做起，从自己的小位置上耕耘收获以达完善，才到最后自己撑起一片蓝天。

无论你是干什么的，是看大门、搞收发，还是做中层管理工作，不论职位高与低、轻与重，你成功的关键就是找准自己的位置，所言所行与自己的位置相符相宜，并且让你的领导知道你、肯定你和认可你。

在一个单位或部门里工作，要找准自己的位置，并根据职位的轻重采取不同的处世方式。职位重要，一般说明你已得到了领导的器重，可以尽可能地在主管领导所辖范围内施展才干。如果职位较轻，则说明你尚未被领导重用，一言一行还须谨慎从事，一方面要尽力表现自己；另一方面要学会悠着点儿，别表现得过头而成为"出头的椽子"，那样可能会引来嫉妒和反感，使自己陷进人际关系的危机之中，最后使自己毁于"木秀于林，风必摧之"的世俗观念中。这对有才干的人来说，是应该引以为戒的。

那么，究竟怎样做才算得体呢？至少应该把握住以下两点：

① 自己工作要很称职。单位里的主管领导是否知道你干什么工作，并对你有较高的评价？大多数人都认为，领导的眼睛是亮的，如果表现好，工作好，迟早会传到领导耳中的。可惜，情形往往不是这样，很可能你工作相当出色，可当官的根本不知道，这也是常有的事。

在这方面处理得当的人总是设法使自己很称职，设法让别人看到自己的工作，得到一个工作干得好的名声。上级领导往往把这样的人看作崭露头角的优秀人才和单位里的能人。

② 千万不可"才高震主"。你是否对你的顶头领导构成威胁？这种情况经常发生，如某个秘书或办事员，年轻聪明，能言善辩，在众人之中脱颖而出。他很有能力，工作起来似乎永不疲倦，可是，最后他发现自己所有的努力都遭到顶头领导的阻挠、破坏和打击。

你碰到过这种情况吗？现在你是否正在遭遇这种情况？

你的领导因为受到了你的才华的威胁，所以总是找你别扭、不合作。在这种情况下，本应使你显现出自己价值的那些特性反而有可能对你不利。

由于你的不经意表现使你对领导构成了威胁，从而产生了时你不利的影响，这不利影响是无法克服的。你越能干、越出色，你的领导就越会觉得是一种威胁，也就越发使你无法得到较快的提升。

26. 把恭维话当作办事的阶梯

恭维赞扬不等于奉承，欣赏不等于谄媚。赞扬与欣赏领导的某个特点，意味着肯定这个特点。只要是优点、是长处，对别人没有害处，你可毫无顾忌地表示你的赞美之情。

必须学会说恭维话，当你托领导办事时，你就会感到其中的作用。

人性的弱点决定了人是最禁不住恭敬的动物。对上级来说也是如此，你求他帮助办事儿，恭敬他是理所当然的。你恭敬了他，他也反过来恭敬你和重视你，得到恭敬的人是不会放着对方的难题不管的。

要想求领导办事，就必须掌握“会说恭维话”这一条。会说话同会办事是相辅相成的。话说得好听，说得到位，领导便易于接受你提出的条件和要求，否则即使是一件简单的事情，也会容易办砸，所以要学会说恭维话，就必须学会顺情说好话。顺情说好话一般叫作赞美或者颂扬，世俗的说法即是阿谀奉承和溜须拍马之类。其实，这种世俗的说教是最不利于办事儿的。要把事情办成功，总得拣对方爱听的话说，才有利于解决事情，所以，要学会说赞美的话。

几乎任何人都爱好虚荣，其特点往往是在他们觉得做没有多大把握的事情时，极乐意看到自己在这些没什么把握的事情上表现不凡，获得别人的称赞。当你对他们的这些没把握的事情中任何一桩的不凡表现加以颂扬时，都会发生你所期望的功效。

吉斯菲尔伯爵说：“各人有各人优越的地方，至少也有他们自以为优越的地方。在其自知优越的地方，他们当然喜爱得到颂扬。”

称赞领导也要注意技巧。“戴高帽子”并非是指溜须拍马，而是指对领导的佩服或称赞。赞誉之词人人都渴求，人人都需要。称赞领导也有方法和技巧，如果称赞领导不恰当，反而会弄巧成拙，只落下一个“溜须拍马”的坏印象。称赞一个人，当然是因为他有出色的表现，但每个人在哪一方面出色却各有不同。有的人是专业技术水平高，工作成绩突出；而有的人则在社交方面有特长，有与客户打交道的能力。因此，身为企业主管或行政部门的领导，在称赞领导时应针对不同的情况，给予不同方式的称赞。

高帽子的妙用随处可见，但用错了却也让你画虎不成反类犬。

有个公司的部门经理对总经理抓好公司业务的同时，结合自己工作实践撰写了一本《经商之道》的书稿，这样称赞道："你在企业工作真是一个错误的选择，如果你专门研究经营管理，我相信你一定会成为商务管理的专家，会有更加突出的成果问世。"

总经理看了部门经理的这段文字，不满地说："你的意思是说我不适合做公司的总经理，只有另谋他职了。"见总经理产生了误解，本来想给总经理"戴高帽"的部门经理吓得头冒虚汗，连忙解释说："不，不，不，我不是这个意思，我是说……"

还是秘书过来替部门经理打了个圆场，说道："部门经理意思是说您是个多才多艺的人，不仅本职工作抓得好，其他方面也非常出色。"

可见，同是称赞一个人，称赞一件事，不同的表达方法，其效果悬殊是特别大的。

27. 办大事不要过问细节

在复杂的现实办事活动中，现代领导如何实现"只管两头不管中间"的领导方法呢？法国著名领导和管理学家法约尔提出：领导办事不要在工作细节上耗费精力，对于具体细节问题，应放手让下属去做。领导大包大揽，不仅可能处置不当，而且会耽误对重大事情的解决。当然领导在抓大事的同时也应保持对小事的了解。日本镰田胜认为，面对纷繁复杂的问题，领导应该首先找出属于自己职责范围的问题，进行分类整理，然后按照轻重缓急的顺序一件一件地去处理。

美国前总统里根是一位优秀的国家领导人，也是一位办事精明的人。

在美国，即使不支持他的人也会承认，他在任总统期间取得了显著成就。里根的做事原则简单明了，其突出特点是精于决策，善于组织人才去实施决策。

里根认为，他的作用是为政府指明方向的，而不是一个不放手的经理人或谋士，他的日常工作都交给下属去办，而把自己的注意力集中在一些重大问题上，这是里根取得成功的要领之一。

里根从不过问事情细节，但在重大事情上，他注重得到据以做出正确决策的足够信息。在每一个重要决策前，他都要求内阁秘书办公室为其准备一份两三页的备忘录，概要列出各种选择及其利弊，并详细说明那些内阁成员和高级助手在力主采取哪些方案，有关机关还准备了内容较详细的文件，里根对这些文件一一仔细阅读并熟记，随时召集有关人员开会，对问题进行辩论。他听取激烈争论的不同意见有极大的耐心。就这样，里根依赖工作人员的分析，加上自己的判断力做出决策，关键时刻还站出来向国会和选民发出呼吁，并提出某项计划的战略意见，以便求得支持。

里根使他的设想成为现实计划的第一步，是竭尽全力物色恰当的人员来辅助他。他曾对美国《幸福》杂志记者说："让那些你能够物色到的最出色的人在你身边工作，授予他们权力，只要你制定的政策在得到执行就不要去干涉。"他对自己的职责有明确的设想，但也经常地、手段巧妙地做出妥协，避免纠缠枝节问题。

里根之所以成为一位优秀的领导人，就在于他深谙领导办事之要义。正如尼克松指出的，"领导代表未来，代表方向"，而"管理只代表今天，代表过程"。"领导者不仅要正确决定什么是应该干的事，而且还要说服他人去干这件事。"可见，领导者办事应当管而且必须亲自管的是决策和推动他人去实施决策，而不是在办事上事必躬亲。

当今世界，由于科学技术的革命，社会化大生产的高度发展，即高度发展的生产社会化、科学一体化，领导者面临着许多新情况、新问题，如决策目标规模大、结构复杂、功能多样、变化迅速；决策所依据的信息量大而多变，具有极大的不确定性即新颖性、模物性、随机性，要求领导者具有更敏锐的统率全局的能力，来制定出未来战略性的决策目标，至于决策的实施，则应放手由下属即执行人员去具体执行，因为“真正的领导者不是事必躬亲，而在于他要指出路来”（美国管理学家H·米勒语）。而当好“指路人”的关键就在于集中精力办大事，大事精明，方向才能明确。

领导者需要集中精力办的大事是决策的制定和推动决策的实施。而礼仪性的迎来送往、事务性的日常活动、操作性的规章程序等等，只要不是与组织的大政方针直接相关的一切事情，对领导者而言都是“琐事”，都应尽量避免亲自处理、亲自裁决，不能因琐事而干扰领导者对大事的全局性把握和决策。同时，为了保证决策的正确性和取得预期效果，发布推动决策执行的指令、学习、调查和思考，也是领导者必须躬亲的大事。

领导应该把所有不一定非要由自己去做的工作交给部下和参谋部去做。领导应当处理那些常常引起他个人注意的问题，但是他在这方面的精力和时间总是不够用。

当然，不在工作细节上耗费精力并不是说不注意细节。作为一个领导应该事事都了解，但他又不能对什么事都去研究，都去解决。领导不应因为关心小事而忽视了重大事情。工作组织得好，就能使领导做到这一点。

28. 决不轻言放弃

要把自己的事情办好，不能轻言放弃，放弃只能意味着没有成功。

28岁的布拉德·哈维尔和25岁的约翰·弗莱厄蒂工作的救援站坐落于佛罗里达州的德尔文。现在是工间休息时间，他们正在谈论以前经历的事情。那是1987年，弗莱厄蒂有一辆18个轮子的大卡车，载着司机与他的妻子及两个孩子，冲过铁道护栏，翻着跟斗扎进了水渠。由于水面浮满了泥浆和汽油，所以救援队想用水压分割器，即俗称的“生命之钳”把驾驶室弄开。然而，他们无法在泥中用力，油泵锯也不能在水下使用。等拖曳车把卡车从水渠中吊出来时，他们才见到了这家人。“太迟了。”弗莱厄蒂告诉哈维尔。

哈维尔想起的是1989年翻倒在佛罗里达南部大沼泽路上的一辆车。当时，那个十几岁的小司机被卡在破车中，破碎的车顶把他的头压在他两腿间的一堆碎玻璃上，那孩子在痛苦中呻吟。哈维尔所属的救援队用“生命之钳”三下五除二就打开了车门，然而马上又束手无策了，因为下一步必须避开一只苏打罐，这事“生命之钳”很难办好。孩子最终当然得救了，但对哈维尔来说，这是令人沮丧的45分钟。

“一定会有更好的方法。”弗莱厄蒂说。他开始构思一种理想的工具，他想象这种工具可以穿过残骸切割，而不是撬开残骸，工具很轻，但很结实，足以在狭小的空间里施展，而且不用汽油或电力。

“你觉得会有人弄出类似这样的工具吗？”哈维尔问弗莱厄蒂。“我可能会自己做。”哈维尔见朋友很认真，就说：“我会帮助你的。”

1991年这次偶然的谈话使他们开始了梦的追寻，他们和弗莱厄蒂的朋友弗雷德·汉普顿一起工作起来。弗雷德发明了一种有往复式刀身的手提式短锯，这种锯能靠救火车的压缩空气提供动力，因此能在水下使用。同时，由于刀身运动幅度很小，所以能紧贴遇难者身体切割。

然后他们开始打造样品，并为刀身的强度测试合金。每次打造出来的刀片看来都很有希望，但实际使用却不行，因为刀身必须经得住每分钟2.2万次的震动，而他们所有的试验品在切割挡风玻璃时，不是被卡住就是胶着不动。

失败一个接着一个，他们花光了积蓄，但没有人愿意放弃。1994年，他们终于找到了一种有希望的混合钢锯。他们把超硬的锯齿固定在一根较软的减热刀身上，这样，锯塑料和钢的时候就不会卡住了。这锯刀不可思议的锋利，他们将它命名为截钢剑，即亚瑟王神剑。

不久，哈维尔被叫到一个撞车现场，一个十几岁的女孩被困在一辆扭曲了的运输车中，哈维尔匍匐在地，把一只戴着手套的拳头挤进了缠绕着的金属堆中，为他的工具探查路径。“有足够的空间，”他对队友说，“把截钢剑给我。”刀头吱吱咕咕叫着，刀身紧贴着女孩的脖子切入了扭曲的金属堆。

几分钟后，女孩得救了。

排险救援实业公司目前已向救援站和军队出售了1000多套截钢剑，使弗莱厄蒂的梦想成真。发明“亚瑟王神剑”的人没有一个发了财。然而，只要想起失去一名遇难者的痛苦和失望，哈维尔就会说：“对我来说，截钢剑每救出一条生命，就是对我的回报。”

圆满做事的人决不轻言放弃，只有锲而不舍才能制造出亚瑟王神剑。

29. 别把做事的希望放在别人身上

人生可以要人帮助，要人提拔，但不能要人去替自己办一切的事，如果只想一味依附别人，那自己就不是真正的自己。

凡林从师范大学毕业之后，分配到青城一所中学教书。说实话，她那时并非想南飞。

春节，两位去深圳的同学回来，她们鼓动凡林说：“像你这样的女人去南方不会惹是非，事业肯定有成就。”

父母听说凡林要走，连忙找那些有亲友在南方的人咨询，回家劝凡林说："人家公司都要靓妹，弄不好你会流落街头的。"

凡林才不信呢，世界上并非鲜花有价值，牛粪还能烧火上肥呢。

凡林的老板叫杜力伟，他是江西人。凡林的写字间正在他隔壁，一块玻璃墙无遮挡，相互都能看见，可他们之间的距离却又是那么遥远，对面相逢凡林一声"杜总"便低头匆匆掠过，至于他是否点头微笑。凡林全然不知。

凡林打电话尽量简洁，电脑打字纸一张也舍不得废掉。凡林不晓得杜总是怎么知道她工作情况的，每个月凡林的工薪都在增加，一年后便从500元升到900元。

凡林了解自己，她不奢求生活会无缘无故恩赐她什么，她既不自信，也不自卑，光明正大地面对生活，心如静水地面对世俗。节假日她很少逛街，高档化妆品和衣物几乎与她无缘，她极少打电话，更不会为约会而坐立不安、影响工作。在这座喧闹的城市里，她活得恬淡、宁静、平和、认真。

1992年，随着房地产生意的衰落，公司的效益每况愈下，资金不足，贷款到期，杜总在珠海投资建房把1000万元死死压在里边，每月工资都在告急。

春节过后，公司职员纷纷"跳槽"。

1993年3月，董事长办公室文员只剩两位，她的工作负担陡然加重，除了以前的工作外，还兼杜总的秘书和策划部的一些杂活儿。

玻璃墙那边，杜总的身影忽隐忽现。她不知为什么，变得关心杜总的行踪了。每天上班，只要见他在那边坐着，她心中就喜悦，就安定；若是一天不见他的影子，她就怅然若失，仿佛丢掉了什么珍贵东西，坐立不安；若是几天听不见他的声音，她就觉得心里发慌，连觉也睡不踏实了。

她尽心尽力地去帮杜总做一切琐事，她把他的文具全部归类存放好，听电话，接待来宾，工作调查……只要是杜总吩咐她的，不管是分内分外，她一定全力以赴去做，并做得令他满意。

有一天，她为杜总泡好一杯绿茶。

他突然抬头望着她问道："你为什么不离开我呢？"

她呆呆地望着他，一时不知该怎样回答他。

"有机会就走吧，不瞒你说，公司起死回生很难。"

她心中突然迸发出一股冲动的激情，那时她真想对这个男人说："我会陪你渡过难关的，我们一定能够战胜困难的，请相信我。"

但在杜总冷漠严峻的表情下，她不敢说出来。

她坚定地留了下来。

1993年夏天，老板的私生活发生了动荡，与他同居几年的情人陈小姐跟香港一个搞建材的大款走了。

凡林发现，这一打击几乎使杜总精神崩溃了。他神思恍惚，每天都像喝醉了酒。

强龙也有像蚯蚓的时候。那天杜总同她聊公司的一些烦恼事，那神情像是对一位朋友。

凡林鼓起勇气对他说："我晓得您现在急于还贷款，我为您策划了一个方案……"

杜总吃惊地望着她，他接过她的策划书后迅速掠一遍，简直惊呆了，半晌才说道："真难以相信，你还是个年轻的女孩子呢。都怪我有眼无珠啊！"

10月，他派她乘飞机到上海为他做成第一批海边别墅生意。回来后，她又劝他把公司全部财产抵押成2000万元贷款，到股票交易所炒了半年股票，净赚400万元。

圣诞节那天。公司召开表彰大会。杜总亲自奖励她一万元，还为她配备了大哥大、小汽车、一套公寓。

她晓得他的用意，他现在视她为活菩萨，可她却不愿让他在公司最困难时为她花掉这么多钱。她当着全公司职员的面说道："人活一世，草木一秋，我感谢公司给我的荣誉，但是我追求的不是钱，而是在为公司做贡献中实现自身的价值。”

随后，她帮公司办了一个分公司，专门生产经销装饰材料，并开发出一种彩色不锈钢新产品，派人参加华北五省区建筑材料展销会，竟带回来1000多万元的合同。

经过1994年一年的拼搏、奋斗，1995年夏季，公司不但还清了一部分到期贷款，缴纳了其余贷款的利息和全年的税款，还盈利300多万元。

杜总的神经官能症完全好了，她早已成为他的副总经理兼人事部主任。在这两年里，她发现相貌平凡的女人的优势竟比靓女多得多。她走到哪里去联系业务，都不会有男人打她的坏主意，也不会有人揣测她是靠脸蛋儿攀到副总经理位置上的，相反，平凡的相貌恰恰向陌生人表明：这是个有才能有魄力、不好对付的女人。当她回顾自己的成功经历后，竟觉得丑对于女人或许也是一种幸运。

1996年元旦，杜总问她：“阿凡，你说，有的男人很出色，他接触的女人也很靓，可他并不想同她们中的任何一位结合，为什么？”

她摇摇头：“不知道，我怎会晓得男人的心呢？”

他笑她耍滑头，又道：“因为男人玩不起感情游戏。男人也需要女人的钟情、体贴和谅解。”

她垂下头。杜总热切地说：“你就是我所需要的女人，你自恃、自重、善良、温存、忠诚，而且能干。一个真正的女人并不一定美丽，却必须是一个知道怎样做女人的女人。”

他的话使她热泪盈眶。她相信他对她的感情是真诚的。能得到这样出色的男人真挚的爱，这也是丑容带给她的优惠与恩赐。

春节他俩结了婚。在珠海，人们都称她“杜太”，她可不愿做太太，她还要他们称她“阿凡”。新公司开办的时候，老公征求她意见，问她是在家享福呢，还是继续帮他干？她其实心里早有打算，对他说：“我既不想在家也不想跟你干，给我点儿资金，我想开一家化妆品公司，你看怎样？”

她如愿以偿。

有人笑她傻，说她放着清福不会享；还有人笑她呆，说她应该跟老公干，省得他闹花心。

听到这些劝告，她总不加可否地一笑了之。她干吗要变作根藤，缠在他那棵大树上？女人做事只有保持自己的独立性，才能不被男人的自我所吞没，要知道，男人永远是可信任而不可全信任的太阳。只有自己把应该而且能做的事情做好，心中才会永远充满阳光。

30. 不想做的事，不要免强

不必要的应酬会带给我们很多危害，知道自己在什么情况下该拒绝别人，并且在拒绝的时候采取正确的方法，我们就能因此而节省大量的时间。

英国作家毛姆在小说《啼笑皆非》中讲过这么一段耐人寻味的故事——一位小人物一举成为名作家了，新朋老友纷纷向他道贺，成名前的门可罗雀同成名后的门庭若市形成了鲜明的对比。毛姆为我们描写了这样一个场面：一位早已疏远的老朋友找上门来，向他道贺，怎么办呢？是接待他还是不接待他？按照本意，自己实在无心见他，因为一来无共同语言，二来浪费时间；可是人家好心好意来看你，闭门不见似乎说不过去，于是只好见他了。见面后，对方又非得邀请他改日到他家去吃饭。尽管他内心一百个不乐意，但盛情难却，他不得不佯装愉悦地应允了。在饭桌上，尽管他没有叙旧之情，可是又怕冷场，于是又得强迫自己无话找话。

这种窘迫相可想而知……来而不往非礼也，虽然他不愿意再同这位朋友打交道，但他还是不得不提出要回请朋友一顿。他还得苦心盘算：究竟请这位朋友到哪家饭店合适呢？去个一流的大酒店吧，他担心他的朋友会疑心自己是要在他面前摆阔；找个二流的吧，他又担心朋友会觉得他过于吝啬……

在很多时候，想拒绝别人的时候，你只要简单地说一句："我实在有更要紧的事要做。"就可得到绝大多数人的谅解。